臺灣歷史與文化 研究輯刊

六 編

第 12 冊

台灣關貿政策之歷史研究
（1945～1967）（下）

李文環 著

花木蘭文化出版社

國家圖書館出版品預行編目資料

台灣關貿政策之歷史研究（1945～1967）（下）／李文環 著
— 初版 — 新北市：花木蘭文化出版社，2014〔民103〕
目 8+198 面；19×26 公分
（臺灣歷史與文化研究輯刊 六編；第 12 冊）
ISBN 978-986-322-955-1（精裝）
1.關稅 2.貿易政策 3.歷史 4.臺灣
733.08　　　　　　　　　　　　　　　　103015087

ISBN-978-986-322-955-1

9 789863 229551

臺灣歷史與文化研究輯刊
六　編　第十二冊　　　　　　　　ISBN：978-986-322-955-1

台灣關貿政策之歷史研究（1945～1967）（下）

作　　　者	李文環
總 編 輯	杜潔祥
副總編輯	楊嘉樂
編　　　輯	許郁翎
出　　　版	花木蘭文化出版社
社　　　長	高小娟
聯絡地址	235 新北市中和區中安街七二號十三樓
	電話：02-2923-1455／傳眞：02-2923-1452
網　　　址	http://www.huamulan.tw 信箱 hml810518@gmail.com
印　　　刷	普羅文化出版廣告事業
初　　　版	2014 年 9 月
定　　　價	六編 21 冊（精裝）新台幣 42,000 元

台灣關貿政策之歷史研究
（1945～1967）（下）

李文環　著

表　次

第五章　開源政策之形成與完備化
（1955～1967）

　　除了對內部消費的約束外，重商主義政府的另一個重要課題，乃出口貿易的促進。台灣歷經第一次台海危機後，雖然於民國47（1958）年爆發以「八二三砲戰」為中心的第二次台海危機，然盱衡時勢，台灣已為東西冷戰體系的一環，兩岸要爆發全面性戰爭的可能性已微乎其微。軍事衝突雖逐漸解除，如何建立以台灣為主體性的永續發展，則是另一個更重要的問題，而開啟這個機制者就是退稅制度的完備化。

　　民國44（1955）年6月，在美國的示意下，財政部下令海關，自1955會計年度起，除美援剩餘農產品外〔註1〕，所有美國國會撥款採購進口之美援物資所課各項稅捐（關稅、港工捐、防衛捐），均應繳存相對基金〔註2〕，而不再撥入政府國庫。這意味著，美國對於美援在於重建經濟生產的目標更為明確。在此大前提下，政府也陸續修訂獎勵性的關貿措施，以拓展出口貿易的擴張。在推動積極獎勵的關貿政策同時，民國44（1955）年1月15日，政府再度修訂海關進口稅則，並規定「原適用之協定稅率，應自新稅則公布之日同時剔除〔註3〕」，亦即新稅率一律為國定稅率。取消協定稅率，無疑宣告政府對於國內物資與物價的掌控已更具信心，對進口稅稅率的目標訂定也就更具有自主性。

〔註1〕海關總稅務司署訓令，第1463號（民國44年10月7日）
〔註2〕海關總稅務司署訓令，第1384號（民國44年7月7日）；海關總稅務司署訓令，第1395號（民國44年7月20日）。
〔註3〕海關總稅務司署通令，台字第129號（民國44年1月22日）。

第一節　節流體制之調整

表 5-1 所示，民國 44～55（1955～1966）年間，關稅對於國家財政稅收依然相當重要，占國稅的四成左右，占全部賦稅比例維持在 20％上下。關稅仍是國家重要財政收入。

表 5-1：民國 40～55 年關稅與國稅、稅收所佔的比率

年　度	賦　稅				
	國　稅			賦稅收入	關稅比重
	關稅收入	國稅收入	關稅比重		
40	519,540	1,175,700	44.0%	2,363,444	22.0%
41	574,584	1,308,774	43.9%	2,963,696	19.4%
42	420,905	854,163	49.3%	1,759,234	23.9%
43	1,014,131	2 185,422	46.4%	4,352,420	23.3%
44	1,096,485	2,643,656	41.5%	5,094,619	21.5%
45	1,208,579	2,810,800	43.0%	5,878,852	20.6%
46	1,647,759	3,513,282.	46.9%	6,982,502	23.6%
47	1,544,914	3,742,110	41.3%	7,538,403	20.5%
49	1,618,101	4,692,281	34.5%	8,801,713	18.4%
50	1,822,613	4,575,158	39.8%	9,554,276	19.1%
51	1,963,400	4,486,381	43.8%	10,141,629	19.4%
52	2,242,162	5,092,748	44.0%	11,253,657	19.9%
53	2,693,730	6,331,901	42.5%	12,839,950	21.0%
54	3,477,365	7,728,916	45.0%	15,246,726	22.8%
55	4,109,800	8,807,474	46.7%	17,297,799	23.8%

資料來源：財政部統計處編印，《財政統計年報》、《賦稅統計年報》，各期。引自周玲惠，〈我國關貿政策之政治經濟分析〉，頁 56。註：賦稅收入含各項稅捐及公賣利益。

而在港口、機場之邊境管理與安全維護體制的管制上，也並沒有放鬆，甚至強化。如保安司令部雖已全部掌控港口、機場與郵政的監視，然其並不以此為滿足，隨時伺機擴大其權力。

民國 44（1955）年 6 月，台灣刑事警察總隊破獲毒梟林木發勾結台北郵

局員工利用郵包走私販毒，海關派駐台北郵局支所驗貨員邱敏先亦被牽連涉案，訴訟年餘始獲解脫罪名。當時保安司令部郵檢組即藉口海關郵包檢查不嚴密，乃逕行派員進入台北郵局支所辦公室內排設辦公桌，執行其監視海關檢查進出口郵包之工作，並要求海關嗣後所有進口包裹均應會同郵檢組一同檢查，方准放行。隔年（1956）年 3 月間，保安司令部以「檢查業務繁複，原辦法規定僅有三項過於簡略，實不敷應用。爲配合當前情勢加強治安檢查起見」，進一步向行政院請求：由檢查國際郵包進而全面檢查國內郵包，要求參與國際郵包郵運之檢查〔註4〕。這也顯示國民黨政府縱容軍警全面介入對民間經濟與流通的監視。

民國 46（1957）年 6 月 1 日起，保安司令部檢查人員正式納編爲海關執行檢查業務，如台南關計有保安檢查人員 12 人（外含工役 1 人，共 13 人。保安人員身份皆爲軍職，最高官階爲上校軍官，最低階級爲准尉），於是年 6 月間加入台南關檢查組，除副主任及其助理與女檢查員外，其餘 8 人分爲四班，每班二人，分班上船，執行保安檢查職務〔註5〕。民國 47（1958）年 3 月，海關奉命成立安全組，組長由各關副稅務司或常務稅務司兼任，副組長則由中央指派保安司令部人員擔任〔註6〕。在工作與責任的劃分上，保安檢查以保安檢查人員爲主體，對國家安全局負責，其任務：

1. 普通旅客——檢查出入境證。

2. 軍人——檢查證件。

3. 船舶、航空機服務人員——檢查證件。

4. 船舶、航空機之清艙。

5. 旅客所攜帶收音機、錄音機、書刊、唱片、錄音帶等之檢查。〔註7〕

至於旅客行李所攜帶應稅物品，及船舶航空機之檢查，以海關檢查組人員爲主體，對財政部負責。其任務：

1. 旅客所攜帶之行李內應稅物品。

2. 船舶、航空機之監視與檢查。〔註8〕

〔註4〕 海關總稅務司署令，第 1868 號（民國 46 年 1 月 4 日）。

〔註5〕 台南關稅務司公署呈文，密字第 7 號（民國 46 年 6 月 24）。

〔註6〕 台南關稅務司署呈文，台南字第 1802 號（民國 47 年 4 月 1 日）；台南關令，政字第 1243 號（民國 47 年 3 月 11 日）。

〔註7〕 「海關檢查組檢查業務實施細則」第四章。

〔註8〕 「海關檢查組檢查業務實施細則」第四章。

從進出港口、機場的船舶、飛機與人員，乃至國內外郵包，保安司令部派員全面監視。不僅如此，民國 52（1963）年 8 月行政院爲「適應軍事需要，確保港區及港內艦船之安全（第一條）」，針對艦艇、船舶、漁船舢舨等，進出設有防禦網或經指定實施管制之港區（第二條），頒訂「台灣區港口管制辦法」〔註9〕。其主要規定如下：

1. 港口之管制，由各海軍軍區司令部所屬港口管制所主持，並與警備單位、澎湖司令部，檢查機構港務局、海關、憲警等，協調執行之。（第三條）

2. 港口防禦網外海面，由海軍警戒艦艇負責；港口交通管制，由港口管制所負責；防禦網附近岸區，由港口警備單位負責；漁船及漁船進出之水道，由港口檢查機構負責，各海軍軍區司令部，及港口警備單位協助之（第三條）。

3. 港口管制時間：原則上港口開放時間爲中原標準時間每日 5 時至 24 時；每日 0 時至 5 時關閉；緊急狀況時，遂僅由港口管制所協調港務局辦理。

4. 漁船管制，爲便利漁民作業，高雄、基隆、馬公、花蓮等四港漁船進出管制如下：

   （1）高雄港：爲配合烏魚汛期，每年 12 月 1 日起至次年 2 月底，每日 3 時至 24 時開放網門作業。如漁汛期結束早於規定期間，漁會應函知海軍第一軍區司令部恢復正常管制時間。

   （2）馬公港：每日 0 時至 2 時，各漁船集合於指定地點，依規定信號請求開放網門，但遇特殊情況，港口管制所得停止開放。魚汛期間，每日港口關閉時間內，加開網門一次，但不得超過 1 小時。防禦網兩端淺礁處嚴禁通行。

   （3）基隆港：每日零時至二時，各漁船舢舨等得依照第十七條之規定，進出八尺門水道、手搖舢舨得進出於外防波堤防防禦網之東端。〔註10〕

港口的管制轉由海軍所轄之港口管制所爲主體，警備單位、港務單位與檢查

〔註 9〕海關總稅務司署令，第 23868 號（民國 57 年 7 月 12 日），附件。

〔註10〕海關總稅務司署令第 12989 號（民國 57 年 7 月 12 日），附加在海關總稅務司署令第通令 386 號後。

單位為輔助，嚴格限制國際港與各級港口商輪乃至漁船之進出口時段。因此整體而言，以台灣為主體的邊境安全管制體制進一步強化。只是在白色恐怖的時代氣氛下，保安司令部與軍方對邊境的管制除了國家安全的維護外，更有著濃厚的軍警治國的恐怖氣氛。在此穩定國家邊境安全的大前提下，政府又如何因應經濟結構的轉變，調整關貿政策？

一、高管制政策之調整

　　民國 37（1948）年海關開始配合省政府所實施的進出口貿易管制措施，38（1949）年 6 月省政府公佈之「台灣省進出口貿易及匯兌管理辦法」，藉由管理外匯與發佈進出口商品的管制措施，台灣省政府曾主導台灣的國際貿易政策。民國 41（1952）年以後，為因應經濟的快速變遷，外匯貿易管理辦法一再變更，其管理機關又隸屬中央，有關事項多已另有規定，該辦法原應早予廢止，惟其中關於進出口貨品分類、審定及管理部分，尚未另定辦法，故仍保留延用。至民國 48（1959）年間，行政院以原辦法內容已不適合現狀予以廢止，另行訂定「進出口貨品分類審定及管理辦法」，對於進出口貨品亦分為「准許進口類」、「管制進口類」、「禁止進口類」、「管制出口類」等四種（第二條）；其中第三條規定：「進出口貨品應屬之類別，由行政院外匯貿易審議委員會（簡稱外貿會）審定並公布之」〔註11〕。政府對於進出口貿易政策的釐定，才回歸中央政府直接控管，也結束從陳儀時代以來台灣省政府與中央財政部對於進出口貿易政策的分歧、協助到合議妥協的二元機制。

　　民國 44（1955）年的進口物品管制表如表 5-2，共 473 項占 45％的商品被列為管制進口的對象，比起民國 41（1952）年間 346 項占 33％，增加 127 項計 12％。其中又以棉、麻、毛等紡織商品（第一至三類）的進口管制增加幅度最大，其次則為第六類的飲食飲料與草藥類，主要增加對魚介海產品的進口管制。

表 5-2：民國 44 年進口物品管制表

品　　類	管制進口	暫停進口	禁止進口	合計
第一類	63	27	2	92（85％）
第二類	3	10	1	14（70％）

〔註11〕台南關稅務司令，政字第 1311 號（民國 48 年 2 月 21 日）。

第三類	5	9	2	16（59%）
第四類	3	7	14	24（82%）
第五類	12	34	0	46（23%）
第六類	5	78	19	102（53%）
第七類	3	4	0	7（100%）
第八類	13	21	0	34（25%）
第九類	1	2	0	3（7%）
第十類	1	15	0	16（43%）
第十一類	4	11	6	21（50%）
第十二類	1	28	0	29（43%）
第十三類	0	4	0	4（50%）
第十四類	3	7	0	10（50%）
第十五類	0	4	0	4（21%）
第十六類	8	28	15	51（52%）
合計	125	289	59	473（45%）

資料來源：依據《最新修正 1955 中華民國海關進口稅則稅則表及進口貨品管制表》
統計。

　　民國 44（1955）年至民國 47（1958）年 7 月間，政府陸續增列管制進口或暫停進口商品共 68 項（參閱附錄五），扣除改列准許進口商品 7 項，民國 47（1958）年間政府進口商品之管制數量爲 534 項約 51%。陸續增列的商品數中，以第五類有關機器腳踏車、腳踏車、引擎零件、鍊條、鋁製品等共 22 項改列管制進口的數量最多；其次則爲第六類有關海產品及其製品、人造奶油、部分中草藥等 17 項商品列爲管制或暫停進口商品。由此可見，政府在此階段的進口管制更爲嚴屬，而且由紡織商品逐漸擴大至各類商品，尤其第六類食品飲料草藥類也已高達 119 項約 62% 的商品列入管制商品，其中該類之魚介海產品，除魚苗（298 甲-1）外，所有魚介海產品不是禁止進口、暫停進口就是管制進口，限制之高甚至高於紡織品。可見政府在貿易管制政上仍延續前階段對於民生類「足衣、足食」的節流策略。此外，第十六雜類也有 60 項約 59%，第五類的金屬與機器製品也有 68 項約 34% 被列入管制進口的商品。

　　出口管制方面也略微有所增加，由先前的 303 項 28% 增加 14 項，而爲 317 項約 30.2%。總之，進出口貿易管制有增無減。

　　進出口貿易管制之嚴厲也可由「懲治走私條例」的修改來略觀。民國 44
（1955）年 12 月政府再度延長「懲治走私條例」之適用期限，並下令海關研
議有關第二條「私運管制物品進口逾公告數額者處七年以下有期徒刑拘役得
併科七千元以下罰金」中，所謂管制物品及其數額之相關規定〔註 12〕，隔年
（1956）年 5 月公布管制物品項目分為：

　　　甲、進出口管制物品：包括槍械、子彈、炸藥、毒氣以及其他兵器，
　　　　　以及宣傳共產或違反反共抗俄之書籍圖片與文件，以及偽造之
　　　　　各種幣券有價證券、郵票、印花稅票及其他稅務單照憑證，以
　　　　　及鴉片等毒品。

　　　乙、管制出口物品：私運食鹽及含氯化鈉 25％以上之混合物超過 300
　　　　　公斤者、私運米穀、麥、麵粉及其他經政府公告之管制之雜糧超
　　　　　過 100 公斤者，以及私運糖、方糖、塊糖冰糖、糖漿超過 100
　　　　　公斤者。〔註 13〕

政府不但以行政命令維持「懲治走私條例」的運作，更進一步擴大其適用的
範疇，對於進出口走私特定商品者，處以相當之刑罰。民國 46（1957）年 8
月間，政府再度擴大「懲治走私條例」對走私進出口管制物品的種類。管制
出口物品方面，除維持前述食鹽、糧食、砂糖等三大類管制物品（即新法第
一類）外，並增列：

　　　甲、管制進出口物品：略

　　　乙、管制出口物品：

　　第一類：略

　　第二類：

　　　　1. 水泥。

　　　　2. 鋼、鐵、銅、錫、鉛、鋁、鎳之條、塊、錠、片或其他形態者。

　　　　3. 發動機、發電機及其附件配件。

　　　　4. 燃煤、燃油、潤滑油及食油。

　　　　5. 硫磺。

　　　　6. 炭煙（墨煙）及其類似品。

　　　　7. 西藥：抗菌藥物、磺胺類藥物及其製劑、血漿。

〔註 12〕台南關稅務司令，政字第 1131 號（民國 45 年 1 月 31 日）。
〔註 13〕台南關稅務司令，政字第 1147 號（民國 45 年 5 月 30 日）。

一次私運以上第二類各項物品之一項或數項，其總額照海關緝
獲時離岸價格計算，超過銀元五千元者。

丙、管制進口物品：

1. 人造纖維、麻、毛、絲所紡織及與其他纖維混紡交紡之疋頭、
   衣料、花邊料及衣服。

2 手錶、手錶帶及零件。

3. 野參、洋參。

4. 洋煙、洋酒、捲煙紙。

5. 香水、香粉、口紅、胭脂、面膏、面油、髮油、指甲油、畫眉
   筆。

6. 腳踏車及縫紉機之零件。

7. 糖精。

8. 鮑魚、海參、魚翅、燕窩、干貝。

   一次私運以上各項物品之一項或數項，其總數照海關緝獲時起
   岸價格計算，超過銀元七千元者。〔註14〕

顯然政府對於金屬、機械、燃料、硫磺、西藥等資本財、軍事用品加重出口
管制；對於進口替代產業如紡織品、腳踏車，以及奢侈品如手錶、高級中藥
財、化妝品、高級海產品，以及菸酒專賣品等則加重進口管制。如此對於進
出口走私非危害社會安全的商品如紡織品、海產品者，即處以刑事罪，仍不
脫戰爭時期物資管制的色彩。如此作為，隨著台灣出口貿易陸續擴張後，至
民國 49（1960）年才取消對水泥、發動機、發電機與西藥之出口管制，取消
手錶、錶帶與香水等化妝品之進口管制〔註15〕，至於奢侈品則全數改列為「禁
止進口類」商品〔註16〕。可見政府遷台後的八年間，在進出口貿易政策上是
採取嚴厲的管制策略。這樣的貿易政策是基於戰爭因素，兼具物資消費管制
與產業保護，當然對於一些缺乏資金投入的產業，消費管制的意義也就大於
產業保護。

進出口貿易政策於民國 46（1957）年 9 月間，以獎勵出口為契機逐漸開
放出口管制，首先准許棉衫（93）麻布（104、105、111）、麻紗、麻線（100）、

〔註14〕台南關稅務司令，政字第 1211 號（民國 46 年 8 月 24 日）。
〔註15〕海關總稅務司署通令，台字第 238 號（民國 49 年 2 月 10 日）。
〔註16〕台南關稅務司令，政字第 1177 號（民國 46 年 1 月 22 日）。

人造棉紗（134 乙）、腳踏車鍊條（258）、縫衣車（250 甲）、電扇、手電筒（264 丙）、原子襪（144）……等 16 項商品得以出口〔註17〕。民國 47（1958）年 8 月再度開放 9 項農業機器與配件准予出口〔註18〕。同年（1958）10 月，原列為管制出口類商品，大部分予以解除，但是若是洋貨復出口，不論是管制或准許出口類商品，一律不准〔註19〕。至於進口管制類商品，也同步大幅開放，計有 61 項准許進口，31 項商品改列管制進口〔註20〕，亦即仍有 410 項約 39％的商品被列為管制或禁止進口的商品。不過，此次同時大幅開放進出口貿易管制政策，具有新里程。往後隨著國內經濟發展，才逐漸降低進出口的貿易管制，至民國 61（1972）年，准許進口商品已高達 82.1％〔註21〕。

二、高關稅政策之調整

政府於民國 44（1955）、48（1959）、54（1965）年間修改進口稅則稅率，其中民國 48（1959）年的將既有 16 類商品分類原則簡化為 15 類，進口稅則由 672 號增加為 771 號別，商品分類由 1,048 項增加為 1,442 項。

表 5-3 為民國 41～54（1952～1965）年各類商品平均進口稅率，其中以民國 48（1959）年稅則稅率的調整幅度最大，明顯有三項轉變：首先將原來的第四類絲製品調整為第四、第五兩類，成為新的第四類「人造纖維、合成纖維及其製品」與第五類「蠶絲及其製品」；其次將原來的第六類食品飲料草藥類與第七類菸草類合併為新第七類「食品藥材菸酒類」；第三將原來第十三類「煤燃料瀝青媒膏」與第十五類「石料泥土及其製品類」合併為新第十三類「煤石料泥土及其他礦物產品製品類」。

表 5-3：民國 41～54 年各類平均進口稅稅率　單位：％

品　類	41 年	44 年	品　類	48 年	54 年
第一類棉製品	35.74	43.48	第一類棉製品	44	43.98
第二類麻製品	34.13	34.25	第二類麻製品	38.04	38.04
第三類毛製品	45.09	90.56	第三類毛製品	64.83	59.39

〔註17〕台南關稅務司令，政字第 1215 號（民國 46 年 9 月 21 日）。
〔註18〕台南關稅務司令，政字第 1271 號（民國 47 年 8 月 4 日）。
〔註19〕台南關稅務司令，政字第 1286 號（民國 47 年 10 月 21 日），附件。
〔註20〕台南關稅務司令，政字第 1286 號（民國 47 年 10 月 21 日），附件。
〔註21〕周玲惠，〈我國關貿政策之政治經濟分析（1950～1990）〉，頁 33、表 2-4。

第四類絲製品	124.31	138.17	第四類人造纖維	77.33	59.33
			第五類蠶絲及其製品	84.42	82.22
第五類金屬製品	29.13	26.78	第六類金屬製品	23	22.69
第六類食品飲料草藥類	72.89	66.88	第七類食品藥材菸酒類	61.85	53.81
第七類菸草類	98.57	104.29			
第八類化學產品與染料類	29.69	27.52	第八類化學產品製藥品及染料類	24.58	23.61
第九類燭皂油脂臘膠松香	28.79	27.33	第九類燭皂油脂臘膠樹脂	26.29	24.73
第十類書籍地圖紙及紙漿	34.93	34.61	第十類書籍地圖紙及紙漿	36.20	35.69
第十一類生熟畜產品及其製品類	38.63	36.96	第十一類動物及其產品與製品	35.80	33.26
第十二類木材木竹藤草及其製品類	34.51	33.75	第十二類植物及其產品製品類	31.77	30.91
第十三類煤燃料瀝青煤膏	18.13	18.13	第十三類煤石料泥土及其他礦物產品製品	24.44	20.98
第十四類磁器搪磁器玻璃	53.25	52.25	第十四類磁器搪磁器玻璃	49.69	49.69
第十五類石料泥土及其製品類	29.50	26.74			
第十六類雜貨類	47.45	43.90	第十五類雜貨類	45.87	42.30

資料來源：歷年海關進口稅稅率表

　　若以民國 41（1952）年為觀察歷年平均稅率的基礎，第一類（棉製品）、第二類（麻製品）、第三類（毛製品）、第十類（書籍地圖紙及紙漿）、第十三類等五大類的平均稅率是持續調高的。至於第十三類平均稅率增加，因原來第十三類平均稅率為進口稅最低者，合併原來第十五類後，平均稅率當然變高，實質上，商品之稅率並無調整。除此之外，其餘各類商品之平均稅率均呈現調降趨勢，又以第四、五、六類的調降幅度最大。因此，此階段最值得觀察者，乃第一至五類商品也就是紡織產業，以及第六類的食品飲料類之稅率調整。

圖 5-1：民國 37～54（1948～1965）年間各級稅率分佈

年度	Free	1%-15%	16-30	31-45	46-60	61-75	76-90	91-105	106-120	121-135	136-150	151-165	166-180	181-195	196-210

37/8	10 0.9	166 15.8	388 36.95	156 14.86	139 13.24	36 3.43	49 4.67	45 4.29	21 2.0		18 1.72			22 2.1
44/1	13 1.22	157 14.73	327 30.68	238 22.33	132 12.38	38 3.56	41 3.85	46 4.32	22 2.06		11 1.03	41 3.85		
48/8	22 2.0	219 19.89	384 34.88	160 14.53	145 13.17	26 2.36	56 5.09	65 5.90	3 0.27		21 1.91			
54/9	31 2.72	260 22.77	379 33.19	178 15.59	142 12.43	23 2.01	62 5.43	64 5.6	3 0.26		21			

資料來源：周玲惠，〈我國關貿政策之政治經濟分析〉，頁 76。

　　歷次進口稅調整的商品數量結構，如圖 5-1、表 5-4 所示，其中 30％以下商品比例由民國 37（1948）年 8 月的 53.65％，調整為 46.63％（44 年）、56.77％（48 年）、58.68％（54 年），顯然自民國（1959）年後稅率有逐年調降的趨勢。整體稅率結構的調整，0～30％較低稅率的商品數量是逐漸增加，不過速度緩慢。100％以上的超高稅率逐年取消，60％至 100％的稅率商品數量也逐年減少，30～60％的稅率維持在 30％上下。但是從民國 47（1958）年 4 月 13 日起，政府調整防衛捐徵收項目與稅率，改按「依進口關稅稅額徵收百分之二十〔註22〕」，因此實際的進口稅率全部再提高 20％，可見政府對於關稅的財政收入的依賴。除此之外，政府也一再重申禁止外匯自由買賣或轉讓，違者依妨害國家總動員懲罰暫行條例處罰〔註23〕。

表 5-4：民國 37～54 年主要稅率之比例結構　　單位：％

	37 年 8 月	44 年 1 月	48 年 8 月	54 年 9 月
0～30％	53.65	46.63	56.77	58.68
31～60％	28.1	34.71	27.7	28.02
60％以上	18.21	18.67	15.53	13.3

資料來源：歷年稅率表

　　綜合貿易管制與關稅政策的調整方向來看，紡織商品與飲食飲料類商品的變動最大。下面進一步探討。

（一）紡織工業之保護與出口促進

　　台灣紡織業尤其是棉紡織產業，在前階段完成資本的累積後，成為民

〔註22〕台南關稅務司令，政字第 1250 號（民國 47 年 4 月 19 日）。
〔註23〕台南關稅務司令，政字第 1251 號（民國 47 年 4 月 21 日）。

國四十到五十年代台灣主要工業之一，民國 45（1956）年起成為出口商品之一〔註 24〕。隨著棉紡工業的穩定發展，政府逐年調高棉紡織商品的進口稅率，其中又以調高原料與棉布之稅率最為明顯，表 5-5 為棉紡織商品（第一類）的平均進口稅率。

表 5-5：民國 41～54 年棉及其製品之平均稅率　　單位：%

品類	41 年	44 年		48 年	54 年
1. 棉花、棉紗與棉線	15.0	16.6	1. 棉花、棉紗與棉線	27.95	27.95
2. 棉布	28.33	39.72	2. 棉布	44.50	44.46
3. 棉製品	64.23	64.23	3. 棉質衣著	55.0	55.0
---			4. 其他棉製品	51.67	51.67
整類平均稅率	35.74	43.48	整類平均稅率	44	43.98

資料來源：歷年稅率表

　　表 5-6 與 5-7 為棉花、棉紗、棉布與棉織品歷年進口稅率之調整情形，棉花由 5%調高至 12.5%，棉紗由 5%調高至 25%，棉布由 20%～30%調高至45%，棉織品則維持在 50%以上的稅率。

表 5-6：民國 41～59 年棉花與棉紗之進口稅率　　單位：%

		民國 37 年	民國 41 年	民國 44 年	民國 48 年	民國 54 年	民國 59 年
棉花	未梳理	10	5	10 （5〔註25〕）	12.5	12.5	12
	已梳理						12.5
廢棉花		20	20	10	15	15	15
棉胎		20	20	17	20	15	15
棉紗	非零售	50	5	17	25	25	25
	零售						35
棉線	非零售	25	25	25	35	35	25
	零售						35

資料來源：

　　1. 海關總稅司署統計科，《中華民國海關進口稅則（民國 37 年 8 月）》（上海：海

〔註24〕《自由中國織工業》15：3（民國 53 年 3 月），頁 59、表 22。
〔註25〕協定稅率。

關總稅務司署，1948，），頁 6，第 71、72、73、75、76 號稅則。

2. 台灣貿易出版社編，《1952 年准許進口貨品表及海關稅則》（台北：台灣貿易出版社，民國 41 年），頁 4，第 71、72、73、75、76 號稅則。

3. 貿易出版社編，《最新修正 1955 年中華民國海關進口稅則稅則表及進口貨品管制表》（台北：台灣貿易出版社，民國 44 年），頁 4，第 71、72、73、75、76 號稅則。

4. 海關總稅務司署，《中華民國海關進口稅則（中華民國 48 年 8 月）》（台北：海關總稅務司署，民國 48 年），頁 1，第 1、2、3、7、8 號稅則。

5. 海關總稅務司署，《中華民國海關進口稅則（中華民國 54 年 9 月）》（台北：海關總稅務司署，民國 54 年），頁 1，第 1、2、3、7、8 號稅則。

6. 行政院賦稅改革委員會編印，《中華民國海關進口稅則修正草稿（中華民國 59 年元月）》（台北：行政院賦稅改革委員會，民國 59 年），頁 198，第 55.01～55.06 號稅則。

表 5-7：民國 41～59 年棉布與棉織品之進口稅率　單位：%

	37 年	41 年	44 年	48 年	54 年	59 年
本色棉布	65	20～30	40	42.5	42.5	42.5
漂白、染色、印花、染紗織針織等棉布	65	20～30	40	45	45	45
製圖用與工業用棉布	20	20	20	25	25	25
摻金屬線或裝飾物之棉布	---	---	---	80	80	---
未列名棉製衣服及衣著物	80	80	80	70	70	---
毛巾、手帕、棉毯、蚊帳	70～80	70～80	70～80	55	55	55～70
布袋	70	70	70	55	55	55
花邊、衣飾、繡貨	100	100	100	80	80	80
未列名棉製品	70	70	70	70	70	---
未列名工業用棉製品	---	---	---	25	25	---

資料來源：

1. 海關總稅司署統計科，《中華民國海關進口稅則（民國 37 年 8 月）》（上海：海關總稅務司署，1948，），頁 3～7，第 1～70、80～94 號稅則。

2. 台灣貿易出版社編，《1952 年准許進口貨品表及海關稅則》（台北：台灣貿易出版社，民國 41 年），頁 1～5，第 1～70、80～94 號稅則。

3. 貿易出版社編，《最新修正 1955 年中華民國海關進口稅則稅則表及進口貨品管

制表》（台北：台灣貿易出版社，民國 44 年），頁 1～5，第 1～70、80～94 號
稅則。

4. 海關總稅務司署，《中華民國海關進口稅則（中華民國 48 年 8 月）》（台北：海
   關總稅務司署，民國 48 年），頁 1～3，第 10～42 號稅則。

5. 海關總稅務司署，《中華民國海關進口稅則（中華民國 54 年 9 月）》（台北：海
   關總稅務司署，民國 54 年），頁 1，第 1、2、3、7、8 號稅則。

6. 行政院賦稅改革委員會編印，《中華民國海關進口稅則修正草稿（中華民國 59
   年元月）》（台北：行政院賦稅改革委員會，民國 59 年）。

　　調高進口稅同時，政府也於民國 44（1955）年大幅增加棉布品的進口管
制，計 58 項棉布品被納入管制進口的項目，再加上暫停進口與禁止進口商品，
總計 89 項約 85%（詳情參閱附錄六）棉紡商品被列入進口管制的對象，僅准
許棉花、廢棉花、破布、棉線、外科及衛生用品棉貨如紗布繃帶等少數棉紡
原料與醫療用棉貨進口〔註26〕。民國 47（1958）年 10 月，政府更開放棉紗、
棉胎，以及衣服與衣著零件出口〔註27〕。很明顯，一方面限制棉紡商品進口，
一方面開放棉紡商品出口，在管制與開放之間，政府是同時強化產業保護，
進而擴張棉紡織商品之出口。

　　同為紡織業的麻紡織品與毛紡織品，進口稅率與進口管制亦同步調高。
如表 5-8 所示，若以民國 41（1952）年為觀察的基點，麻、毛製品的平均稅
率同明顯提高，其中民國 44（1955）年毛類製品的平均稅率大幅增加的原因，
係政府以「協助政府財政收入」為由提高稅率〔註 28〕。原料的稅率方面，苧
麻維持 15%、麻紗由 25% 調高為 30%；羊毛由 15% 調高為 35%、毛紗由 22.5
% 調高 65%；亞麻布則維持 45%、毛質布料則為 80%〔註29〕。貿易管制方面，
麻類商品增加對苧麻、麻袋、麻紗、麻線麻布（夾棉或未夾棉），僅開放亞麻、
麻繩索、舊麻袋等進口〔註30〕，使得第二類麻紡商品共 11 項 70% 商品被列為
管制（參閱附錄七）；毛紡織品也將羊毛、駱駝毛、廢羊毛（113）、廢駱駝毛
（113）與毛紗列入進口管制，共 16 項 59% 商品被列為管制（參閱附錄八），
此二類之進口管制較前期增加約 20%～25%。

〔註 26〕《1955 中華民國海關進口稅稅則表及進口貨品管制表》，頁 1～5。
〔註 27〕海關總稅務司署令，第 2635 號（民國 47 年 10 月 18 日），附件「進出口貨品
　　　　分類附表變更分類一覽表」。
〔註 28〕陶玉其，《中國關稅制度及實務》，頁 109。
〔註 29〕歷年稅率表。
〔註 30〕《1955 中華民國海關進口稅稅則表及進口貨品管制表》，頁 6。

表 5-8：民國 41～54 年麻、毛及其製品之平均稅率　單位：%

品　類	41 年	44 年	48 年	54 年
1. 麻、麻紗與麻線	17.5	17.86	17.73	17.73
2. 麻布	23.33	23.33	45	45
3. 麻製品	49.0	49.0	57.73	57.73
整類平均稅率	34.13	34.25	38.04	38.04
1. 毛、毛紗與毛線	12.95	85.45	33.18	27.14
2. 毛織布	55.0	89.29	72.0	72.0
3. 毛製品	76.67	97.78	87.14	87.14
整類平均稅率	45.09	90.56	64.83	59.39

資料來源：歷年稅率表

　　如同棉紡織品，民國 46（1957）年政府准許麻布、麻紗與麻線之出口，隔年再開放亞麻、麻繩、油帆布、麻袋、洋線袋布〔註 31〕，麻紡織工業也逐漸成為出口的產業。而為了促進毛紡工業，也開放羊毛、駱駝毛（112）、廢羊毛、廢駱駝毛（113）准許進口；至於麻紡原料台灣本已自足甚至可出口，所以僅開放亂麻頭（99）進口，並准許亞麻出口〔註 32〕。

　　至於大幅調降進口稅率者為第四、五類之絲製品與人纖紡織品。如表 5-9 所示，絲製品（第五類）的進口稅雖然逐年調降，不過民國 54（1965）年的平均稅率仍為 82.22%，而蠶絲與廢蠶絲進口稅率為 60%、蠶絲線仍高達 90%，至於絲製成品如針織綢緞 100%、針織絲襪 100% 等〔註 33〕，所以雖然調降部分商品稅率，但是調降空間不大。高稅率同時，絲織品仍是進口高管制商品，共 24 項占 82% 商品被列為進口管制的對象，較民國 41 年又增加一項（詳情參閱附錄九）。民國 47（1958）年大幅降低進口貿易管制時，僅將紡織纖維（130 丙）改列准許進口，以及將綢緞、回絨、絲質衣物、絲質貨品由禁止進口改列管制進口，可見多數絲製或人造纖維商品仍維持進口管制的狀態；相反地，政府則開放蠶絲（129）、人造絲、人造纖維、合成纖維（130、134）、絲製紗與線（135）、純絲或雜絲橡皮雨衣布（141）、

〔註 31〕台南關稅務司令，政字第 1286 號（民國 47 年 10 月 21 日），附表。
〔註 32〕同上註，附表。
〔註 33〕海關總稅務司署，《中華民國海關進口稅則（中華民國 54 年 9 月）》，頁 11。

絲製綢緞（142）等商品出口〔註34〕。

表5-9：民國41～54年絲及其製品之平均稅率　單位：%

品　類	41年	44年		48年	54年
1. 絲、絲紗與絲線	93.64	132.73	1. 絲原料	60.83	60.83
			2. 絲紗線	93.33	76.25
2. 絲織綢緞、回絨、剪絨	140.38	136.43	3. 絲織綢緞、回絨、剪絨	100	100
3. 絲製品	150	155	4. 絲製品	87.5	87.5
整類平均稅率	124.31	138.17	整類平均稅率	84.42	82.22

資料來源：歷年稅率表

　　第四類人造纖維、合成纖維製品之平均稅率也在60～70%之間，如表5-10所示。不過對於工業用或漁具使用之尼龍製品（尼龍漁網線與尼龍繩索），其稅率則降爲25%〔註35〕。

表5-10：民國48～54年人造纖維、合成纖維製品之平均稅率

	48年	54年
1. 纖維原料	54.44%	37.22%
2. 纖維紗、線	75.0%	52.27%
3. 人造纖維製布	100%	80%
4. 人造纖維製品	84.77%	69.09%
整類平均稅率	77.33%	59.33%

資料來源：歷年稅率表

　　整體而言，政府對於紡織商品的進口稅率，還維持相當高的水準，棉紡、麻紡、毛紡還些微調高稅率，絲織品雖然調降稅率，但是稅率依然相當高，以致意義不大。進口管制方面，大體維持前期既定的嚴厲進口管制。

　　紡織商品貿易管制政策於民國46（1957）、47（1958）年出現重要的轉折。先是開放麻紗、麻布出口，後又將廢棉花（72甲）、亂麻頭（99）、麻製鞋線（101）、羊毛、駱駝毛（112）、廢羊毛（113）、廢駱駝毛（113）紡織纖維其

〔註34〕台南關稅務司令，政字第1286號（民國47年10月21日）。
〔註35〕台南關稅務司令，政字第1107號（民國44年9月19日）。

他類（130 丙）等類紡織原料改列准許進口，並將亞麻（95）、麻製繩索（101）、麻製帆布油帆布（103）、洋線袋布（106）、新火麻袋、新洋線袋（107）、毛紗、毛線（114）、毛製針織呢絨（116）、毛製工業用呢絨（119）、毛製雨衣布（121）、毯呢毯套（123）、毛毯（124）、毛製地衣（125）、蠶絲（129）、人造絲與人造纖維（130 甲乙丙）、廢蠶絲（131）、絲製紗線（135）、絲製橡皮雨衣布（141）、蠶絲綢緞（142 甲）等各類紡織半成品、成品開放出口〔註36〕。這些原為供應台灣內部民生需求的商品，如麻袋自陳儀主持台政時即為供應米、糖之包裝所需而被列為禁止出口的商品，如今開放出口，正標示著台灣紡織工業已轉型為出口導向。這也意味著：民國 46、47（1957～1958）年間局部開放紡織原料進口，並大幅開放紡織商品出口，宣告台灣以紡織業為主體的出口導向產業政策已經形成。

　　總之，在第一至第五類的紡織商品進口稅率方面，呈現同步調高或維持既有的稅率結構；貿易管制政策方面，進口管制並未放鬆甚至強化，民國 47（1958）年以後開放紡織工業原料進口與半成品、成品出口的政策。因此，成品高稅率有助於保護國內紡織產業，出口的解禁當然是為了出口的擴張。只是如棉花與棉紗等紡織原料，進口稅率相對提高將增加製造業之成本而降低產業的保護率。紡織原料關稅偏高的背後，除了財政需求外，同時政府也以退稅、沖退稅制度，展開對紡織品出口的獎勵性機制。因為紡織產業不再只是內需產業，更是成為台灣最重要的出口產業。

（二）日用飲食商品之自足政策

　　日用飲食商品整體平均稅率呈現調降的趨勢。進一步分析各品稅率結構，調降酒類飲水品乃平均稅率降低的最大原因，其次為調降魚介海產品與葷食日用雜貨。至於糖品與雜糧蔬果品則僅些微浮動，如表 5-11 所示。

表 5-11：民國 41～54 年第六類各品平均稅率　單位：%

品　類	民國 41 年	民國 44 年	民國 48 年	民國 54 年
1. 魚介海產品	76.9	75.2	61.5	61.5%
2. 葷食日用雜貨品	69.8	68.2	57.9	57.9%

〔註36〕　海關總稅務司署令，第 2635 號（民國 47 年 10 月 18 日），附件「進出口貨品分類附表變更分類一覽表」。

3. 雜糧果品藥材子仁香料蔬菜品	39.7	35.6		48 年	54 年
			糧食及其製品	33.6	29
			子仁	40	38
			果品	58.7	58.4
			蔬菜	51.1	51.1
			香藥與香料	22.7	22.7
			平均	38.4	36.4
4. 糖品	88.3	88.3	83.1	83.1	
5. 酒類汽水品	194.3	153.3	155.6	98.9	

資料來源：依據歷年稅率表第六類商品之稅率統計。

　　酒類、汽水品雖然調降幅度相當大，不過汽水進口稅高達 80％、各類進口酒為 100％（民國 54 年）；魚介海產品除魚苗（298 甲-1）5％、海藻（303）30％、海帶（302）30％、生海菜（300）40％外，其餘均為 50％、60％、70％、80％、100％之高稅率，而且除了魚苗之外，所有魚介海產品不是禁止進口、暫停進口就是管制進口，進口管制之高遠甚於紡織品，以致調降進口稅率的意義不大。因此，政府對於飲食物資商品仍以「自主與節儉」為原則，凡台灣自產的產品幾乎限制進口。

　　整體而言，第六類除維生糧食與一般香料低關稅、低管制外，其餘仍維持高關稅、高管制，其中專賣的菸酒幾乎完全封殺，魚介海產也轉變為以管制的策略限制進口，這與台灣漁業發展有密切的關係；日用雜貨與休閒飲料以「節儉」為前提，非民生必須即予限制進口；蔬果香料則以稅制量。

（三）工業原料與設備之稅率調整

此階段政府也些微調整工業原料之進口稅率。

1. 金屬原料

　　金屬原料方面，除鋁及鋼鐵類商品較為特殊外，包括黃銅、白銅、紫銅、鉛、錳、鎳、錫、鋅等金屬原料及其合金商品，其稅率結構如表 5-12，民國 48（1959）年後的稅率未加工之錠、塊、粒原料為 15％，加工後之板、片、條、桿、管子及配件為 20％，金屬箔為 30％。

表 5-12：民國 41～54 年主要金屬原料及其合金之進口稅率　單位：％

	41 年	44 年	48 年	54 年
未加工之錠、塊、粒	15～22.5	15～20	15	15
板、片、管子、條、桿	17.5～25	15～25	20	20
箔	30	30	30	30

資料來源：歷年稅率表，41 與 44 年爲第五類、48、54 年爲第六類。

　　至於鋁方面，未加工原料與初步加工之半成品，則分別調高爲 20％與 30％。因爲，台灣鋁及其製品已爲出口物品，如表 5-13 所示。

表 5-13：民國 41～54 年間鋁及其合金之進口稅率　單位：％

	41 年	44 年	48 年	54 年
未加工之錠、塊、粒	10	20	20	20
板、片、管子、絲	20～22.5	20	30	30
鋁箔	30（不夾紙）、45（夾紙）	30	35	35

資料來源：歷年稅率表，41 與 44 年爲第五類、48、54 年爲第六類。

　　鋼鐵製品方面，主要大幅調降生鐵、鐵磚之稅率，由 35％（41 年）調降爲 15％（44 年），民國 48（1959）年再降爲 10％；其次，鋼鐵錠、塊、粒等原料由 22.5％（41 年），降爲 20％（44 年），48 年再降爲 12.5％；加工後之板、片、條、桿、管子及配件 22.5％（41 年），後維持在 20％上下，倒是加工食品罐頭材料馬口鐵卻由 20％調高爲 25％，這種現象只能由退稅與沖退稅來解釋。

表 5-14：民國 41～54 年間鋼鐵及其合金之進口稅率　單位：％

	41 年	44 年	48 年	54 年
生鐵、鐵磚	35	15	10	10
未加工之錠、塊條及熟鐵塊	22.5	20	12.5	12.5
板、片、管子、絲	22.5	20～25	15～20	15～25
馬口鐵	20～25	20	25	25
軌	7.5	7.5	7.5	7.5

資料來源：歷年稅率表，41 與 44 年爲第五類、48、54 年爲第六類。

從金屬原料與製品的稅率調整來看，除鋼鐵原料進口稅大幅調降外，其餘多數工業原料與半成品均些微調高稅率，如鋁及其製品因內部生產足以外銷，以及作為罐頭食品工業材料之馬口鐵，均調高稅率。

2. 機器設備

民國 48（1959）年對於機器設備稅率有部分調整，且多數微幅調高稅率。包括將低壓電力(或非原始電力所用器具)由 15%調高為 25%，紡織機器（222）由 10%調高為 25%，以及將釀酒（210）、捲菸（211）、牛奶場用具（212）、麵粉廠用具（213）、造紙機器（217）、印刷機器（218）、泵浦（219）、工業用冰箱（220）等由 10%調高為 12.5%；而唯一調降稅率者乃開掘油井機器（216）〔註37〕。

整體而言，僅少數機械工業原料與製品調降稅率以利生產，多數台灣得以生產之金屬製品如鋁，則調高以利產業之保護。

除此之外，免稅商品也由由 10 項增加為 31 項，包括金銀條（稅則 160）、金銀銅鎳幣（241）鉑及其合金（161甲）、盲人用點字製版機及配件（218甲）、飛機及引擎、零件（230甲、乙、丙）、船舶（231甲-2子、丑、寅；231乙）、船用無線電儀器（257甲-4）、米穀（307）、印本或抄本書籍（639）海圖與地圖（640）、報紙與雜誌（641）、紙幣（642）、郵票（643）、動物精液（650甲）、動物肥料（666）、蠶卵（667）、專供教授基本發音及會話之留聲機（736丙-1）、教育性幻燈片（737甲-5子）、教育性墊影片及電視節目片（737乙-2子）、新聞電影片及電視節目片（737乙-2丑）、古玩（744）、行船儀器及其配件（748甲）、盲人用電字筆與盤（763乙）、印製鈔票及郵票用母版（764甲）、替代或接裝人體器官（771乙-1丑）等〔註38〕。不過這些商品多為特殊用途，而非提供產業之發展。

在歷次稅則稅率修改的原則，當時擔任關務署科長的陶玉其認為包括「擴大免稅項目」、「降低工業原料稅率」、「工業原料稅率高於成品者予以降低、國內已有工業產品須予保護者提高其稅率，但已歷相當年者，則予以降低稅率」、「調降民生必需品稅率」、「調整稅則適用的困難性」〔註39〕。對照前面的分析，陶玉其所說：「擴大免稅項目」、「降低工業原料稅率」的原則，似乎

〔註37〕海關總稅務司署，《中華民國海關進口稅則（民國48年8月）》商品稅則所列。
〔註38〕依據海關總稅務司署，《中華民國海關進口稅則（民國54年9月）》羅列。
〔註39〕陶玉其，《中國關稅制度及實務》，頁107～112。

不太正確。如前面分析，紡織業原料不僅未調降反而增加，「調降工業原料稅」者約僅限於少數金屬原料如鋼鐵原料。至於免稅商品也僅限於特殊用途，對於產業幾乎完全沒有貢獻，更談不上「擴大」二字。

　　再者，經濟學家柳復起於民國 55（1966）年比較研究我國與先進國家的分類產業之名義保護率與加工增值保護率所得結論指出：就名義保護率觀察，我國全體產業之保護率約為日本的 2.3 倍、美國之 3.2 倍、英國之 2.4 倍、共同市場之 3.2 倍及瑞典之 5.5 倍。其中消費品〔註40〕類超過其他地區之倍數最高，中間性產品（一）〔註41〕類次之，中間性產品（二）〔註42〕類再次之，僅投資品〔註43〕類稍低於日本及英國。就加工增值保護率觀察，我國約為日本的 3.2 倍、美國之 4.5 倍、英國之 3.3 倍、共同市場之 4.9 倍及瑞典之 7.2 倍。在各類產品之中，我國投資品產業享受之加工增值保護率竟低於工業先進國之日本及英國，其他各類均遠高於先進國家，尤其以消費品類超出程度最大〔註44〕。可見，分類產業的數值分析也呈現進口關稅的高度保護性。若再加上高達 41.5%～51% 數量的商品管制〔註45〕所產生的「隱性保護率」效果，高度保護與管制色彩相當濃厚。

　　柳復起也綜合分析台灣 44 門產業的關稅，所下的結論是：

> 我國現行關稅結構，對於飲食、衣著類產業之一般保護程度甚高，對於水泥、鋼鐵製材、化工原料等工業基本原料及機械、電機、電訊等資本設備之保護程度則較低。〔註46〕

這樣的結論正與第四章以及本章前述有關關貿政策的分析成果不謀而合。

　　除此之外，政府課徵貨物稅的進口商品也逐年增加，由民國 37（1948）年 8 月的 12 項，民國 47（1958）年增加為 18 項，民國 51（1962）年再增加「糖精及其他合成糖代用品」、「麻紗」、「人造與合成纖維紗」、「混紡紗」、「塑

〔註40〕消費品包括成衣、鞋、襪、其他皮革製品、汽車、腳踏車、機車、精密器具、玩具、運動器材、珠寶飾物、洗滌品及香水等。
〔註41〕中間性產品（一）包括紗、線、毛紗、紙製品、皮革、人造及合成纖維、非金屬礦業製品、玻璃、生鐵、非鐵金屬品等。
〔註42〕中間性產品（二）包括紡織品、橡膠及其製品、塑膠及其製品、其他化學製品、鋼鐵、鋼鐵製品、其他金屬製品等。
〔註43〕投資品包括農業機器、電機、機械、鐵路車輛、飛機等。
〔註44〕柳復起，《關稅論》，頁 170。
〔註45〕李國鼎，《台灣經濟發展背後的政策演變》（台北：資訊與電腦雜誌社，民國88 年 2 月），頁 24。
〔註46〕柳復起，《關稅論》，頁 118。

膠」、「橡膠車胎」、「油氣類」等七種貨物〔註47〕，共 25 種類商品課徵貨物稅，如表 5-15 所示。

表 5-15：民國 35 年至 47 年貨物稅率表

貨物品名	35年6月	35年12月	36年	37年	41年	43年	47年
1. 捲菸	100%	100%	100%	100%	120%	120%	120%
2. 洋酒、啤酒	60%	100%	100%	100%	120%	120%	120%
3. 薰菸葉	30%	30%	30%	30%	30%	30%	30%
4. 火柴	20%	20%	20%	20%	10%	20%	20%
5. 糖類	25%	25%	25%	25%	35%	60%	60%
6. 棉紗	3.5%	5%	5%	10%	5%	15%	15%
7. 人造絲	---	---	---		---	20%	20%
8. 毛紗、毛線	---	---	---	15%	15%	30%	30%
9. 皮統、皮革	---	15%	15%	15%	15%	15%	15%
10. 麥粉	---	2.5%	2.5%	---	---	---	---
11. 茶葉	---	10%	10%	---	---	---	---
12. 水泥	---	15%	15%	15%	15%	20%	20%
13. 飲料品	---	20%	20%	30%	30%	30%	30
14. 錫箔及迷信用紙	---	60%	60%	60%	---	---	---
15. 化妝品	---	45%	45%	45%	150%	100%、80、20	100%、80、20
16. 礦產品	---	---	---	---	5%	5%	5%
17. 木材	---	---	---	---	---	15%	15%
18. 電燈泡	---	---	---	---	---	20%	20%
19. 紙類	---	---	---	---	---	5%	5%
20. 平板玻璃	---	---	---	---	---	---	15%
21. 調味粉	---	---	---	---	---	---	25%

資料來源：

1. 海關總稅務司署通令第 6858 號（民國 35 年 6 月 29 日）。
2. 海關總稅務司署通令第 6956 號（民國 35 年 12 月 10 日）。

〔註47〕海關總稅務司署通令，第 286 號（民國 51 年 8 月 16 日）。

3. 海關總稅務司署通令第 7051（民國 36 年 4 月 24 日）。

4. 海關總稅務司署通令第 7287（民國 37 年 4 月 14 日）。

5. 海關總稅務司署通令第 7348（民國 37 年 7 月 29 日）。

6. 海關總稅務司署通令第 7376（民國 37 年 9 月 16 日）。

7. 海關總稅務司署通令台字第 82 號（民國 41 年 6 月 16 日）。

8. 海關總稅務司署通令台字第 124 號（民國 43 年 10 月 1 日）。

9. 台南關稅務司署令，政字第 1268 號（民國 47 年 7 月 17 日）。

綜合前面有關平均稅率、稅率調整、稅率結構與貨物稅等指標的分析，均顯示政府對於進口商品所課徵的稅率，大體依然維持前期高關稅與高管制的策略，亦即節流體制依然不變。可是節流無法增進國家、人民的財富累積，以致新的問題是：如何在不違背節流原則，擴大累積財富的機制？答案：唯有擴大出口貿易，所以此階段關貿政策最大的調整，乃一改前階段出口高管制的政策，於民國 46～47（1957～1958）年間全面解除出口貿易管制。只是台灣資源並不豐富，在以財政收入為前提的關稅政策下，高成本的進口原料將勢必大幅降低出口競爭力。如何制訂一種既不違背關稅財政需求，又能協助出口商進入國際市場的政策？那就需要退稅、沖退稅等積極獎勵制度。曾如日人朝元照雄〔註 48〕所說：因為進入國際經濟市場的適應能力很難，這些對輸出產業的獎勵措施變得十分重要〔註 49〕。

第二節　獎勵措施之萌芽——關稅記帳與退稅制度的形成

對進口商品課徵關稅，或是以貿易管制限制商品的進口，雖然都有保護國內產業的功能，不過其意義均屬消極。保護產業的積極手段，包括關稅記帳、緩期繳納與退稅制度等。

一、關稅記帳、分期納稅

第四章曾探討軍用油料與軍用品關稅記帳制度的問題〔註 50〕，不過對軍

〔註 48〕 1950 年生，日本九州產業大學經濟學研究所助理教授。

〔註 49〕 施昭雄、朝元照雄著，《台灣經濟論——經濟發展と構造轉換》（東京：勁草書房，1999 年 4 月），頁 11～12。

〔註 50〕 台南關 39 年度海軍進口潤滑油、機油、煞車油記帳稅款新台幣 252,527.68 元，空軍總部輸入木料記帳稅款新台幣 20,710.47 元，統由軍需署代繳。海關總稅務司署訓令第 677 號（民國 41 年 6 月 11 日）。

方的優待，畢竟不能與民間同日而語。其實，關稅記帳的制度早在二次大戰剛結束實施，民國 35（1946）年 6 月間財政部對於由台灣輸日鹽斤交換物資，除應驗憑各輸出省份鹽務管理局運照放行外，其應繳納出口稅，准先由海關記帳〔註 51〕。同時對於我國與日本交換貨物，所有由我國運日及由日運我國之貨物，凡屬於交換案者，其應繳關稅准先由各該海關記帳查驗放行〔註 52〕。顯然，關稅記帳制度在於提供公務機關或公營事業單位於進出口商品時，對於所課徵的關稅給予「快速通關」的便利之道。這樣的便利之道，因軍事用途以及加速物資進口，成為過渡時期軍方與公營事業機構普遍使用的方式。

以目前所能掌握的檔案資料來看，民國 39（1950）年 6 月台灣肥料公司（以下簡稱：台肥）為擴建第五廠，進口總值美金 180 萬元的器材，財政部准其應繳稅額，先納三分之一，其餘三分之二稅款（新台幣：34,826 元）得覓具銀行保證書，擔保自提貨日起六個月內付清〔註 53〕。期滿之際，台肥顯然沒有補繳剩餘稅款的跡象，乃向生管會陳情呈轉財政部展延繳款期限，財政部「為顧念該公司困難起見」，乃於同年（1950）11 月間核准前項三分之二稅款，「自本年（按：1950）11 月 1 日起，展期 3 個月，至 40（1951）年 1 月底前付清，不得再請展期〔註 54〕」。但是嗣後台肥仍然無法全部繳清稅款，財政部只得續准台肥所欠數額，按展延時限分月繳納。此次展期三個月，與原限六個月合計，仍依各批器材提貨之日起算，扣足九個月清完，並准由該公司改辦銀行擔保〔註 55〕。財政部以便宜「清結」起見，強調嗣後陸續如有該項器材進口，所有三分之二記帳稅款，仍應遵照原定自提貨之日起六個月內清完辦法辦理〔註 56〕。台肥的案例，創下關稅擔保記帳、分期納稅期限最久的個案。

再者，公營紡織業如中國紡織建設股份有限公司（以下簡稱：中紡），於民國 39（1950）年 8 月因籌建工廠向日訂購紡織機器配件及物料，應納關稅新台幣 413,719.74 元，因建廠期間資金周轉困難，向生管會呈請海關准予稅款記帳，再於同年 12 月開工後，設法如數繳納。生管會函請財政部時表示：

〔註 51〕 台南關稅務司公署訓令，政字第 35 號（民國 35 年 6 月 6 日）。
〔註 52〕 台南關稅務司公署訓令，政字第 36 號（民國 35 年 6 月 6 日）。
〔註 53〕 海關總稅務司署訓令，第 157 號（民國 39 年 6 月 27 日）。
〔註 54〕 海關總稅務司署訓令，第 259 號（民國 39 年 11 月 8 日）。
〔註 55〕 海關總稅務司署訓令，第 285 號（民國 39 年 12 月 13 日）。
〔註 56〕 海關總稅務司署訓令，第 285 號（民國 39 年 12 月 13 日）。

案經本會第六十四次常務委員會議決議：「該紡織工廠在建廠期間，資金週轉困難，上項應納稅款 413,719.74 元轉請財政部暫予記帳，以便營運，至該廠開工後分三個月還清」〔註57〕。

財政部則回電：

請覓洽台灣糖業公司擔保，自提貨之日起三個月內繳清〔註58〕。

生管會為鼓勵紡織事業積極生產，故准予「開工後分三個月還清」。若以中紡預計 12 月開工，按生管會的意思是，記帳稅款可延至 12 月以後再分三個月繳納；可是財政部顯然不完全同意生管會的意見，僅同意自「提貨之日起分三個月還清」。顯然產業官員與財政官員的意見落差頗大。

又如民國 39（1950）年 11 月，台灣機械股份有限公司（以下簡稱：台機）由「海黃輪」自日本運鋼鐵器材 950 噸來台，其應繳稅款，財政部特准於提貨時繳納半數，其餘半數，自提貨之日起一個月內繳清，並覓具授受信用之機構負責保證，仍由該公司逕自洽海關辦理繳款及保證提貨手續〔註59〕。同年 12 月，財政部以「該公司因往來銀行台灣銀行未允擔任保證，關於該公司應繳上項關稅半數期款，准由台灣銀行以外之商業銀行或擁有相當出口物資之營業機構，負責保證清付〔註60〕」。

關稅記帳運用最為頻繁與制度化者，乃針對美援物資的進口。民國 39（1950）年 5 月間，政府對於美援物資進口應徵之關稅，即規定由海關驗憑美援運用委員會擔保書記帳放行，記帳稅款則由美援會另行編製追加支出預算專案請款清結〔註61〕。隨著韓戰爆發，民國 40（1951）年美國再度以經援、軍援中華民國政府，記帳制度全面性適用美援進口物資。

民國 40（1951）年 2 月，財政部訂定「美國經濟援華物資進口繳納關稅手續」，強調「政府規定所有美國經濟援華物資，概以徵稅為原則」外，但以其支配用途不同，准由美援運用委員會酌量情形，將關稅繳納形式區分為下列五種情形：

甲、「關稅由受配人自理」：適用於進口前業已分配之普通物資，海

〔註57〕《生管會檔案》037.2171116/1.1
〔註58〕《生管會檔案》037.2171116/1.1
〔註59〕海關總稅務司署訓令，第 258 號（民國 39 年 11 月 7 日）。
〔註60〕海關總稅務司署訓令，第 282 號（民國 39 年 12 月 7 日）。
〔註61〕海關總稅務司署訓令第，133 號（民國 39 年 5 月 16 日），附件「財政部關務署訓令，第 258 號」。

關應按通常程序，繕發進口稅繳納證，交由報運人完納稅款後再予放行。

乙、「關稅暫行登帳由本會負責三個月內繳清」：適用於進口時尚未分配之普通物資，海關應先驗憑美援運用委員會證明書放行，再將進口稅繳納證送交該會，由該會在三個月內負責代收彙繳。

丙、「關稅記帳」：限用於美援肥料一項，海關應憑美援運用委員會證明書驗放，並按月報由財政部專案處理。

丁、「公營事業生產設備關稅記帳」：適用於分配公營事業機構之生產器材海關應驗憑美援運用委員會證明書放行，由海關按月報由財政部年度終了時，專案結報處理。

戊、「民營事業生產設備關稅登帳由本會酌定分期代收彙繳」：適用於分配民營事業機構之生產器材，海關應驗憑美援運用委員會證明書先予放行，再將進口稅繳納證送交該會，該項關稅由美援會酌定繳稅期限負責代收彙繳海關。〔註62〕

除第一種由美援受配人自行按通關常規繳稅處理外，其餘四種包括未分配之美援物資、美援肥料、公營與民營事業生產設備等，均以「先放後稅」的記帳方式，再酌情分期繳納關稅，其中又以肥料採月報財政部專案處理最為特殊。

肥料乃台灣農民相當重要的生產材料。日治以來，台灣農民已相當普遍而熟練使用肥料，但是台灣尚未發展出足以自足的肥料工業。民國 35～38（1946～1949）年間，肥料為僅次於紡織品的進口大宗，包括荳餅及化學肥料，化學肥料尤需從國外進口，洋貨進口物資中，以肥料最為重要〔註63〕。前述，政府調降肥料與製肥原料進口稅，都在在彰顯其重要性，也意味著政府積極建立自足的肥料工業。總之，關稅記帳對於進口肥料是一大方便與保護，也降低化學肥料進口的成本。

民國 40（1951）年 1 月，台灣省政府為 41 年度需用化學肥料，委託中信局向日本購妥 87,400 公噸，第一批於 1 月 24 日由海宿輪抵台，然台灣省政府以：「船務證件未到，無法結關繳稅，恐影響起卸配運工作，乃請中信局向海關保證繳納稅款先予放行」。財政部不僅准予辦理，且准予自進口之日起兩個

〔註62〕海關總稅務司署通令，第 42 號（民國 40 年 2 月 17 日），附件一。

〔註63〕李文環，〈戰後初期台灣對外貿易之政經分析（1945～1949）〉，頁 91。

月內清繳結案。並且為不耽誤肥料卸運工作，對於今後台灣省政府進口化學肥料，准予根據中信局擔保先行驗放〔註64〕。同年（1951）年 8 月，中信局再度自日本採購運台化學肥料六萬公噸，也因有關證件無法於船貨抵台前寄達，無法即時繳稅，財政部乃准予由關先行驗放，所需稅款，由中央信託局保證自進口之日起，兩個月內清繳結案〔註65〕。可見對於進口肥料，檢驗文件較為簡易。因為肥料不僅是台灣農業重要的生產投入物資，同時也是政府肥料換穀的籌碼，亦即用以取得軍公教糧食，以及出口換取外匯的重要商品。所以從台肥建廠到進口肥料，政府均給予特別的優惠。不過值得注意的是，並不是所有的進口肥料都享有「關稅記帳」的優惠，財政部40（1951）年12月 7 日指示海關以：

> 美援肥料配售台省糧食局，由該局直接配售農民，專供使用於稻作
> 物者，其進口稅應依該項規定（按：美國經濟援華物資進口繳納關
> 稅手續）記帳。至非配售糧食局，而作其他用途之美援肥料，關稅
> 自應照章繳納，不在該項規定記帳範圍之內〔註66〕。

顯然財政部對於進口肥料的關稅優惠措施，僅限於由配售糧食局者，並要求關務署行文美援運用委員會，對於非配售糧食局之進口肥料應予以更正〔註67〕，而糧食局正是肥料換穀機構的中樞〔註68〕。事實上，這些美援配售糧食局之進口肥料的記帳關稅，40 年度之金額高達新台幣 5,480,359.22元，後來政府均予以豁免〔註69〕。緣此，政府對於肥料關稅優惠措施的背後，不僅隱含著政策的不公平性，且透過關稅記帳降低關稅成本，以及「不等價交換〔註70〕」，對於台灣農民是大大的剝削。

　　至於所謂公營事業之生產設備有二，一為公營事業機構新設廠礦，以及新建鐵路、公路等，在其全部工程完成開始生產營運以前，須予裝置之生產設備；二為公營事業機構在生產營運時，須予補充之各類機器與交通設備等，及其所需之零件、附件與消耗性之物料。〔註71〕其記帳繳款期限，後者之生

〔註64〕海關總稅務司署訓令，第 310 號（民國 40 年 1 月 13 日）。
〔註65〕海關總稅務司署訓令，第 456 號（民國 40 年 8 月 1 日）。
〔註66〕海關總稅務司署訓令，第 546 號（民國 40 年 12 月 12 日）。
〔註67〕海關總稅務司署訓令，第 546 號（民國 40 年 12 月 12 日）。
〔註68〕劉進慶著，王宏仁、林繼文、李明俊譯，《台灣戰後經濟分析》，頁 146～148。
〔註69〕海關總稅務司署訓令，第 796 號（民國 42 年 1 月 9 日）。
〔註70〕劉進慶，王宏仁、林繼文、李明俊譯，《台灣戰後經濟分析》，頁 143。
〔註71〕海關總稅務司署通令，第 58 號（民國 40 年 6 月 6 日），正文與附件。

產設備，記帳稅款應自海關繳稅通知單發出之日期起算，於三個月內繳納之，如情形特殊者，得由財政部於三個月期滿之日起，酌准展期一次繳納或分期繳納，展期一次繳納或分期繳納之限期，應視受配機構之資力狀況與該項設備之用途酌定之，但最多不能超過三個月（第三條）；屬於前項之生產設備記帳稅款，在普通情形之下，應照上述之規定繳納，但其在建設過程中限於資金周轉不靈，對履行第三條之規定繳付稅款確有困難者，得由財政部斟酌實際情形專案核准，俟其工程完成開始生產營運後繳納之（第四條）；對於不良事業機構也訂定處罰條款，即受配機構對依本辦法核定或規定之付稅日期，如有不予遵守或逾期延不付稅之情事，海關得對該受配機構自行報運進口之物資或在徵得美援會同意之後，將該機構繼續配得之美援生產設備暫時停止放行，至其履行所規定義務，依限繳納記帳稅款時爲止（第七條）〔註72〕。如民國40（1951）年11月間，就有灣省鐵路管理局及台灣鋼廠欠繳美援物資記帳關稅，前者新台幣234,483.34元，後者新台幣64,006.97元，爲台南關再三催繳，延未清付〔註73〕，爲了解決拖欠關稅問題，民國42（1953）年1月修訂「美國經濟援華物資進口繳納關稅手續」即強調：

1. 嗣後由美援會負責三個月繳清稅款部分之物資，如有逾期不付稅情事，得由海關於接奉部令後，對有關機構自行報運之進出口物資予以扣留，至付清稅款爲止。

2. 公營機構有延不繳稅情事，海關應將其自行報運進口，或於取得美援會同意後，對其配得之美援物資，暫停放行。是項辦法，現對民營機構一併適用，如有上述情事，則自行報運之出口貨物，亦得暫予停止放行。〔註74〕

民國42（1953）年6月間，台灣鋼廠41年度進口記帳關稅496,8695.18元逾期未繳納，海關總稅務司署要求台北、台南關對該廠自行報運進出口之物資，一律停止放行，至其付清稅款爲止〔註75〕。同年8月台灣鋼廠勉強繳交15萬元稅款〔註76〕，並向海關陳情「實因週轉困難，並非有意延宕」，期能按月攤

〔註72〕 海關總稅務司署通令，第58號（民國40年6月6日）。
〔註73〕 台南關稅務司公署呈文，台南字第825號（民國40年11月28日）；海關總稅務司署訓令，第561號（民國40年12月28日）。
〔註74〕 海關總稅務司署通令，第94號（民國42年2月17日）。
〔註75〕 海關總稅務司署訓令，第895號（民國42年6月31日）。
〔註76〕 海關總稅務司署訓令，第927號（民國42年8月26日）。

付新台幣十萬元分期繳納〔註77〕。實際上，台灣鋼廠民國 41（1952）年 1 月至民國 42（1953）年 5 月底欠繳美援關稅高達新台幣 1,478,789.83 元，財政部以台灣鋼廠已按期繳納新台幣十萬元，下令海關免照規定「暫予停止放行」〔註78〕，該項稅款台灣鋼廠以每月 15 萬元分期繳納，至民國 43（1954）年 5 月才全部清付〔註79〕。其實此類欠稅公民營廠商爲數不少，42 年度與 43 年度計有冀聯禎麻袋廠、台灣雲母礦業公司、新興機具工廠、新光內衣染織廠、台北市煤氣公司、台灣合板工場、台灣路面鋪設公司、……（資料原件不清）台灣省糧食局、台灣電力公司、台灣省瘧疾研究所、台灣省衛生處、台灣省防癆協會、台灣省農林廳漁管處等公司單位。若依規定由海關扣押貨物追繳，有其困難，而強制執行又無法律依據。爲此，民國 44（1955）年 7 月 8 日財政部邀請經濟部、司法行政部、美援運用委員會、台灣省政府會商達成下列措施：

1. 函請美援運用委員會……（資料不清）凍結其美援物資。

2. 函請外匯貿易審議委員會，停止欠稅機構進口結匯，其已結匯者，於該項物資報運進口時，由關照現行規定予以扣留。

3. 欠稅單位如係省轄機構，並函請台灣省政府嚴爲催繳。倘仍延不繳納，則在其應領之經費項下代爲扣繳。〔註80〕

藉由凍結美援物資、扣留進口物資、催繳稅款等方式，顯然政府對於非特定保護之公、民營機構的納稅義務要求是絕對的。不過相對於民國 39（1950）年間，政府還下令海關：「對於公、私營事業機構輸入原料、器材、貨品，請求保證提貨緩期納稅案件，非經部、署核准，不得受理」的規定而言〔註81〕，至少已經從混亂局勢的負面態度，進而逐漸重建正面而積極的鼓勵方式。

　　除了上述五種美援物資准予關稅記帳或暫行登帳外，也有特殊的案例。如爲建造西螺大橋進口美援材料，價值高達美金 1,163,000 元，財政部特准予關稅記帳，逐批列入「美援物資進口應繳稅款暨受配機關清表」〔註82〕。諸

〔註77〕 海關總稅務司署訓令，第 936 號（民國 42 年 9 月 1 日）。
〔註78〕 海關總稅務司署訓令，第 936 號（民國 42 年 9 月 1 日）。
〔註79〕 海關總稅務司署訓令，第 1097 號（民國 43 年 5 月 5 日）。
〔註80〕 海關總稅務司署訓令，第 1524 號（民國 44 年 12 月 12 日）。
〔註81〕 海關總稅務司署通令，第 32 號（民國 39 年 9 月 11 日）。
〔註82〕 海關總稅務司署訓令，第 606 號（民國 41 年 3 月 1 日）。

如此類案例應視爲個案。

　　不過應特別強調，此階段有關美援物資關稅記帳、分期繳稅的優惠，並非全面適用，即使同樣是美援物資如潤滑油、柳安木，無論公私營機構或行號報運進口者，則均應一律按照普通商貨徵稅驗放，且不適用官價匯率，亦即應歸列爲「關稅由受配人自理」的項目〔註83〕。如楊子木材廠股份有限公司，輸入菲木一百萬呎，應繳之進口稅款（關稅、港工捐等計新台幣 300,373 元），海關准由該公司覓具銀行保證書擔保，自提貨日起，一個月內清繳〔註84〕；台灣水泥公司高雄廠進口石膏，應繳稅捐申請分期清繳，財政部就表示不准〔註85〕。所以，關稅優惠政策僅侷限於進口肥料與生產設備，其餘美援進口物資不是由受配人自理，就是記帳三個月由美援會分期繳納。由此可見，初期的關稅記帳與分期繳納首先著重於配售糧食局的進口肥料，其次爲公營事業機構，最後才是民營事業機構。

二、退稅與沖退稅制度的萌芽

　　退稅乃貨物進口時所繳納之關稅，於進口貨物加工出口後，即退還加工品之進口原料關稅而言；沖退稅則是結合退稅與前述之關稅記帳之雙重優惠，於原料進口時關稅先予記帳，待加工成品出口後再將所記帳的關稅予以沖抵，如此加工業者得免除關稅的負擔，是一種「有條件的免稅優惠」。此處所謂「條件」，亦即進口原料必須用來加工後出口，而不是用於「內部的消費」。這個制度開啓台灣加工出口產業中非常重要的契機。

　　台灣關稅的退稅與沖退稅制度，始於民國 40（1951）年 3 月所頒佈的「紙帽出洋退還原料紙捻絲進口稅辦法」，何以從紙帽加工業發展出獎勵出口的退稅制度呢？

　　台灣製帽產業爲日治時期不可忽略的重要輸出品，其最高輸出數量曾達15,328,207 頂（昭和 9 年），出口額最高達 8,636,171 日圓〔註86〕，爲當時日本出口帽子的第一位〔註87〕。台灣製帽業初僅爲大甲帽與林投帽二種，大甲帽

〔註83〕海關總稅務司署訓令，第 668 號（民國 41 年 5 月 30 日）；海關總稅務司署訓令，第 674 號（民國 41 年 6 月 7 日）。

〔註84〕海關總稅務司署訓令，第 550 號（民國 40 年 12 月 15 日）。

〔註85〕海關總稅務司署訓令，第 578 號（民國 41 年○月 26 日）。

〔註86〕小池金之助，〈台灣帽子の話（一）〉，《台灣時報》（昭和 15 年 7 月），頁 120～125。

〔註87〕小池金之助，〈台灣帽子の話（二）〉，《台灣時報》（昭和 15 年 8 月），頁 146。

之生產，依據明治 30（1897）年苑裡辦務署長淺井元齡所說，乃西勢庄黃鶯傳入；林投帽有一說是明治 32（1899）年英國人在台南地區傳入，不過據近藤十治郎表示，乃明治 34（1901）年有人從橫濱植木商會習取製造手法，傳入台中監獄爲濫觴〔註 88〕。重要的是，與其他工業相比，製帽業有著技術簡單、低勞力，即使不堪戶外勞動的婦女也可從事，且不需要工場、機器等資本投入之特色，當時即被獎勵爲台灣婦女的家庭副業〔註 89〕。據小池金之助的說法，昭和年間從事製帽業的台灣婦女約有十五萬人〔註 90〕。

　　台灣的製帽業以大甲帽最早，不過林投帽發展最快速。明治 43（1910）年林投帽計有 535,371 頂，明治 44（1911）年爲 865,212 頂，大正元（1912）年 1,210,900 頂，大正 4（1915）年高達 2,489,890 頂，呈現壓倒性的多數。這些帽子全部輸出海外各國，價值相當便宜，約一百四五十萬圓的金額。戲劇性的是，大正 6（1917）年林投帽銳減爲 581,858 頂，大正 8（1919）年僅剩 2,860 頂；相反地，紙帽取而代之，大正 5（1916）年急速發展爲 1,854,089 頂，大正 8 年爲 3,488,223 頂，遠勝於林投帽，其最高產量爲 13,644,181 頂（昭和 6 年）〔註 91〕。紙帽遠比大甲帽、林投帽的發展較晚，不過因其顏色純白、剪裁優美、價格低廉而取代大甲帽、林投帽的地位，最大的因素乃大正 5（1916）年以降，林投帽的製造業者，轉而生產紙帽，其地位也凌駕林投帽，成爲台灣製帽業的主體〔註 92〕。有趣的是，大甲帽、林投帽的原料爲台灣特有的大甲藺與林投樹之纖維，而紙帽原料完全仰賴日本內地。何以紙帽會取得優勢？

　　大甲藺的栽培，因土質的關係僅限於上苑裡、大甲附近，且有著無法擴張栽種所需原料的難處；林投纖維則因濫伐的結果導致供給減少，大正 8（1919）年左右，林投纖維已由台灣北部往嘉義、台南、阿猴等廳開發〔註 93〕。此外，林投是野生植物，葉子的採取與處理方法很麻煩，所生產的原料不是太粗就是太細，色調也混淆在一起，分選相當花費時間〔註 94〕。可見大甲帽、

〔註 88〕　小池金之助，〈台灣帽子の話（一）〉，《台灣時報》（昭和 15 年 7 月），頁 121。
〔註 89〕　台灣銀行調查課，《台灣製帽業の現況與改善政策》（台北：台灣銀行調查課，大正 8 年 7 月），頁 1。
〔註 90〕　小池金之助，〈台灣帽子の話（一）〉，《台灣時報》（昭和 15 年 7 月），頁 121。
〔註 91〕　同上註，頁 121～125。
〔註 92〕　台灣銀行調查課，《台灣製帽業の現況與改善政策》，頁 1～2。
〔註 93〕　同上註，頁 25～26。
〔註 94〕　小池金之助，〈台灣帽子の話（一）〉，《台灣時報》（昭和 15 年 7 月），頁 122。

林投帽雖然取材台灣本土，然原料本身與供給的問題反而是問題所在。

　　相對地，紙帽原料是由楮樹（按：落葉喬木，皮可製紙）、黃瑞香（落葉灌木、皮可製紙）製成的紙，再塗上塗料而成〔註95〕，且由機械撚成，其粗細、色調一致〔註96〕。原料紙主要產地為日本土佐、伊豫、美作、以及備前等地。因台灣製紙業幼稚，只生產竹紙而沒有原料紙，以致紙帽原料全部來自日本內地，年進口額約產額的三分之一，紙帽產業的利潤也就相對減少〔註97〕，但是原料進口來源穩定。

　　緣此，台灣紙帽製造業乃是一典型進口原料代工再出口的產業，其利潤來自加工後附加價值。可是民國 37（1948）年 8 月修改稅則後，紙帽原料進口稅為 15%〔註98〕，再加上防衛捐、港工捐等約 20% 的進口稅捐，對紙帽加工業者而言，成本大幅增加將降低業者利潤與出口競爭力。因此，民國 40（1951）年初台北市進出口商業公會，向生管會提出紙帽原料免稅的建議案，生管會帽業小組同意並轉請財政部將稅則 643 全部帽子原料進口稅予以豁免。不過台北關認為，應於原料進口時先行徵稅，俟加工製成帽子出口時再行退稅較為妥適，至於退還帽緄材料進口稅之標準及數額，自須另行審慎研究妥加訂定〔註99〕。最後財政部以：

1. 查該公會建議製帽子原料及帽帶紙捻絲進口免稅一節尚屬合理，海關所述退稅辦法原則亦甚妥善，擬請照准暫行試辦，至退稅標準及數額並請核定。

2. 查台省外銷之紙帽係以邊製之紙帽坯出口運至目的地後再由商人加工鑲製，無須內外帽邊帶，自未便准予免稅進口，至原建議豁免紙捻絲進口稅一節，為振興家庭工業暨爭取外匯起見，准予實行出口退稅，即紙捻絲進口時照徵關稅，於製成紙帽出口時退還原料進口稅。〔註100〕

至此達成紙帽進口原料退稅的政策。並同時訂定「紙帽出洋退還原料紙捻絲進口稅辦法」，其重點如下：

〔註95〕台灣銀行調查課，《台灣製帽業の現況與改善政策》，頁 28。
〔註96〕小池金之助，〈台灣帽子の話（一）〉，《台灣時報》（昭和 15 年 7 月），頁 122。
〔註97〕台灣銀行調查課，《台灣製帽業の現況與改善政策》，頁 28。
〔註98〕海關總稅務司署統計科，《中華民國海關進口稅則（國 37 年 8 月）》，頁 45，稅則 643 號。
〔註99〕財政部代電，台財關（40）發第 01274 號（民國 40 年 3 月 17 日）。
〔註100〕海關總稅務司署通令第 45 號（民國 40 年 3 月 27 日）。

1. 紙帽編製廠商用外國紙捻絲在進口三個月內製成紙帽運銷外洋者，得予退還原料紙捻絲進口稅。按照編製幼紙帽一打需要原料幼條紙捻 3 磅（包括由原料紙捻絲於編邊紙帽時需損耗百分之二十在內以下同），編製中紙帽一打需要原料中條紙捻 3.2 磅，編製粗紙帽一打需粗條紙捻 3.3 磅之標準計算，其應退稅額以原繳稅款百分之八十為度。

2. 請求退還原料紙捻絲進口稅之紙帽，以由原料紙捻絲原進口海關報運出口者為限。〔註 101〕

該項退稅辦法僅准予核退進口稅，至海關代徵之其他捐稅均不在退還之列〔註 102〕，退稅率以進口稅之 80% 為上限，且必須於原料進口後三個月內製成紙帽出口。雖然退稅期限僅三個月，退稅率也僅進口稅的 80%，實際還課徵約 8% 的稅捐，不過已開啟政府獎勵代工出口產業的積極政策。民國 41（1952）年 11 月修訂「紙帽出洋退還原料紙捻絲進口稅辦法」，11 月 28 日訂定「手工編製帽出口外銷退還原料進口稅辦法」，將退稅期限延長為「自提貨日起六個月內，編製帽出口外銷者，按成品計算退還該項原料進口稅」，並且增加下列優惠措施：

1. 該項原料進口時應繳之關稅，得由製帽廠商申請台灣省物資局向關擔保，由關登帳，准予先行提貨。

2. 該項原料製成品依限外銷者，由關驗憑物資局外銷證明文件，並依本辦法第二條規定核算於物資局擔保之該項原料進口稅額內沖抵其應退稅款百分之八十，其餘百分之二十（即在編製過程中損耗之原料）稅款，製帽廠商應即如數向關繳納。〔註 103〕

這項新修訂的辦法，將退稅與關稅記帳的制度加以結合。亦即製帽業者進口原料時，所有關稅由物資局出具擔保、海關記帳，進口原料即可先行提貨。紙帽於六個月內生產完成出口時，驗憑外銷證明、再沖抵原料進口時記帳的關稅額 80%，另 20% 關稅才向海關繳納。結合退稅與關稅記帳，開啟沖退稅的制度。亦即所有關稅由海關記帳，待加工完成於成品出口時，才繳納相當低的原料進口稅。這大大降低業者加工時期所負擔的稅捐成本，待成品出口

〔註 101〕同上註。
〔註 102〕同上註。
〔註 103〕海關總稅務司署通令第 88 號（民國 41 年 11 月 28 日）。

才繳納低廉的原料關稅，可提高業者的資金的周轉。在此優渥的條件下，民國 42（1953）年台灣紙帽出口總數倍增為一百四十餘萬頂，出口金額也超過百萬，如表 5-16 所示。由紙帽業開創台灣進口原料沖退稅的制度，這有利於代工產業的積極獎勵制度。

表 5-16：民國 40～43 年台灣紙帽出口數量與金額

年　度	數　量	出口額（新台幣）
民國 40 年	727,897 頂	4,764,695（0.44％）
民國 41 年	718,057 頂	6,033,516（0.41％）
民國 42 年	1,436,442 頂	1,204,6163（0.61％）
民國 43 年	1,032,353 頂	8,489,401（0.59％）

資料來源：行政院主計處編印，《中華民國統計提要》，頁 94～95。

　　民國 42（1953）年 1 月，台灣省政府制訂「台灣省特定外銷加工品進口原料擔保提貨辦法」，該項辦法除將前述「手工編製帽出口外銷退還原料進口稅辦法」中，對於手工編製帽業所需原料〔註104〕，均納入進口關稅擔保記帳的保護對象外，並進一步把抽紗繡花業所需原料「各色亞麻布」、「各色洋沙」也納入。民國 43（1954）年 6 月，政府又將製帽之損耗率降為 10％，亦即進口原料 90％的關稅均可沖退稅，並增加棕櫚纖維（Buntal Fibre）與麻纖維（Sisal Fibre）兩種原料素材〔註105〕。總之，凡進口之此類原料確係用於加工外銷者，不管是由加工廠商自行購運，或委託公營貿易機關代辦購運上述原料進口，其應納進口關稅得申請物資局向海關擔保記帳先行提貨，俟加工品外銷時退稅沖轉。

　　當然獎勵是以出口為條件。因此，設定擔保期限為六個月，如屆期輸出加工品所使用之原料退稅部分，不能全部沖銷記帳之進口稅額，或逾期未能輸出時，申請廠商應即向海關依章補納關稅及滯納金。申請廠商也不得將擔保提貨之進口原料，作為轉售、讓與、抵押、借貸之標的物，或將加工後之成品轉作內銷等情事〔註106〕。

　　至此，台灣關稅政策上有關「關稅記帳沖退稅」的政策大體已經形成，只待進一步擴大適用於各產業面而已。這樣的制度可說為台灣低廉的勞力打

〔註104〕即紙捻絲、Panama、Palm、Bleached Rinto、Hinoki、Visca、Hemp Visca、Racello。
〔註105〕海關總稅務司署訓令，第 1144 號（民國 43 年 6 月 28 日）。
〔註106〕海關總稅務司署訓令，第 811 號（民國 42 年 1 月 27 日）。

開一條出口的途徑，正如「台灣省特定外銷加工品進口原料擔保提貨辦法」第一條所呈現的，其立法精神在於「充分利用省內已有之生產設備及人力，發展本省外銷加工業計」。

　　沖退稅獎勵政策促進紙帽加工業出口擴張的現象，賦予政府正面思考進出口貿易政策的途徑，而且民國42（1953）年間，台灣的國際收支的經常帳仍然有大幅的貿易赤字，為了減少對外貿易的入超差額，除節省不必要的物資進口之外，尚須竭力開拓產品外銷市場。只是台灣本身農礦資源非常稀少，因此台灣經濟如果要繁榮，只有一條途徑，那就是輸出勞力或資本勞務。這些勞務也並不是純粹如觀光、銀行，或運輸等類型的勞務，而是在進口原料上經過加工增加附加價值後再輸出。因此在這種限制下，想要讓出口起飛的唯一、也是最重要的條件是：製造廠商必須能夠以世界市場的價格取得他們所需的原料、零件及資本設備。如果政府對進口原料或機器設備課徵稅捐，那麼出口商將會毫無利潤可言。Maurice Scott 認為：以當時水準來看，只要課加10%的稅，就可能使出口商無法獲得利潤〔註107〕。問題是：如何兼顧進口之節省與出口之擴張？因此，在維持既有的高關稅與進口管制體下，以「外銷品退還原料進口稅辦法」退還出口業者的進口稅捐，開啟出口擴張的重要策略。

　　民國43（1954）年5月26日財政部為「發展外銷工業」釐訂「外銷品退還原料進口稅辦法」（全文參閱附錄十），6月3日經行政院第344次會議通過「准予照辦」。這項由中央訂定的財政、產業政策，可說與台灣省政府的「手工編製帽出口外銷退還原料進口稅辦法」精神一致，都在於擴大獎勵具有出口能力的產業。其重要規定如下：

　　　二、具備左列條件之外銷品得申請退還其原料進口稅

　　　　　1. 品質及包裝符合國際市場共同認定之商品標準者。

　　　　　2. 現係大宗外銷之遠景者。

　　　　　3. 國內無經濟適用之原料供應，必須進口者。

　　　　　4. 進口原料為該外銷品之主要成本因素，所繳進口稅額佔其生
　　　　　　產成本總額2.5%及以上者。

　　　三、外銷品原料退稅應分別限定實施期間，視其業務成績之優劣予
　　　　　以延長或停止之。

〔註107〕Maurice Scott 著、林昭武譯，〈台灣的貿易發展〉，收於薛琦主編《台灣對外
　　　　貿易發展論文集》，頁13。

四、外銷品原料進口稅，應按成品實際所需該項原料核算退還（製
　　造過程中之損耗除外），其計算標準逐案核定，並照應退稅額提
　　取 5％作為辦理退稅業務費用。

五、經核准退稅之外銷品，其外銷期限應自原料進口提貨日起計算，
　　按製造成品實際所需時間逐案核定。

九、外銷品逾限外銷者，不予退稅。

已報運出口外銷品不合第二條第一款之規定，運返國內者，不予退稅，已退
稅者追繳其稅款。〔註 108〕

　　這項退稅辦法完全針對外銷產業，以其製造原料為「完全或主要成本」
為進口原料的獎勵措施。不同於「手工編製帽出口外銷退還原料進口稅辦
法」之關稅記帳與沖退稅制度，此項辦法僅限於產品出口後的退稅，亦即
業者仍須於加工期間負擔關稅的成本。不過，此項辦法也賦予加工業者較
大的彈性，一是從原料進口到加工出口的期限，是按「製造成品實際所需
時間逐案核定」（第五條）的方式；二是逐案核定核算原料退稅比例（第四
條）。而且各外銷產業是否得以退稅，也是個案以其業務優劣而定（第三
條）。實施後陸續有罐頭產品、三夾板、棉布、毛紗、毛織品、燃料油等分
別申請退稅〔註 109〕。如同年（1954）12 月，台灣農林股份有限公司鳳梨分
公司（以下簡稱：台鳳）申請鳳梨罐頭成品外銷核退原料（馬口鐵皮）進
口稅，財政部准予退稅，退稅實施期限為一年，申請期限為自原料進口向
海關提貨日起六個月〔註 110〕，開啟加工業出口的濫觴。

　　台鳳申請鳳梨罐頭出口退稅的原料為馬口鐵，其計算退稅標準如表
5-17。依據譚毓群研究蘆筍罐頭的成本指出，工廠所得利潤僅 6.88％，在諸
多成本中，空罐原料成本為 16.52％（已退稅）〔註 111〕，而花馬口鐵進口稅
30％〔註 112〕，再加防衛捐成為 36％，因此若馬口鐵無法退稅，其空罐成本將

〔註 108〕海關總稅務司署訓令，第 1157 號（民國 43 年 7 月 16 日）。台南關訓令，政
　　　　字第 1046 號（民國 43 年 7 月 21 日），抄件。
〔註 109〕陶玉其，《中國關稅制度及實務》，頁 221～222；中國租稅研究會、財政部賦
　　　　稅研究小組合編，《中華民國稅務年鑑》上冊（台北：財政部稅制委員會，民
　　　　國 52 年 12 月），頁 2～4～38。
〔註 110〕海關總稅務司署訓令，第 1255 號（民國 43 年 12 月○日）
〔註 111〕譚毓群，〈台灣蘆筍產銷及價格之研究〉，《台灣銀行季刊》20：2（民國 58
　　　　年 6 月），頁 171～172。
〔註 112〕《海關進口稅則（中華民國 37 年）》，頁 13。

提高爲 25.81%，亦即增加 9.29%，顯然食品罐頭加工業者將毫無利潤可言。

表 5-17：民國 43 年台鳳公司申請退稅核定標準

原料名稱	規格	製造成品名稱	每萬箱空罐實際應用原料數量標準	損耗量
馬口鐵皮	28"×20" 214磅～180磅每箱 112 張	1 號罐 6 罐裝空罐	製胴 133.93 箱 製蓋 97.4 箱 合計 231.33 箱	製胴 0.9% 製蓋 0.2% （1.4 箱）
馬口鐵皮	28"×20" 214磅～180磅每箱 112 張	2 號罐 24 罐裝空罐	製胴 267.87 箱 製蓋 178.56 箱 合計 446.43 箱	製胴 0.6% 製蓋 0.2% （1.96 箱）
馬口鐵皮	28"×20" 214磅～180磅每箱 112 張	3 號罐 36 罐裝空罐	製胴 302.8 箱 製蓋 202.3 箱 合計 505.1 箱	製胴 0.6% 製蓋 0.2% （0.22 箱）

資料來源：海關總稅務司署訓令，第 1255 號（民國 43 年 12 月○日）

　　再者如外銷紡織品，民國 44（1955）年以前棉紗進口稅率 5%，依據劉文騰的計算，一件 20 支的棉紗計課徵 202 元，民國 44（1955）年調高棉紗進口稅率爲 15%，每件 20 支棉紗則必須負擔 606 元，爲總成本（4,650 元）的 13.03%，而棉紗出口利潤僅 5%〔註113〕，若再加上貨物稅，紡織品外銷頗爲困難。可見，退稅制度對台灣出口產業的重要性。

　　整體而言，這項退稅辦法乃是逐案申請與審核的試辦性措施，儘管限制多、手續繁瑣，然在此基礎上，中央與地方對於台灣產業發展，已有共同的默契，亦即減免進口稅，以低廉的勞工帶動台灣加工出口產業的蓬勃發展。政府從台灣日治以來的製帽代工出口產業，開啓往後獎勵加工外銷品的退稅制度，以此擴大再生產，啓動台灣經濟起飛的引擎，是爲開源機制。

第三節　開源機制之完備化

　　台灣資源並不豐富，工業基礎尚淺，日治末期雖已發展爲「半農半工」的經濟體制，其所能外銷的產品多爲農產品與農產加工品，這些都爲加工層

〔註113〕 黃東之，〈台灣之棉紡工業〉，收於台灣銀行編，《台灣之棉紡工業》（台灣研究叢刊第四一種），頁 48～49。

次低微的產業，國際競爭力相當有限。復以兩岸軍事對峙、財政緊縮，因此如何不動用政府外匯以採購原料，不耗損省內物資資源，而能利用剩餘之生產力以擴大出口，可說是最符合當時的財經政策。在諸多條件的侷限下，出口代工與勞務出口，也就成為擴大國家財經最經濟實惠的楔子。

一、退稅、沖退稅與稅捐記帳制度

前述台鳳於民國 43（1954）年 12 月申請鳳梨罐頭成品外銷核退原料（馬口鐵皮）進口稅的案子，於隔年（1955）6 月陸續出口賺得外匯達 1,904,239.46 美元，經濟安定委員會乃核准給予包含製罐原料關稅、防衛捐與其他之補貼，以每 1 美元補貼新台幣 2.02 元計算，共補貼新台幣 3,846,563.71 元〔註 114〕。進口原料退稅與高額的補貼，如此優渥的出口獎勵政策帶動加工出口產業的動力。如鳳梨罐頭之出口結匯金額即由民國 43（1954）年的 3,963 千美元，隔年提升為 5,563 千美元〔註 115〕。

低廉的加工勞力外，勞務輸出也是取得外匯的管道之一，如民國 44（1955）年初駐琉球美軍政府，委託復興木業公司製造三夾板膠合門等，再輸出琉球，其運台原料包括柳安木及膠料一批，政府准予免繳關稅及貨物稅，惟加工所獲外匯工資美金 35,343.69 元，應結售台灣銀行。後因琉球美軍續有新工程，數量超過前者兩倍以上。政府鑒於此類加工事業純為勞務輸出，既不動用政府外匯以採購原料，又無耗損省內物資資源，利用剩餘之生產能力爭取加工外匯，符合財經政策，乃准於自備原料免繳一切進口稅捐〔註 116〕。後來陸續申請外銷退稅者，有鳳梨、竹筍、馬蹄等罐頭產品所需原料馬口鐵，三夾板所用之柳安木、柚木及膠合原料。當時推廣外銷者尚有棉布（棉花原料）、毛紗及毛織品（毛條原料）、燃料油（中國石油公司）等申請退稅〔註 117〕。這些以低廉勞力加工或勞務出口以賺取外匯的產業，完全符合政府禁止金、銀、外匯出口，管制物資進口以達到財富累積的發展策略。無論台鳳的加工出口或復興木業的勞務輸出，均以「外銷品原料進口稅捐辦法」為依憑，得使加工業者，在高關稅、高管制的關貿政策下，開啟推動出口的一扇窗。

〔註 114〕海關總稅務司署訓令，第 1376 號（民國 44 年 6 月 20 日）。
〔註 115〕行政院主計處編印，《中華民國統計提要（民國 45 年）》，頁 94。
〔註 116〕海關總稅務司令，第 1449 號（民國 44 年 9 月 27）。
〔註 117〕中國租稅研究會、財政部賦稅研究小組合編，《中華民國稅務年鑑》上冊，頁 2～4～38。

　　為擴大加工出口業的發展，政府乃於民國 44（1955）年 7 月 27 日發布「外銷品退還稅捐辦法」（全文參閱附錄十一），其開宗明義即為鼓勵工業品外銷（第一條），與「手工編製帽出口外銷退還原料進口稅辦法」、「外銷品退還原料進口稅辦法」的精神是一致的，而執行方式則是以「外銷品退還原料進口稅辦法」為基礎，進一步修正與改善，在退稅比例與期限仍以採逐案審核，不過退稅標的，由先前僅限於進口稅，擴大包括進口稅、進口結匯防衛捐、貨物稅（第四條），並且除進口結匯防衛捐必須於原料進口時繳現外，進口稅與貨物稅均得覓具擔保，向海關申報記帳放行，至外銷品出口後予以沖銷（第十一條）〔註118〕。這次對於加工品出口退稅制度的修正，已將關稅記帳與沖退稅方式納入，對於出口產業的獎勵其實已奠下良好的基礎，日後歷次的調整，只是隨著出口產業的擴大與複雜化，逐步提高、放寬退稅與沖退稅的範圍與期限。

　　民國 47（1958）年 12 月 26 日財政部為適應實際需要，通盤檢討「外銷品退還稅捐辦法」，於民國 48（1959）年 1 月 1 日正式公布實施，這次修改（全文參閱附錄十一）的重點有四項：

1. 退還稅捐包括進口稅、防衛捐〔註119〕、港工捐〔註120〕、貨物稅等四項（第四條）。

2. 全部可退還稅捐，於原料進口時，的商請授信機關提供擔保，申請准予先行記帳（第九條）。

3. 稅捐記帳原料，應自進口日起八個月內製造成品外銷，如有正當理由，得申請主管機關核准展延期限，至多四個月為限。

4. 外銷成品出口日起，九十天內，外銷廠商依法申請退還原料稅捐（第七條）；稅捐記帳者則為 120 天內，申請沖退稅（第十一條）。〔註121〕

不僅將所有進口原料所可能課徵的稅捐全數賦予沖退的機會，也放寬生產製造與申請沖退稅的期限。

　　民國 48（1959）年兩岸局勢再度爆發危機，中共在發動三面紅旗運動的左

〔註118〕海關總稅務司署通令，台字第 142 號（國 44 年 9 月 26 日），附件。
〔註119〕進口關稅帶徵防衛捐於民國 47 年 4 月 13 日開徵，稅率為進口稅率之 20%。
　　　　台南關稅務司署令，政字第 1250 號（民國 47 年 4 月 19 日）。
〔註120〕港工捐為完稅價格的 2%。
〔註121〕台南關稅務司署訓令，政字第 1303 號（民國 48 年 1 月 21 日）。

進路線下，發動第二次台海危機。是年 7 月 5 日先是爆發短暫的空戰〔註 122〕，隨之毛澤東再以伊拉克政變爲藉口，發動了對金門的八二三砲戰。從 8 月 23 日砲戰開打，到 9 月 2 日的「九二」料羅灣海戰，以及「九二四」空戰大捷，中共的企圖完全被瓦解〔註 123〕，兩岸關係也由熱戰轉向冷戰。是年底，政府發佈「十九點財經改革方案」，其主要內容歸納如下：

1. 在過去非常時期的措施，儘量給予正常化，一些臨時管制措施予以解除或改變，使一切經濟活動正常化，亦即使市場機能能夠發揮。

2. 建立永久性制度以使經濟得以自然發展。

它是政府因應美援基本政策目的的改變及美國國際合作署中國分署新任署主任郝樂遜至美援會副主委函所產生的一套財經政策。只是「十九點財經改革方案」本身是個行政命令，無法令依據，雖然其中若干措施，只要行政命令即可執行，但是許多措施不是行政命令可以解決的，像稅捐的減免、土地的取得、出售公營事業資產之運用，都跟稅法、預算法、土地法有相當多的抵觸，故必須修法或另擬新法。但是要將所有法令完成修訂的話需要花費很多的時間，而且當時的行政效率也不是那麼的高。爲了節省時間與效率，擬定一個特別法，完成立法手續後即可實施，這個特別法就是聞名的「獎勵投資條例」〔註 124〕。

民國 49（1960）年 9 月 10 日政府公布「獎勵投資條例」〔註 125〕，誠如後來的財政部長嚴家淦所說：「這條例的條文裏面，差不多三分之二，不是免稅就是減稅，不是減稅就是退稅，不是退稅就是延期繳稅〔註 126〕。」其主要策略在於透過減免生產事業之稅捐，打造更完善而富有營運彈性的制度，賦予生產業者取得土地的有利環境等，著重於對國內企業投資之激勵。而在關貿獎勵措施，於第十八條規定：「生產事業由國外進口供該事業生產用之機器或設備，其進口稅均得提供擔保，於開始生產之日起分期繳納〔註 127〕」，使生

〔註 122〕薛化元，《台灣歷史年表終戰篇 I（1945～1965）》，頁 316。
〔註 123〕張讚合，《兩岸關係變遷史》，頁 130～138。
〔註 124〕許松根，〈戰後台灣製造業的結構變遷〉，台灣資本主義發展學術研討會宣讀論文（民國 90 年 12 月 27、28 日），抽印本，頁 23。
〔註 125〕海關總稅務司署通令，第 258 號（民國 50 年 1 月 26 日），附件。
〔註 126〕海關總稅務司署通令，台字第 295 號（民國 52 年 10 月 1 日），附件「嚴部長 52 年 8 月 29 日對海關總稅務司署業務檢討會訓詞」。
〔註 127〕海關總稅務司署通令，台字第 258 號，附件。

產事業機構可暫緩繳納進口稅捐。

　　稅捐擔保、分期繳納，這些措施實如上章所論述，乃特別賦予政府單位或公營事業機構的便宜措施，民國 39（1950）年的過渡期，財政部曾明令海關不得擅自主張，予以公營、黨營機構此項優惠。而在積極獎勵國內業者投資，以提升國內生產事業經濟體系規模的前提下，提供生產業者更多的資金周轉上的方便。

　　稅捐擔保、分期繳納的規定，於隔年（1961）8 月 23 日制訂「生產事業輸入機器設備分期繳納進口稅捐實施辦法」，進一步詳細規範。該辦法對於新建或擴建之生產事業輸入自用機器設備應繳進口稅捐（包括關稅及隨稅附徵之防衛捐、港工捐），在新台幣十萬元以上者，得向海關提供授信機構保證書，或由經營外匯銀行提供該行認可之外國銀行開致該行以海關為受益人之信用狀或保證書，或按記帳稅款及繳稅日期出具本票，申請核准於建廠完成，機器安裝就緒，開工生產或提供勞務之日起，按分期繳納。分期繳納期限分為下列六級：

1. 進口稅捐在新台幣十萬元以上至五十萬元者，平均分六個月繳納。
2. 進口稅捐超過新台幣五十萬元至一百萬元者，得分十二個月平均繳納。但每月平均應繳數不得低於前款規定之最高額每月平均應繳數。
3. 進口稅捐超過新台幣一百萬元至二百萬元者，得分十八個月平均繳納。但每月平均應繳數不得低於前款規定之最高額每月平均應繳數。
4. 進口稅捐超過新台幣二百萬元至五百萬元者，得分二十四個月平均繳納。但每月平均應繳數不得低於前款規定之最高額每月平均應繳數。
5. 進口稅捐超過新台幣五百萬元至一千萬元者，得分三十個月平均繳納。但每月平均應繳數不得低於前款規定之最高額每月平均應繳數。
6. 進口稅捐超過新台幣一千萬元者，其超過數得自前款規定之三十個月繳納期限屆滿之翌月起，按月繳納一百萬元。〔註128〕

〔註128〕中國租稅研究會、財政部賦稅研究會合編，《中華民國稅務通鑑》二編（台北：財政部稅制委員會，民國 63 年 12 月），頁 236～237。

如遇天災、不可抗力或變更計劃、或其他不能預期原因者，得以申請展延〔註129〕。亦即投資規模愈大者，政府給予進口稅捐分期繳納的期限相對較長。總之，這樣原先僅限於給予政府機關與公營事業方便的納稅方式，也以「獎勵投資條例」落實到公民營生產事業機構，對生產事業擴大有相當的助益。以「獎勵投資條例」為分界點，台灣經濟由「進口替代」逐漸轉為「出口導向」。一方面，美國增加台灣自美進口角色，同時致力於將台灣改造為對美出口的加工基地〔註130〕；另一方面，政府積極保護國內工業，促進產業出口能力的政策也日益明確。

在促進產業出口能力的政策方面，陸續修改「外銷品退還稅捐辦法」放寬沖退稅的期限，將成品出口後申請沖退稅之期限均改為 180 天（第七條、第十二條），以及進口備用之外銷原料，經政府核准復運出口或改作內銷者，亦應准予分別免徵進口稅捐及滯納費（第十一條）〔註131〕。民國50（1961）年7月26日再度修正「外銷品退還稅捐辦法」：

1. 增列鹽稅亦為沖退稅標的（第四條）。
2. 並准許進口業者自行提供一年以內到期還本之公債向海關具結擔保稅捐記帳（第八條乙款）；
3. 授信機構得申請財政部核定設立保稅倉庫或工廠，辦理外銷品退稅事宜（第十五條）。〔註132〕

同年（1961）9月19日，將保稅倉庫與工廠納入授信、擔保的方式之一（第八條）〔註133〕，亦即以授信機構直接監視生產業者之實際作業，替代資本或信用擔保，可減輕生產事業的資本負擔。至此，政府提供加工出口業者，於原料進口時幾近免稅的優惠地位，並賦予業者得以彈性運用進口原料，包括內銷免徵滯納費、保稅倉庫、保稅工廠等，降低業者生產成本與提高通關的時效性。

結合「外銷品退還稅捐辦法」與「生產事業輸入機器設備分期繳納進口稅捐實施辦法」，生產事業機構擁有包括關稅記帳、沖帳、分期繳納、豁免滯納費等。這些均為先前政府侷限於政府機關與公營事業機構的特殊待遇，如

〔註129〕海關總稅務司署通令，台字第 275 號（民國 50 年 10 月 11 日）。
〔註130〕文馨瑩，《美援與台灣的依賴發展》，頁 146。
〔註131〕海關總稅務司署通令，台字第 226 號（民國 48 年 9 月 11 日）。
〔註132〕海關總稅務司署通令，台字第 273 號（民國 50 年 8 月 9 日）。
〔註133〕海關總稅務司署通令，台字第 276 號（民國 50 年 10 月 17 日）。

今為擴張出口，乃將這些優惠措施加以普及化。如表 5-18 所示，民國 47、49、51、53 年，出口退稅金額與比例成倍數的跳躍性成長，充分顯示民間業者對於政府此項沖退稅制度的響應與支持。

表 5-18：民國 45 年至 54 年退稅與關稅之比例　　單位：新台幣千元

年　　度	退稅金額	關稅金額	退稅/關稅
45	31,770	836,915	3.8
46	31,583	1,180,103	2.7
47	85,556	1,305,491	6.6
49	183,074	1,354,104	13.5
50	221,675	1,532,227	14.5
51	332,431	1,641,188	20.3
52	404,713	1,871,746	21.6
53	871,202	2,245,160	38.8
54	897,694	2,897,464	31.0

資料來源：財政部賦稅統計年報，轉引自周玲惠，〈我國關貿政策之政治經濟分析（1950～1990）〉，頁 46，表 2-8。

　　必須再釐清的是，「外銷品退還稅捐辦法」是獎勵「貨品業已外銷，並將所得外匯遵照政府規定結售指定之銀行者為限〔註 134〕」。所謂：「所得外匯遵照政府規定結售指定之銀行者」，即不斷獎勵加工出口業者再生產以擴大出口所得外匯，必須回歸到關稅、貿易與金融三位一體的管制體制下，亦即在戒嚴體制下的半封閉體系中，政府仍然充分控管金融外匯的高地。那麼「外銷品退還稅捐辦法」的意義何在？簡單地說，它提供業者得以低廉的勞力，為政府開闢更多的海外財源充實國庫，而這過程業者本身不僅累積財富，更獲取經驗、技術與財富，得以擴大再生產，這是政府與民間雙贏的政策。如果說「外銷品退還稅捐辦法」開啓如此雙贏的楔子，「獎勵投資條例」應是內部質的全面改造；而量的擴大則是沖退稅、保稅制度的完善與加工出口區的設置。這些機制的完備化，在民國 54（1965）至 56（1967）年間陸續完成。

〔註 134〕民國 44 年版第一條、民國 54 年版第三條。海關總稅務司署通令，台字第 142 號（國 44 年 9 月 26 日）；台南關稅務司訓令，政字第 1886 號（民國 54 年 6 月 5 日）。

二、保稅工廠與加工出口區之設置

（一）保稅工廠之確立與沖退稅之簡化

所謂保稅，係指未經海關徵稅放行之進口貨物或轉口貨物，其應繳納之關稅，准許由納稅義務人提出擔保，或其他海關可以監督之方式，暫時免除或延緩納稅的義務。保稅的觀念起源清末洋關的「關棧」制度，為時甚早。

關棧之制始載於光緒 6（1880）年中德續約，繼於中日通商行船條約（光緒 22 年：1896）訂定，以及中英、中美通商新約內，皆有設置關棧之規定。在中德續約第三款內，曾經規定各洋商如欲便利對外貿易，並查核地方情形，決定有設立關棧之必要，得在中國各通商口岸享受關棧之利益，惟以此項辦法係一種空前未有之特例，又於該約善後章程第二款內規定，在中國各通商口岸設立關棧之事，應先在上海試辦，並由該地海關監督會同總稅務司酌量該地情形妥議章程，按照籌備設立。因之，總稅務司赫德遂於光緒 8（1882）年依照上項條款在上海籌辦關棧事宜。不過，當時雖已擬定章程，而遲至光緒 13（1887）年秋，始得進行籌備開辦關棧，於是年 12 月 20 日由海關頒發布告，由光緒 14（1888）年 1 月 1 日起，凡在上海進口之洋貨，或依海關關章納稅放行，或按關棧章程之規定囤入關棧待納稅款，悉聽貨主自便，赫德並將前項關棧試辦章程以第 395 號通令令行各關遵照。江海關稅務司接到該項通令後，連同該關本口章程一併通知商人遵照，惟因此項關棧辦法僅限於進口洋貨，且當時稅率尚輕，商人運貨存棧待納稅款獲益無幾，故未能稍著成效，尤以當時設立關棧之利益僅為招商局一家所獨享，為關棧事業未見成功之最大原因。嗣經赫德屢謀擴充關棧，俾其他建築合宜、地點適中之貨棧，亦得成為關棧，然終無結果，僅能得政府允准招商局在浦東所有之棧房作為關棧用備存儲火油〔註 135〕。

光緒 20（1894）年因清廷政府與外交團迭經接洽之結果，始核准在通商各口設立火油池棧以備儲存散艙火油之用，至光緒 28（1902）年訂定中英通商新約，以及光緒 29（1903）年訂定中美通商新約時，均規定關棧之便利，應擴充至其他各口，並設立關棧之利益，無論何人均准享受，即凡遵照海關關棧章程及完納必需規費者，不論其國籍為何，均得在任何通商口岸建設關棧，以便囤積、拆包、改裝或預備轉運之合法物資，且不限於進口貨，即出

〔註 135〕Inspector General's Circulars No.4093（Shanghai ,26th June, 1930），Enclosure No.2。

口貨亦可一律辦理〔註136〕。

國民政府一手提拔的海關總稅務司梅樂和，鑑於關棧對於進出口貿易之便利，乃於民國 19（1930）年 6 月間簽請關棧章程草案，經國民政府通過頒佈「海關關棧章程」〔註137〕。其對於貿易提供下列二點的方便：

（1）保稅功能

關棧主要用以儲存保稅貨品，以及經特准在棧改裝、改製或加工之保稅貨品（第一章第一條）。所謂保稅貨品係指進入國境而尚未完稅之洋貨，此類未稅洋貨存儲於關棧待納稅款，悉聽貨主自便。如此貨主可視市場需求漸次將保稅貨品納稅提出銷售，以降低關稅的成本。先訂定「整理貨物關棧章程」十四條〔註138〕，後來又將關棧分爲普通貨物關棧、火油類關棧、特種加工關棧。特種加工關棧章程分爲二類：一爲整理貨物關棧；二爲製造貨物關棧。所謂整理即對於貨物之包裝形色或狀態有所改動，而其性質並不變更者；至製造則對於貨物性質予以變更，兩者加工程度實有繁簡之分。不過，對進出口商而言是提供彈性便利之道。

（2）轉運、復出口

經特准在棧改裝、改製或履行一切特許加工之保稅貨品（第一章第一條），等待轉運、轉口。

由近代中國海關的關棧制度來看，其已具備保稅制度的功能，並概分普通貨物關棧與特種加工關棧兩類。前者得讓進口商暫時存放待稅的進口物資，伺機再報關進口或轉口，可降低進口貨的關稅成本，提高貨物流通的機動性；後者乃一進口加工廠，進口原料進入後，暫時不課徵關稅，於成品出口時再沖銷，此與後來的保稅工廠的性質相近。關棧制度立意雖佳，只是不分國籍均得設置，對於中國本土資本與產業恐怕未見其利，卻受其害。所以，關務署乃於民國 40（1951）年以「整理貨物關棧章程」原爲適應大陸關區業務推行之臨時措施，並無法律根據，且自政府遷台即經停止適用，應予廢止〔註139〕。

〔註136〕Inspector General's Circulars No.4093（Shanghai ,26th June, 1930），Enclosure No.2。

〔註137〕同上註，Enclosure No.2。

〔註138〕Inspector General's Circulars No.4243（Shanghai ,9th June, 1931），Enclosure No.1。

〔註139〕海關總稅務司署通令，第 60 號（民國 40 年 8 月 13 日）。

其實台灣方面，早在明治 32（1899）年台灣總督府就已發布「關於保稅倉庫律令施行細則」，各稅關、稅關出張所設置官設保稅倉庫，也准許私設保稅倉庫〔註140〕，只是日治台灣保稅制度之推行實況，仍有待研究。

保稅制度之再形成，如前述，乃民國 50（1961）年 7 月 26 日再度修正「外銷品退還稅捐辦法」，其中第十五條准予授信機構設立保稅倉庫或工廠，辦理外銷品退稅事宜；同年 9 月 19 日，將保稅倉庫與工廠納入授信、擔保的方式之一。民國 51（1962）年 6 月 6 日，行政院訂定「保稅授信機構設立保稅倉庫及工廠實施辦法」，隔年 11 月再訂定「保稅授信機構管理保稅倉庫及工廠業務辦法」〔註141〕。當時的貿易商對於保稅制度甚爲讚許，並期盼從速促其實現〔註142〕。只是，直至民國 57（1968）年 2 月底，由財政部核准爲「保稅授信機構」者 9 家，所設立之保稅工廠僅 14 家、保稅倉庫 79 處〔註143〕。顯然，初期業者設置的意願不高。何以如此？

當初於外銷品退稅制度中，允許授信機構以保稅倉庫、保稅工廠的方式，其立法旨趣應在於簡化退稅與沖退稅業務，亦即以授信機構直接監視生產業者之實際作業，替代資本或信用擔保，一方面可減輕生產事業的資本負擔，二方面以授信機構爲擔保，防止業者逃漏稅。因此，這項制度的主要關係人爲保稅倉庫、保稅工廠業者與保稅授信機構之間的私人關係。「保稅授信機構管理保稅倉庫及工廠業務辦法」第四條即明令規定，業者與授信機構應訂立契約，載明雙方權利義務，如有違反約定時，保稅授信機構得撤銷其登記〔註144〕。所以，當時的制度乃將保稅倉庫與保稅工廠交予授信機構代爲管理，但是授信機構與廠商之間爲私權契約行爲之履行，不涉公權力方面之業務管理或隸屬關係〔註145〕，因此授信機構只是添加「監督」的阻礙，而未能發揮保稅制度上予以業者貨物通關的便利性，更甭談在記帳、沖帳、完稅、退稅等手續上的協助。民國 56（1967）年關稅法訂定後，也僅於第三十五條規定：「運達中華民國口岸之貨物，在報關進口前，得申請海關存入保稅倉庫。

〔註140〕台灣總督府淡水稅關編纂，《台灣稅關十年史》（台灣總督府，明治 40 年 1月）頁 497～498。
〔註141〕海關總稅務司署通令，第 297 號（民國 52 年 11 月 6 日），附件。
〔註142〕陳霞洲，〈保稅倉庫與台灣對外貿易〉，《台灣貿易週報》23：25（民國 50 年6 月 13 日），頁 2～3。
〔註143〕陶玉其，《中國關稅制度及實務》，頁 231。
〔註144〕海關總稅務司署通令，第 297 號（民國 52 年 11 月 6 日），附件。
〔註145〕陶玉其，《中國關稅制度及實務》，頁 231。

在規定存倉期間內，原貨退運出口者免稅。前項保稅倉庫之設置及管理辦法，
由財政部定之〔註146〕」。可見初期保稅制度上，政府尚未建立一個方便業者的
健全制度，以致保稅制度尚未能發揮應有的功能。與此同時，海關退稅、沖
退稅業務隨加工出口業的旺盛，成為相當沉重的負擔。如表 5-19 所示，至民
國 59（1970）年，退稅案件成長 10 倍多，工作人員僅增加 0.54%，每人每
年平均需負責 1,560.9 件，再加上沖退稅案件，其金額由民國 55（1966）年
的 1,365,325,824.7 元，至民國 59（1970）年已成長約 5 倍達 6,889,355,977.3
元〔註147〕。所以，如何改善保稅制度與退稅、沖退稅制度實為海關當務之急。

表 5-19：民國 55～59 年海關退稅案件與工作人數

年　度	退稅案件	成長指數	工作人數	成長指數
55	15,554	100	68	100
56	22,998	148	68	100
57	29,507	190	85	125
58	123,616	795	82	121
59	163,895	1054	105	154

資料來源：《關務年報》（66 年），頁 30、表 4-3。

　　民國 57（1968）年 7 月，海關總稅司曲樹楨〔註148〕向關務署的簽呈裡即
指出「保稅制度之改進」，他說：

　　我國海關制度，原已有保稅倉庫及保稅工廠（原名關棧），……（原
　　件不清楚），「外銷品退還稅捐辦法」公布後，所有加工外銷之保稅
　　倉庫及保稅工廠改由保稅授信機構依法管理，惟所有進口加工用原
　　料之記帳稅款，仍由海關依照「外銷品退還稅捐辦法」之規定，按
　　有關退稅標準計算予以沖銷，以致若干保稅電子工廠，因為進口原
　　料種類，龐雜繁多，沖銷發生困難，亟需設法解決，以免妨礙外銷

〔註146〕台南關稅務司令，政字第 2201 號（民國 56 年 8 月 14 日），附件。
〔註147〕同上註，頁 30。
〔註148〕曲樹楨，安東省莊河縣人。光緒 32（1906）年 2 月 7 日生。民國 19（1930）
　　　　年自稅務專門學校畢業，6 月至海關任職。歷任台南關副稅務司、稅務司，
　　　　民國 51 年 1 月 25 日升任副總稅司，民國 52（1963）年 1 月 1 日，接替
　　　　張申福為代理總稅司，民國 55（1966）年 3 月 16 日，真除總稅司，民
　　　　國 60（1971）年 12 月 18 日屆齡退休。葉倫會，《中華民國海關簡史》，頁
　　　　192。

　　事業之發展。業由本署擬定保稅工廠由海關直接管理辦法，呈報層

　　峯核定。〔註149〕

曲樹楨的看法點出當時保稅工廠只是虛有其表，其運作的本質乃是退稅、沖

退稅的信用「擔保」而已，而當時的沖、退稅制度係按個別外銷品覈實計算

其耗用原料數量，以核定退稅、沖退稅標準，再由海關計算退還輸入原料所

繳進口稅捐（或沖銷）。這樣業務隨台灣出口貿易迅速擴張，外銷品種類日增，

至民國 56（1967）年間，可退稅之加工出口商品已逾六千種，其中若干項之

計算方法，異常複雜，計算費時〔註150〕。截至民國 56（1967）年 11 月底為

止，台北關累積之沖、退稅案件共 6,228 件〔註151〕，高達 27.08％未能辦結。

可見保稅工廠與沖、退稅制度，均面臨必須大幅調整的關鍵時期。

　　為改善沖、退稅制度與保稅制度的問題，民國 57（1968）年 7 月 11 日財

政部訂定「海關管理保稅工廠辦法」，將保稅工廠正式納入海關的監管。保稅

工廠從進口原料，到成品出口，均由海關派員押運進出廠或以加封內運方式，

貨物查驗以廠內查驗為主（第十四、十五條、二十一、二十二條）；稅捐均採

進口記帳、出口沖銷的方式，於工廠生產後，將各種產品之用料清表，送海

關備查（第四條），並由海關派員駐廠，或由稽核小組關員隨時抽查各種帳冊

（第八條），進行管理。當時准許設置保稅工廠的條件之一，需為製造業者之

實收資本額必須在新台幣一千萬元以上（第二條第一款）〔註152〕。資本額的

限定仍然使得保稅工廠制度無法擴大，民國 60（1971）年 4 月財政部放寬為

實收資本額在新台幣伍百萬元以上（第二條第一款）〔註153〕，即可設立保稅

工廠，是年保稅工廠的設立由先前的 27 家激增為 68 家，民國 61（1972）年

為 88 家、民國 62（1973）年 133 家、民國 63（1974）年 148 家、民國 64（1975）

年 169 家〔註154〕。至此，保稅制度成為加工出口業的重要機制。

　　至於沖、退稅制度所衍生的問題，在於擴大對沖、退稅政策後，不僅沖

退稅金額大幅提高，且沖退稅的商品種類眾多而複雜，使得海關行政作業異

〔註149〕海關總稅務司署函，統字第 3671 號（民國 57 年 7 月 30 日）。

〔註150〕同上註。

〔註151〕海關總稅務司署呈，台字第 1042 號（民國 57 年 1 月 10 日）

〔註152〕海關總稅務司署通令，台字第 393 號（民國 57 年 7 月 13 日），附件「海關管理保稅工廠辦法」。

〔註153〕海關總稅務司署通令，台字第 524 號（民國 60 年 5 月 3 日），附件海關管理保稅工廠辦法」。

〔註154〕海關總稅務司署，《關務年報》（66 年），頁 40。

常沉重。如以民國 48（1959）年退稅金額新台幣 119,293,940 元爲基期，民國 49（1960）年的退稅額增加 258％，民國 52（1963）年增加率爲 618％，至民國 61（1972）年更高達 10187％〔註155〕。民國 50（1961）年退稅額佔關稅實徵額的 14.5％，民國 56（1967）年提高爲 40.5％，民國 60（1971）年更大幅提高爲 77.3％。只是外銷品項目太多太複雜，當時每一種外銷品如需退稅皆需向經濟部工業局申請訂定不同的退稅標準，截至民國 57（1968）年 12 月止，包括適用於所有相同產品的不同廠商通案退稅標準，以及不同廠商不同產品的專案退稅標準，約達三萬種以上〔註156〕。

　　爲簡化沖退稅手續，乃於民國 58（1969）8 月將所有得以沖退稅商品，分類爲二十七大類，訂定定額、定率退稅辦法，初期定額二十一類、定率六類。實施以後，不惟退稅案件處理加速，工商界反應亦佳。隔年（1970 年）續增定率三類，並隨時配合外銷品原料進口稅率之調整，檢討原有從價退稅率（即定率退稅率），修正定額及定率退稅，此後每年視實際情形陸續增訂與修訂〔註157〕，並於民國 60（1971）年 8 月修訂關稅法第三十六條加以確定。定額定率退稅較爲簡便，故適用範圍逐漸擴大，至民國 61（1972）年，定額退稅案件已佔全部案件的 65％，定率退稅案件也佔 15％。而沖退稅金額所占比例最高的產業，紡織、電子、塑膠分居前三名〔註158〕，成爲往後台灣出口業的主要產業。

（二）加工出口區之設置

　　民國 55（1966）年底，政府於高雄設置加工出口區，一般均認這是推動往後台灣出口擴張效應的重要經濟建設〔註159〕。設置加工出口區的功能是多方面的，如增加就業解決失業勞工、擴展外銷市場增加外匯收入等等。對海關而言，加工出口區的設置更減輕沖、退稅業務的壓力。

　　早在民國 45（1956）年，當時的行政院經濟安定委員會即籌劃於高雄設立出口工業特區的可行性，其後爲了配合高雄港擴建計畫的實施，外國專家曾向政府有關部門建議在高雄港內設立一個國際貿易區。民國 49

〔註155〕中國租稅研究會、財政部賦稅研究會合編，《中華民國稅務通鑑》二編（台北：財政部稅制委員會，民國 63 年 12 月），頁 237。
〔註156〕海關總稅務司署，《關務年報》（66 年），頁 24。
〔註157〕海關總稅務司署，《關務年報》（66 年），頁 24。
〔註158〕《關務年報（66 年）》，頁 28、表 4-2。
〔註159〕Maurice Scott 著，林昭武譯，〈台灣的貿易發展〉，頁 26。

（1960）年，經濟部工礦計畫聯繫組及美援會投資小組，開始就高雄港區設立自由貿易區之行政管理、減免稅捐、外匯管理、設立地點，以及設備資金等問題著手研究，並得財政部、交通部、外貿會及省政府各有關單位之支持與協助。民國 52（1963）年，財經首長檢討獎勵投資條例實施成果，鑑於美援逐年減少，爲加速經濟發展，增加外匯收入，亟需推動設置加工出口區，建議在獎勵投資條例中增訂「政府得選適當地區，劃定加工出口區」之條文，同年 5 月「加工出口區」首次出現於修訂之獎勵投資條例中。後來行政院認爲設置加工出口區爲一項極爲重要之措施，應予規定事項甚多，並涉及人民權益問題，故決定另行擬定「加工出口區設置管理條例」，以作爲此項經濟建設新措施之法律依據。同年 9 月，經合會、經濟部、財政部、交通部、國防部、外貿部、省政府等有關首長至高雄港實地視察，復經多次會商後完成條例草案，於次（1964）年 5 月呈報行政院第 8636 次院務會務通過，並請立法院審議，經立法院特別召開會議，於民國 54（1965）年元月 25 日完成三讀立法程序，元月 30 日總統公布施行，3 月 20 日經濟部設立高雄加工出口區管理處籌備處，勘定高雄港新商港區（即中島港區）鄰近土地爲加工出口區之位址。同年 7 月起接受設廠，隔年（1966）年 9月籌備工作完成，12 月 3 日正式成立高雄加工出口區管理處，原籌備處主任謝貫一爲處長〔註 160〕。

　　加工出口區的母法「加工出口區設置管理條」（全文參閱附錄十二），開宗明義即說明，設置加工出口區乃爲促進投資、發展外銷、增加產品及勞務輸出（第一條），所以，區內生產之產品，除國內不能生產且經外匯貿易主管機關核准確有進口需要者外，不得內銷（第五條）。而區內外銷事業設置原則，在以不影響國內原有外銷工業之基礎上，獎勵新投資之事業（第四條第一、二款）。因產品限於外銷，投資人必須先有國際市場，才能在加工出口區設廠，故投資者，在不影響既有的國內外銷工業基礎上，不但帶來我國迫切需要之外資，亦爲我國爭取外銷市場。且加工區外資事業，大都是母公司之關係企業，其產品精良，產品外銷，有助於改善外國人對我國產品之印象。

〔註 160〕陶玉其，《中國關稅制度及實務》，頁 256～257。蔡文雄，〈改進海關對加工出口區監管制度之研究〉（財政部七十四年度研究發展專題，高雄：財政部高雄關，民國 74 年 6 月），頁 8～9。

其次，包括在區內製造、加工或裝配外銷產品之事業，以及為上述事業在產銷過程中，所必需之倉儲、運輸、裝卸、包裝、修配等事業（第三條）。並賦予加工區內事業機構，由國外輸入自用機器設備、原料及半製品，免徵進口稅捐；而其所生產之成品及使用原料或半製品免徵貨物稅之優惠（第十三條）。加工區業者，只需將自用原料、半製品、成品等之儲存、陳列、改裝、加工製造或他項處理，列帳以供管理處及海關稽核（第十六條第一款）。因此，加工出口區實乃結合保稅倉庫、保稅工廠之諸多優點的特區，甚至有過之而無不及，如賦予原料、半製品、成品，得在加工出口區內無限期儲存（第十六條第二款）的特殊待遇，而保稅工廠僅限二年。此外，為方便加工區業者之採購，自國內輸往加工出口區內之自用機器設備、原料、半製品，視同外銷物資（第十四條），依照規定可申請免稅或退稅；若原屬國外產製為分期繳納進口稅捐之機器設備，其未屆繳納期限之進口稅捐，免予繼續課徵〔註 161〕。將國內貨品輸入加工區視同外銷而可以退稅的制度，無形中推動國內工業之發展。民國 59（1970）年開始，加工區內購比率逐漸加重，民國 63（1974）年內購已增加為進口比率的 14.85％，民國 64（1975）年為 16.54％，民國 65（1976）年為 18.61％〔註 162〕。這種發展對於國內衛星工廠之建立，也有極為正面的促進作用。總之，加工出口區同時具有自由港、自由貿易區、一般工業區及保稅區等多種功能，可說是「準國外免稅的工業特區」，一方面引介加工產品與勞務出口賺取外匯，二方面促進國內工業之發展與衛星工廠之形成。

台灣首座加工出口區設於臨高雄港的中島特區，可供工廠用地為 52 公頃之多，但自民國 54（1965）年 7 月起接受設廠後，至 57（1968）年間獲准設廠達 161 家，區內土地利用已達飽和，然國內外投資人申請仍極為踴躍。政府為繼續發展加工出口區，民國 58（1969）年 1 月，乃於高雄市楠梓區，向台糖及部分公、民購置土地，再設置第二加工出口區，同年 6 月，為平衡中南部人口南北的流通，動工興建台中潭子加工區〔註 163〕。加工出口區成為帶動台灣出口擴張的重要引擎。

〔註 161〕「加工出口區設置管理條例施行細則」第二十三條。台南關稅務司令，政字第 1911 號（民國 54 年 8 月 13 日），附件。

〔註 162〕蔡文雄，〈改進海關對加工出口區監管制度之研究〉，頁 17。

〔註 163〕蔡文雄，〈改進海關對加工出口區監管制度之研究〉，頁 9；經濟部加工出口區管理處，《十五年來之加工出口區》，1981，頁 12。

（三）優惠關稅之再擴大

民國 54（1965）年元月修訂「獎勵投資條例」後，進一步擴大關稅的優惠措施，其第二十三條規定：

> 合於經濟部規定之基本金屬工業、電機電子工業、機器製造工業、運輸工具製造工業、製造肥料之化學工業、石油化學工業、紙漿製造工業、建造管路以輸送天然氣之事業，而依公司法組織之股份有限公司，其一次投資實收資本在三千萬以上者，於創立時依設廠計畫所核准輸入之自用機器或設備，在國內尚未製造者，免徵進口稅捐。但該工業於機器或設備輸入後，五年內減資或以任何方式，將所輸入之機器設備移轉他人使用情事時，應補徵之。〔註164〕

為獎勵製造業之大量投資，政府對於進口機器設備的關稅負擔，予以免稅優惠。民國 56（1967）年 8 月 8 日頒佈「關稅法」時，將十五種重點工業（包括鋼鐵工業、鋁銅工業、電機工業、電子工業、機器製造工業、汽車及汽車零件製造工業、造船工業、化學工業、石油工業、礦業、精密工業、金屬加工業、木材加工業（夾板除外）、橡膠工業、食品工業等），對於設廠所輸入之自用機器設備，其應繳之進口關稅，得提供擔保，自機器設備進口之日起記帳五年，期滿繳納（第二十七條）〔註165〕。包括重大投資的關稅豁免，以及延長關稅記帳的年限，對民間資本的累積及引進外資有絕大的貢獻。

（四）關稅法之訂定與國家關貿政策之確立

民國 56 年（1967 年）8 月 8 日總統頒佈「關稅法」，乃將本文先前所分析的關貿政策以法律加以確立。這是中華民國政府繼清末洋關的「通商進口稅則善後章程」及國民政府的「進口稅則暫行章程」等行政命令中，以關稅稽徵與走私查緝為主體的海關規章，加以重新改造，成為一套得以自主調整財政關稅與產業保護的法律。

關稅法計分七章五十八條。第一章總則、第二章稽徵程序、第三章稅款之優待、第四章違禁品、第五章平衡稅、第六章罰則、第七章附則〔註166〕。其主要精神不外關稅之課徵，貿易政策之執行，如促進貿易與產業保護之獎

〔註164〕台南關稅務司令，政字第 1842 號（民國 54 年 1 月 30 日），附件。
〔註165〕中國租稅研究會、財政部賦稅研究小組合編，《中華民國稅務年鑑》上冊，頁 250。周玲惠，〈我國關貿政策之政治經濟分析〉，頁 66。
〔註166〕海關總稅務司署通令，台字第 352 號（民國 56 年 8 月 12 日），附件。台南關稅務司令，政字第 2201 號（民國 56 年 8 月 14 日），附件。

勵措施，以及維護產業與安定之禁止管制措施等，當然對於違法亂紀之懲罰亦有進一步的釐定。

1. 徵稅

稅之課徵必須有對象與標的。第一章總則條文有四（第一條至第四條），明訂關稅課徵的機關為海關，課稅標的物為「國外進口貨物」，課徵對象（納稅義務人）為「收貨人或其代理人」，課徵方式乃以「進口稅則」「從價課徵」。課徵機關、對象與標的物明確了，如何核算完稅額，則是最為重要的一步。

進口稅是進口稅率與貨物完稅價格的積，進口稅率以「海關進口稅則」明訂。關稅法立法後，規定海關進口稅則必須另經立法程序制定（第三條），因此理論上，進口稅率的調整受到民意機構的監督。民國 60（1971）年 8 月第二次修訂關稅法時，為考慮應付國內或國際經濟之特殊情況，並調整物資供應，乃增列第四十七條之一，規定財政部會同經濟部呈請行政院核准，對進口貨物應徵之關稅，得在海關進口稅則規定之稅率百分之五十以內，予以增減。實施期間，以一年為限，並應送請立法院備查〔註167〕。至此，進口稅則完成法律化，關稅收入的第一支槓桿受到民意的監督，同時也賦予政府緊急彈性調整的空間。

至於關稅收入的第二支槓桿（貨物的完稅價格），亦於關稅法立法時予以確立，依然維持以「輸入口岸之躉發市價」、「真正起岸價格外加百分之二十」為估算完稅價格的依據（第七條）。只是，躉發市價的調查研判，隨著進出口貿易日益蓬勃而複雜，核定分歧且費時。為此，乃於民國 60（1971）年 8 月第二次修訂關稅法時，將完稅價格訂定以 CIF 外加 20% 的基礎上（第十二條）〔註168〕。這樣的修訂，也為後來走上國際化，亦即以交易價格估價制度的發展途徑邁進。

除了一般的進口稅外，關稅法第五十六條賦予加徵 20% 的關稅臨時稅的規定。這樣的規定乃動員戡亂戒嚴體系的遺產，不過，在急速發展之經濟情況下，已不能配合實際需要。民國 60 年第二次修法時予以刪除〔註169〕。此外於第五章規定，對於接受國家直接或間接補貼，或以低於國內市價形成傾銷而危害中華民國生產事業者，海關得另徵適當的平衡稅（第四十六條）。

〔註167〕中國租稅研究會、財政部賦稅研究會合編，《中華民國稅務通鑑》二編，頁 218。
〔註168〕同上註，頁 217。
〔註169〕同上註，頁 218。

進口稅則與完稅價格立法後，隨著日後台灣國內政經腳步快速國際化、民主化，進口稅的調整也就不再只是財政官員或是政府機器所能完全掌控。

2. 獎勵措施

關稅法第三章稅款之優待，分為「免稅」、「緩繳及保稅」、「退稅」三節，條文有 19 條。這些均為積極性優惠的關稅措施，乃是政府遷台以來，為促進出口所積累的獎勵性關貿措施。

免稅部分，進口貨物除海關進口稅則已有規定者外，包含總統副總統應用物品、駐台各國使節公用或自用物品、軍方專供軍用之物資、救濟事業或公益慈善團體進口之救濟物資、教育機關進口之教學或研究之必需品、專賣機關進口供專賣之專賣品、外國政府或機關團體贈送之勳章及其類似之獎品、公司文件、無商業價值之廣告品及貨物樣品、國內漁船海外捕獲之水產品、打撈沉沒之船舶航空器及其器材、核准解體之國輪、船舶與航空器專用燃料與物料、定額內之旅客自用行李與物品、私人餽贈之進口郵包、科學研究品、工程器材、修理裝配零艦隻機械器具、展覽品、遊藝團體服裝與道具等（第二十六條），均列為專案免稅。此外，對於運輸途中或起卸變質，或火災、不可抗力而致損壞、損之者（第二十八條），以及因損壞或規格、品質不符者，由國外廠商賠償或調換者（第二十九條），免徵關稅。並且對於經濟部所規定之基本金屬工業、電機電子工業、機器製造工業、運輸工具製造工業、製造肥料之化學工業、石油化學工業、紙漿製造工業、建造管路以輸送天然氣之事業，其一次投資實收資本在三千萬以上者，於創立時依設廠計劃所核准輸入之自用機器或設備，在國內尚未製造者，免徵進口稅捐（第二十七條）。

緩繳及保稅。緩繳部分乃針對各生產事業，若由國外輸入生產用或服務用之機器設備，且為國內尚未製造者，進口稅捐得提供擔保，於開始生產或服務之日起，一年後分期繳納（第三十四條）。至於保稅部分，僅規定存入保稅倉庫，而在規定存倉期間內，原貨退運出口者免稅（第三十五條），至於保稅倉庫與保稅工廠則如前述，乃於民國 58 年另訂法規規範。

退稅規定共九條（第三十六至四十四條），主要將前述「外銷品退還稅捐辦法」加以整理規範。包括進口原料關稅記帳、退稅期限一年（但得延長一年）、申請的期限與手續、申請轉內銷規定（不課徵滯納費）等。

3. 貿易管制與禁止

關稅法第四十五條規定，包括偽造之貨幣、證券、銀行鈔券及印製偽幣

印模；賭具及外國發行之獎券、彩票或其他類似之票券；有傷風化之書刊、畫片及誨淫物品；宣傳共產主義之書刊及物品；侵害專利權、圖案權、商標權及著作權之物品；依其他法律規定之違禁品等，不得進口。除此之外，海關當然配合政府其他單位執行貿易管制其他各種檢驗事項。

　　第六章罰則，則是公權力的展現，其中第五十五條規定，違法漏稅則依「海關緝私條例」及其他有關法律規定處理。

　　整體而言，關稅法的結構可概分為「課稅」、「優惠與管制」、「罰則」三個政策面，其架構如圖 5-2 所示。先是　中包含稅則分類、稅率訂定與完稅價格的核定，以此核算應納關稅額，以及臨時附加稅的徵收。此乃清末中國洋關設置以來，承繼「通商進口稅則善後章程」所規範的主要內涵；其次為點線框內，包括稅款的優待、違禁品、平衡稅則涉及國家貿易的貫徹與執行；第三部分則是罰則，涉及罰款、沒入甚至國境安全問題，與刑法也有關連。關稅法所規範其實涵蓋關稅核定、貿易管制、邊境安全等三大架構。

圖 5-2：關稅法之法律架構是意圖

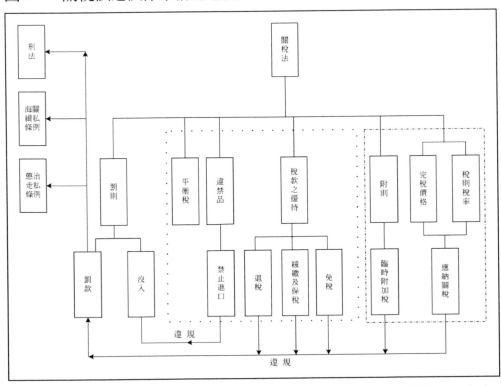

資料來源：依據海關總稅務司署通令，台字第 352 號所附「關稅法」之規定自行繪製。

　　回到本文所極欲重建的國家關貿政策的發展，政府先以戒嚴法所建立的邊境安全體系為界域，結合人民出入國境管制、金銀外匯管制、高貿易管制與高關稅等四項，構成一種嚴厲限制人民、金融、貨物流通的半封閉體系，亦即「節流」的機制；後以關稅記帳、緩繳、分期繳納乃至退稅、沖退稅與保稅制度、加工區之設置，開啓往後獎勵加工外銷品的開源機制，亦即台灣經濟起飛的重要措施。如圖 5-3 所示，節流機制在於降低國內消費、累積國家財政與資本，而開源機制則在不抵觸節流機制下，開闢一條得以降低國內生產事業關稅成本的機制，帶動出口的擴張，亦即包括退稅、沖退稅、保稅工廠與加工出口區等制度，其功能在於降低生產者的週轉成本，而得使生產者擴大再生產，帶動出口擴張。

圖 5-3：節流與開源機制示意圖

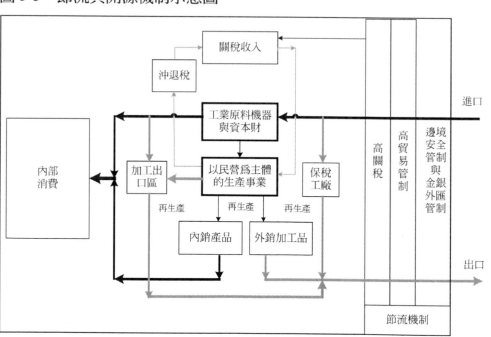

資料來源：李文環繪製

小　結

　　此階段政府對於國家邊境安全的維護更為強化，保安司令部進一步介入國內外郵包之監管，軍方對於港口的管制也更為直接。在維持節流機制前提

下，部分如紡織業原料不僅未調降反而增加，僅調降少數金屬原料，如鋼鐵原料，免稅商品也僅限於特殊用途，對於產業幾乎完全沒有貢獻。

進出口商品貿易政策的釐定，民國 47（1958）年回歸中央政府接管，結束從陳儀時代以來台灣省政府與中央財政部對於進出口貿易政策的分歧、協助到合議妥協的二元機制。至於貿易政策的轉變，以民國 47（1958）年為分水嶺，在此之前，進出口貿易管制仍不斷增加，如民國 44（1955）年共 473 項占 45％的商品被列為管制進口的對象，比起 41（1952）年間 346 項占 33％，增加 127 項計 12％。至民國 47（1958）年 7 月間，政府陸續增列管制進口或暫停進口商品共 68 項，扣除改列准許進口商品 7 項，民國 47（1958）年間政府進口商品之管制數量為 534 項約 51％。在這些管制品中，以棉、麻、毛等紡織商品（第一至三類）的進口管制增加幅度最大，其次則為第六類的飲食飲料與草藥類，主要增加對魚介海產品的進口管制，而第五類有關機器腳踏車、腳踏車、引擎零件、鍊條、鋁製品等共 22 項改列管制進口的數量最多。可見政府在貿易管制政策上仍延續前階段對於民生類「足衣、足食」的節流策略。

出口管制方面也略微有所增加，由先前的 303 項 28％增加 14 項而為 317 項約 30.2％。這樣的貿易政策是基於戰爭因素，兼具物資消費管制與產業保護，當然對於一些缺乏資金投入的產業，消費管制的意義也就大於產業保護。進出口貿易政策於民國 46（1957）年 9 月間，以獎勵出口為契機逐漸開放出口管制，民國 47（1958）10 月，原列為管制出口類商品，大部分予以解除。解除出口管制的用意，在於不違背節流政策的前提下，擴大出口貿易的擴張，亦即推展開源政策，包括關稅記帳、分期繳納、退稅、沖退稅、保稅工廠、加工出口區等獎勵性措施。

關稅獎勵措施源自對軍方或公營機構的關稅記帳與分期繳納制度，進一步刺激出口業者之開源政策則是退稅與沖退稅制度。

首先是民國 40（1951）年 3 月所頒佈的「紙帽出洋退還原料紙捻絲進口稅辦法」，民國 43（1954）年擴大為適用工業產品之「外銷品退還原料進口稅辦法」，隔年（1955）年的「外銷品退還稅捐辦法」，結合關稅記帳與退稅制度，發展出沖退稅制度，使加工業者在以「進口原加工出口」的條件下，進口商品之稅捐得以記帳、沖銷或退還，帶動台灣加工出口之蓬勃發展。隨著出口大幅擴張，退稅、沖退稅數額快速成長，因而產生稽核行政的繁瑣問題，

困擾著海關，爲此海關改善保稅倉庫、保稅工廠之作業規定，進而賦予加工出口業者更爲方便的工具。此外，民國54年政府正式設置加工出口區，此一同時具有自由港、自由貿易區、一般工業區及保稅區等多種功能，可說是「準國外免稅的工業特區」的加工出口，使得開源政策更爲完備。

　　總之，政府在釐定關貿政策上，同時兼顧財政收支與出口促進的雙重企圖。一方面以節流機制降低國內消費、累積國家財政與資本，二方面在不抵觸節流機制下，開關一條得以降低國內生產事業關稅成本的機制，帶動出口的擴張，亦即獎勵性關貿政策之開源手段。在此一緊一放的策略下，得以開展台灣主體性的經濟體系，同時以民國56（1967）年「關稅法」之立法，關貿政策之釐定更爲法制化。

第六章　走私弊端與對策

　　前面四章，筆者分析戰後接收到民國 56（1967）年關稅法完成立法期間，政府在關貿政策的轉變。總結前面的研究成果，自民國 37（1948）年以降，政府為因應大陸內戰的惡化，不僅大幅調高進口關稅，也逐漸限制進出口貿易的管制，構成高關稅、高管制的關貿體制。至民國 38（1949）年，以戒嚴法所建立的邊境安全體系為界域，結合人民出入國境管制、金銀外匯管制、高貿易管制與高關稅等四項，構成一種嚴屬限制人民、金融、貨物流通的半封閉體系。這樣的半封閉體系雖為避免資金、物資外流，並儘量降低不必要浪費的「節流」政策，卻嚴重限制人民的出入國境與經濟活動的自由。高關稅政策更嚴重扭曲國內外的市場價格，造成偷漏關稅成本的機會，而所謂進出口「管制」，實際上多數等於禁止進口（或出口），故凡逃避管制而流入國內市場之商品，售價除包含進口稅捐外，尚有求過於供之漲價部分，以及為逃避貿易管制而負擔風險之報酬 [註1]，其對貿易體制與財富重分配有著莫大的影響。因此，在此特殊的時空下，走私的勢力相對猖獗，也就更值得探討。

　　海關對於走私案件一律製作筆錄與報告，亦即「緝案報告」，這是探討走私問題最重要的資料。依據基隆關檔案管理員表示，原台北關（今基隆關稅局）檔案，民國 35（1946）至 50（1961）年間的公文資料多已銷毀或散布各封陳的倉庫而難以查閱，僅留「基隆關檔案清理報告表」，但那只是非常粗略的摘要目錄。依據該清理報告表概略統計，民國 36（1947）年度的緝案約有200 案 [註2]，這應該是低估了，因為資料裡是年的緝案編號就已達 966 號，

〔註 1〕柳復起，《關稅論》，頁 112。
〔註 2〕以目錄上記載「緝私報告」為主，不過，若是已被海關改判免罰，可能是取消「緝案」，故不予列計。

中間的落差，除沒有完整的「緝案報告」外所致，主要原因在於公文資料往往僅記載重大或有異議的走私案，對於較無異議的案件，往往以「緝案報告」報銷。至於台南關（今高雄關稅局）的檔案，此階段的「緝案報告」也已不在，也可能已被銷毀。雖然公文檔案保留尚稱完整，同樣公文中所記載的「緝案」往往是較為重大或有疑異的案件，也無法一窺全貌。由於資料的限制，本章所運用的資料僅限於公文檔案，以致難免無法完全呈現當時的走私全貌，不過對於重大案件，應可藉由公文檔案加以勾繪。

第一節　戰後初期（1945～1949）的走私問題與對策

對台灣而言，戰後初期被納為大中國經濟圈的經驗極為特殊。一方面回歸「祖國」，但是國府中央與地方政府卻有不同的貿易管制政策，復以兩岸地緣距離接近，走私最為嚴重，走私商品也極為特殊。

如表 6-1 所示，由民國 35（1946）年台北關各類稅收概況來看，是年因查獲緝案或偷漏稅課的「罰款、變價款收入」遠高於正稅，可見當時北台灣的走私相當嚴重。

表 6-1：民國 35 年台北關各類稅收　　　　　　　　　　　　　　單位：元

	緝案與罰款、變價款收入	進出口稅、噸稅與各種附加稅	代徵貨物稅
民國 35 年	4,551,532.06	3,150,000	1,090,000

資料來源：台北關稅務司公署呈文，北字第 91 號（民國 36 年 1 月 20 日）。

註：「緝案與罰款、變價款收入」僅為 35 年 1～9 月之統技數字，其餘兩項為 35 年全年。

在走私的商品上也較為特殊，尤其盛產米、糖的南台灣，走私米、糖出口的案件相對偏高，如表 6-2 為台南關民國 37（1948）年上半年緝獲私貨數量清表，其中食米、捲煙紙、捲煙為數最多。至於砂糖，因該年省府已開放出省，所以不構成走私問題，不過偷漏統稅的問題依然嚴重。

表 6-2：民國 37 年上半年台南關稅司署緝獲私貨數量清表

貨　　別	單　位	數　　量	價　值（舊台幣）
食米	46 案	106,959 公斤	17,609,103

漿粉	5 案	13,410 公斤	1,114,890
怡糖	3 案	9,723 公斤	1,284,600
黃豆	1 案	930 公斤	139,500
原木	1 案	3.6 立方公尺	135,842
木材製成品	2 案	23 件	20,200
樟腦粉	1 案	130 公斤	200,000
焦炭	2 案	900 公斤	49,567.4
捲煙	9 案	731 條又 19 大盒	2,917,910
捲煙紙	15 案	2,901.5 公斤又 2160 張	15,959,820
藥酒	2 案	200 瓶	78,700
啤酒	1 案	50 打	420,000
空瓶	1 案	602 個	16,500

資料來源：1948 年 10 月 13 日，台南關稅務司公署呈文，台南字第 297 號。

一、問題所在

　　民國 34（1945）年至 38（1949）年間是戰後台灣快速變化的四年。就整體的貿易結構而言，民國 35 年（1946 年）有 94.1％，36 年（1947 年）有 90.8％，37 年（1948 年）有 86.5％的進出口物資是在台灣與大陸二地間進行。因此，呈現在進口或出口的情形，也是完全傾向大陸〔註3〕。台灣既爲中國接收納入大中國經濟圈後，兩岸關係一變而爲國內關係，也就沒有關稅的問題，因此遊走兩岸間偷漏關稅的情形可能會相對較少，反倒是「貿易管制」政策對於貿易的衝擊更爲直接。只是海關與省署對於貿易管制政策出現明顯的出入，如對於台灣最重要的產物包括米與砂糖，一如第二章所分析，米穀方面海關秉承中央政府主張免稅、免驗通運全國，省署卻以「糧荒」認爲禁止出省。砂糖方面，海關認爲必須於進口地海關繳納無異是變相出口稅之 25％的統稅（貨物稅），省署則主張不應一物多稅。因此對於米、糖而言，海關與省署的爭執恰賦予民間偷漏稅課、逃避管制強行輸出的空隙。因此，此階段米、糖走私出口的問題特別嚴重。民國 35（1946）年 6 月間，台南關關員 Ling Sen Tsung（林善驄）〔註4〕至布袋支關視察時即指出：

〔註 3〕李文環，〈戰後初期台灣對外貿易之政經分析〉，頁 68。
〔註 4〕林善驄，福建人，民國 22 年 6 月進入海關服務，民國 34 年 12 月調任台南關，當時爲三等一級幫辦（Third Assistants A），民國 37 年晉升爲二等一級幫辦

　　布袋港的商機主要是建構於脆弱的食糖走私貿易上。〔註5〕
米穀走私方面，民國37（1948）年3月8日台灣省警備總司令部召開「防止
食米走私出口會議」報告可略知一端，會中台灣警備總司令部副司令（彭孟
緝）指出，台灣食米走私出口每月可能達一萬包（約600公噸）〔註6〕，依此
計算，一年之間走私出口的米糧可能達7200公噸。

　　除此之外，陳儀主政下的經濟體系，不是延續專賣就是維持大戰末期的
動員體系，這些制度都是高度管制甚至禁止進出口的貿易政策，因此即使不
是爲「偷漏關稅」，單是躲避專賣壟斷與進出口管制政策的走私現象也就極爲
普遍。當然，隨著民國37（1948）年後大陸局勢的逆轉，以及同年8月大幅
調高進口稅後，走私的暴利更是致命的吸引力。

　　誠如第三章有關關稅與貿易政策的分析，民國37（1948）年8月以後，
高關稅與高管制體制形成，不僅進口稅大幅提高1～4.5倍，而且國府中央與
省府在進出口貿易政策達成雙重的管制。國府中央著重食、衣兩大類商品的
進口管制，省府進一步強化之；出口貿易方面，中央重視糧食、紡織品、食
用油之管制，省府則擴大到金屬品、菸酒、肥料、煤、木炭、樟腦等台灣專
賣或特別需求的物品。至民國38（1949）年6月20日，台灣省政府發布「台
灣省進出口貿易及匯兌金銀管理辦法」，關稅、貿易與金融等三合一管制體制
確立。這些嚴屬的管制政策，賦予走私的暴利空間。

　　相對地，負責查緝走私的海關，此階段駐台海關的部署，約以濁水溪爲
界，北屬台北關、南屬台南關管轄。台北關總關設於台北市泉州町，下轄基
隆、淡水、新高、舊港、蘇澳及花蓮等六支關；台南關總關位於高雄港一號
碼頭，下設馬公、台南、布袋等三支關，以及安平與台東兩支所，這樣的組
織規模實遠遜於日治台灣稅關的組織分佈。

　　　（Second Assistants A）。海關總稅務司署人事科，《海關職員題名錄》第七十
　　　四期，頁16。台南關稅務司公署呈文，台南字第62號（民國35年9月25日），
　　　附件二「Extracts of Report on Inspection of Putai Station for June Quarter 1946」。
〔註5〕台南關稅務司公署呈文，台南字第62號（民國35年9月25日），附件二「Extracts
　　　of Report on Inspection of Putai Station for June Quarter 1946」。
〔註6〕1948年3月10日，台北關稅務司公署公函，北南字第53號。

圖6-1：民國34（1945）年駐台海關組織架構圖

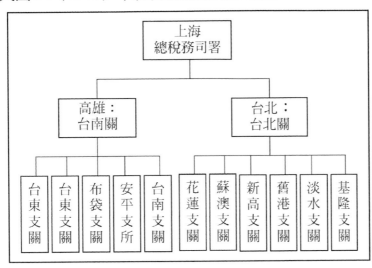

資料來源：李文環繪

　　日治台灣稅關亦分為本關、支署與監視署三級。以最基層的監視署為例，明治38年（1904年）間就分設24處，明治40年（1907年）增為26處，大正6年（1917年）調為27處；爾後陸續調減，昭和10年（1935年）仍有19處，昭和17年（1942年）間至大戰結束仍保有13處〔註7〕。可見戰後駐台海關的部署密度原遠低於日治時期，不僅如此，駐台海關因人力不足或種種因素，陸續裁撤一些支關，如台東支所於35（1946）年4月30日裁撤，蘇澳支關於民國36（1947）年6月16日裁撤〔註8〕，以致東海岸完全沒有海關駐點。舊港支關於民國36（1947）年6月16日裁撤〔註9〕。全台海關僅剩八處駐點，這對於台灣漫漫的海岸線掌控相對弱化。

　　組織的簡化降低了海關對海岸線的監控能力外，緝私設備的良莠也直接影響海關的緝私能力。中國海關於國民政府成立後，陸續完成緝私法規、制度，並強化緝私裝備，包括登輪抄船、貨物檢查外，並建立海上緝私艦艇，主動巡緝港口與沿岸水面之走私。如完成民國23（1934）年的造艦工程，使得海關得以對中國大陸海岸線產生更為有效緝私功效。不過戰後台灣海關的接收與重建，海關總稅務司署並未支派海巡艦艇來台，只能接收日治台灣稅

〔註7〕李文環，《高雄海關史》，頁130～131。
〔註8〕台北關稅務司公署佈告第77號（民國36年6月14日）。
〔註9〕台北關稅務司公署佈告第77號（民國36年6月14日）。

關的遺產，而這些海巡設備大都毀於大戰末期的盟軍轟炸。以台南關爲例，民國 34（1945）年 12 月張申福向總稅務司的報告指出：

> 高雄港內，海關所有的巡艇均受空襲損毀；安平港方面，僅一艘尚待修理的馬達汽艇（motor launch）。……因此我們迫切需要馬達汽艇以巡邏港口，以及對於進出港口的輪船登輪檢查。〔註10〕

安平港僅存有待修理的馬達汽艇就是後來的巡緝艇「關平號」（C.P.L. Kuanping）〔註11〕。關平號建於大正 15（1926）年，長 11.13 公尺、吃水 0.8 公尺，台南關接收後加以修理，並從安平港調回高雄港，以備海關登輪理船與港內巡邏之用〔註12〕；台北關方面則留下「關基號」（C.P.L. Kuankee）巡艇，執行台灣北部海岸緝私工作〔註13〕。

同年（1945）10 月颱風過境台灣，關平號受創多處，台南關海上緝私的能力完全停擺。至於各支關，如台南支關、布袋支關巡緝關員通常是以步行或腳踏車進行陸路巡邏〔註14〕，其績效當然大打折扣。Liao Shih Yuan（廖師沅）〔註15〕即向張申福反映，布袋支關應添設舢舨改善海關對戎克船的控制以提高緝私效率〔註16〕，後因布袋港並無舢舨出租，乃自民國 35（1946）年 8 月 1 日起租用竹筏作爲水面緝私工具〔註17〕，然這樣的成效令人質疑。台北關稅務司夏廷耀也指出：

〔註10〕 台南關呈文 Tainan No.2（15th December 1945），「Properties」部分。
〔註11〕 海關艦艇種類可分爲 C.L.T.（Customs Lights Tender）海關燈塔補給艦、C.P.S.（Customs Preventive Ship）海關巡緝艦、C.P.L.（Customs Preventive Launch）海關巡緝艇、C.L.（Customs Launch）關艇等四大類。
〔註12〕 台南關呈文 Tainan No.29（16th May 1946）；台南關稅務司公署呈文，台南字第 69 號（民國 35 年 10 月 22 日）。
〔註13〕 台北關稅務司公署呈文，北字第 68 號（民國 36 年 11 月 13 日）；台北關稅務司公署呈文，北字第 91 號（民國 36 年 1 月 20 日）。
〔註14〕 台南關稅務司公署呈文 Tainan No.32（18th May 1946），「Report on Inspection of Tainan Station for March Quarter 1946」與「Report on Inspection of Putai Station for March Quarter 1946」部分。
〔註15〕 廖師沅，廣東人，民國 22 年 6 月以學習員進入海關服務，民國 34 年 12 月調任台南關，當時爲二等二級幫辦（Second Assistants B），後調任江海關進陞爲一等二級幫辦（First Assistants A），民國 37 年 3 月辭職。海關總稅務司署人事科編，《海關職員題名錄》第七十四期，頁 273。
〔註16〕 台南關稅務司公署呈文 Tainan No.32（18th May 1946），「Report on Inspection of Putai Station for March Quarter 1946」部分。
〔註17〕 台南關稅務司公署呈文，台南字第 62 號（民國 35 年 9 月 25 日）。

> 自從本島復歸中國後，海關對於東海岸幾乎沒有任何海上巡邏，因
> 此本島經常且定期地與日本及其各島互通生氣，走私之所以如此猖
> 獗一點也不意外。〔註18〕

整體而言，此階段走私之所以猖獗的因素有二，一方面是省署的貿易管制政
策，高度統制與管制省產物資的輸出，扭曲市場供需與價格，製造走私的高
利潤空間。夏廷耀向總稅務司李度的年度（35年）報告裡提到：

> 光復以還，因政府尚未與日本恢復通商，而台灣交通便利，沿海一
> 帶均可裝卸貨物，故奸商勾結日本浪人、私運白糖、食米等出口，
> 西藥等進口，極為便易。〔註19〕

其報告也提到：

> 35年4月間，本省當局對於五金材料禁運出口後，其中不少係屬洋
> 貨，一般商民為逃避禁令計，不得不轉向私運一途，……糖稅因省
> 方禁止商運出口，多以逃避禁令而趨偷漏……雖經省當局於8月間
> 廢止食糖禁令，仍難恢復舊觀，而10月份以後，不肖之徒，對於糖
> 稅取巧逃避之事，時有所聞。〔註20〕

可見，省署管制出口的措施大大刺激民間走私的力量。

其次則是利用海關人力與其組織、設備部署的不足，使得四周環海的台
灣處處得以從事走私活動。夏廷耀的報告裡也提到：

> 至於自上海等國內口岸私運來台之未稅洋貨或未列入進口艙單之大
> 量土貨，經本關緝獲者為數甚多。〔註21〕

私梟利用兩岸國內關係，轉運走私自上海進口的洋貨偷漏關稅。尤其此階段
台灣與大陸貿易熱絡，兩岸通航熱絡使小型機帆船得以大量進行兩岸的貿
易。當時基隆港聲稱「帆影交織，稱極一時」，然依表6-3所示，安平港與布
袋港機帆船的進出更勝一疇。這些為數眾多的小型卻機動的機帆船，在海關
力猶未逮之處，逃避管制變相走私也就在所難免，而成為走私的主要工具。

〔註18〕 台北關稅務司 S/O Letter No.65（30th January 1947），「Taipeh Commissioner'
Comments on Tainan Commissioner' S/O Letter No.65 dated 30th January
1947 」。
〔註19〕 台北關稅務司公署呈文，北字第91號（民國36年1月20日）。
〔註20〕 台北關稅務司公署呈文，北字第91號（民國36年1月20日）。
〔註21〕 台北關稅務司公署呈文，北字第91號（民國36年1月20日）。

表 6-3：台灣主要港口機帆船進出港數量

時期與港口	基隆港	高雄港	安平港	布袋港	馬公港
35 年第二季	323	293	449	633	348
35 年第三季		643	586	590	--
35 年第四季		413	546	215	400
36 年第一季	101	141	--	--	342
36 年第二季		150	--	438	298
36 年第三季		111	149	659	352
36 年第四季		66	155	306	247
37 年第一季	90	---	616	737	343
37 年第二季		---	903	577	--
37 年第三季		221	---	---	---
37 年第四季		224	410	462	313
38 年第一季	---	---	990	249	401

資料來源：

1. 安平港、布袋港、馬公港：李文環，《高雄海關史》，頁 269～270，表 4-33。
2. 基隆港、高雄港部分：湯熙勇，〈戰後初期台灣的航運〉（台灣資本主義發展學術研討會，民國 90 年 12 月 27、28 日），頁 17、35：表 2 與表 9。

二、走私的性質

由夏廷耀報告來看，當時的走私路線有「台日走私貿易」與「對岸走私貿易」兩大類。民國 35（1946）年間，台南關稅務司張申福也提到：

> 本關區各港口常有日籍機帆船隻偷運海味、雜貨進口，私裝米糖載
> 回日本情事〔註22〕。

以機帆船遊走兩岸或台日進行進出口走私貿易，也就成為最嚴重的問題。

（一）台日走私

走私的內容不外省署管制出口的米、糖、雜貨，以及藉由大陸港口轉運未稅洋貨，以偷漏關稅及附加稅，或是偷運日貨。民國 35（1946）年 12 月，張申福再度向李度報告指出：

> 正如台南關與台北關 10 月間的緝私報告所顯示的，為數不少的船

〔註22〕台南關稅務司公署代電，鈔字第 83 號（民國 35 年 11 月 26 日）。

舶正從事於日本的走私貿易，他們的行動已在全台沿岸擴展開來。
〔註23〕

只是，這類的走私案件資料相當少，不易釐清。依據海關盤問走私客的口供
所彙整的報告來看，當時台日走私的情形大約如下：

1. 私貨種類：從台灣走私出口多為米、糖、煤、大甲草蓆等，皆為
   日本所缺需；走私進口者，多為藥品、海鮮（魚翅、干貝等）、
   蔘類、汽車零件、腳踏車、電氣用品及其他小型機械器零件。走
   私利潤可獲利數十倍。

2. 走私工具：都是小型汽船（約百數十噸）

3. 走私方法：

   （1）空船報關出口，駛停附近偏僻港灣，或海港相當距離處，伺隙
   以小船裝載私貨運轉上船。

   （2）在本省進口時，除用上述辦法外，將船預泊港外，另以小船（漁
   船為多）將私貨化整為零，在偏僻海岸登陸。

   （3）在日本進出口，亦用上述辦法。所有未登陸而即被緝獲者，乃
   係盲目進港，未聯絡妥當

4. 私貨在日銷售情形：日本對日用必需品實行配給，但配給數量有
   限，不夠使用，致有黑市交易，本省所走私日本之米、糖等，均
   係最缺需者，如較黑市價格稍低，則出售甚易。〔註24〕

可見台日走私貿易，多以小型汽船或漁船，強行進出偏僻的海岸，走私米、
糖、煤、大甲草蓆等日本所需出口，再私運藥品、海鮮（魚翅、干貝等）、蔘
類、汽車零件、腳踏車、電氣用品及其他小型機械器零件等。

實際案例因資料所限，僅以台南關察看端倪。民國36（1947）年1月13
日台南關查獲「大安號」搭載台籍客人5、6名在「阿港連〔註25〕」登陸，船
長與水手均為沖繩人。據船主李鴻發供稱，其原籍乃福建惠安縣人，旅日十
餘載於昭和16年（1941年）向琉球人久棟購得此機帆船〔註26〕。同年（1947）

〔註23〕台南關稅務司 S/O Letter No.60（26th Dec 1946）。

〔註24〕台南關稅務司公署訓令，第602號（民國38年1月25日），附件「調查海王
丸由日遣回違法台僑八十四名情形」。

〔註25〕依據船主李鴻發的口供指出，該船乃於安平外海機器失控由榮興艦營救拖至
高雄港，所謂「阿港連」應該是在安平港附近。

〔註26〕台南關稅務司公署呈文，台南字第133號（民國36年5月1日）。

1 月 22 日，海關總稅務司派榮星艦（C.P.S. Junghsing）赴抵基隆港，將於 2 月護航台北關關基號巡艇前往香港維修，卻於龜山島水域發現三艘日籍走私船舶，一艘逃逸、緝獲二艘，船員中僅 4 位台灣人，13 位沖繩人〔註27〕。同年（1947）2 月 8 日下午三點，蘇澳區警察所通報在大南澳泊有走私船隻，海關立即會同警察前往查緝，並於當日下午四點十分借用漁船「吳榮號」自南方澳出發，於五點二十分駛近大南澳，見泊有機帆船「昌生丸」一艘，國籍不明，約為日本籍。「昌生丸」見「吳榮號」駛近隨即逃逸，海關予以追緝。但昌生丸船身較大、馬力較足，愈追愈遠，雖經警察開槍五十餘發，未能制止〔註28〕。此類日籍、臺日合作，以機帆船進出隱密海岸的走私案件應不少。前述榮星艦護航關基號前往香港維修前後，曾南下於台南關水域，期間（民國 36 年 1～4 月），緝查獲日本線走私船達 8 艘，如表 6-4 所示，榮星艦的績效反映台日線走私貿易的猖獗。這類走私案件日籍船員多為琉球人。為了解決此類走私，民國 40（1951）年 2 月 27 日台、日簽訂貿易協定，該項協定並附有「防止台灣與琉球間走私之辦法」，其中第三條規定，如遇有任何一方之船隻，業已結關開往對方轄區內對國際貿易開放之一個或數個港口，而經充分證明其並無充足理由，需開往該目的地港口之情事，則應於該船舶駛返原結關港口時，科以適當之處罰。至於違章罰鍰，第一次新台幣三千元，第二次新台幣六千元，第三次新台幣一萬二千元，第四次新台幣二萬四千元，第五次新台幣三萬元（最高額）〔註29〕。不過，此階段最猖獗者，莫過於「對岸走私貿易」。

表 6-4：民國 36（1947）年 1～4 月台南關緝獲之台日走私船舶

緝獲日期	船名（噸位）	緝獲地點	貨名與價值	日籍船員	出口港
36、1、5	大吉丸（17.8）	小琉球	蠔干、西藥約台幣三十萬	無	神戶
36、1、5	海拓丸（41.9）	小琉球	蠔干、西藥約台幣三十萬	2 名	神戶

〔註27〕台南關稅務司公署 S/O Letter NO.65（30th Jan 1947），「Taipeh Commissioner' Comments on Tainan Commissioner' S/O Letter NO.65/I.G. dated 30th Jan 1947」部分。
〔註28〕台北關稅務司公署公函，北南字第 8 號（民國 36 年 2 月 14 日）。
〔註29〕海關總稅務司署訓令，第 365 號（民國 40 年 4 月 2 日）。

36、1、18	南雄（60）	安平港外	不詳	無	不詳
36、1、20	大安（70）	高雄外海	無貨	6 名	沖繩
36、4、8	華興（60）	東吉嶼	人參、西藥、海產等約 500 餘萬	2 名	神戶
36、4、8	海寶（25）	布袋外港	西藥、汽船零件，因貨物已卸去，價值不詳。	5 名。另有朝鮮人 3 名。	神戶
36、4、10	興盛（199.26）	台南外海	海產品、腳踏車零件等，因貨物已卸去，價值不詳。	8 名。另有朝鮮人 2 名。	神戶
36、4、23	進運丸（46）	布袋港	無	8 名	神戶

資料來源：台南關稅務司公署 S/O Letter NO.105（22nd July 1947）Appendix。

（二）對岸走私

　　對岸走私均為航行於兩岸的機帆船。據甌海關稅務司公署指出：民國 35（1946）年 11 月新隆發號帆船報運棉紗 32 件、布 280 疋，同年 12 月金泉隆號帆船報運棉紗 30 件、布 123 疋，同年 12 月金錦發號帆船報運麥粉 400 袋等，均申報結關前往基隆港。按海關規定，該三艘帆船於進入基隆港報關後，台北關應回報甌海關。據台北關基隆支關的回報，至民國 36（1947）年 8 月間，該三艘帆船並未進基隆港報關，顯然走私他處〔註 30〕。此類由大陸沿岸出航後，未向指定駐台海關報關之走私機帆船應不在少數。相對地，由台灣報運出口而未向指定海關報關的案子如表 6-5 所示。航行兩岸的機帆船，因漫漫的海岸線得以進行投機，此現象應為當時最為嚴重的問題。

表 6-5：民國 35～36 年間報關出口後航向不明船舶

期　間	船　名	報運出省貨物	
35、11	新隆發號	棉紗 32 件、布 280 疋	台南關稅務司公署訓令，政字第 345 號（民國 36 年 12 月 23 日）。
35、12	金泉隆號	棉紗 30 件、布 123 疋	同上
35、12	金錦發號	麥粉 400 袋	同上
36、5	航益汽船	棉紗 2 件	台南關稅務司公署訓令，政字第 359 號（民國 37 年 1 月 6 日）。

〔註30〕台南關稅務司公署訓令，政字第 345 號（民國 36 年 12 月 23 日）。

36、6	華南汽船	棉紗 16 件	同上
36、6	新再發帆船	棉紗 7 件	同上
36、6	金德源帆船	棉紗 7 件	同上
36、6	金聯昌帆船	棉紗 7 件	同上
36、6	金益記帆船	棉紗 7 件	同上

　　除了逃避管制外，為偷漏砂糖統稅，從台灣報運砂糖出省，卻未向指定海關報關繳納稅金，如表 6-6 所示。

表 6-6：民國 36 年偷漏砂糖統稅的案例

走私時間	內容概要	資料來源
36、1、10	祥利號帆船，向台北關申請報運白糖 13 包（1,170 公斤），結關前往溫州海關報關。結果並未按切結時間抵赴溫州向海關報關，係乃將白糖走私他處或國外，以逃漏統稅。	台北關稅務司公函，北南字第 45 號（民國 36 年 11 月 20 日）
36、1、25	振興號帆船，向台北關申請報運白糖 10 包（900 公斤），結關前往甌海關報關。結果並未按切結時間抵赴溫州向海關報關，係乃將白糖走私他處或國外，以逃漏統稅。	同上
36、4、15	金泉盛號帆船，向台北關申請報運白糖 18 包（1,620 公斤），結關前往溫州海關報關。結果並未按切結時間抵赴溫州向海關報關，係乃將白糖走私他處或國外，以逃漏統稅。	同上
36、5、14	吳發記號帆船，向台北關申請報運白糖 24 包（1,440 公斤），結關前往溫州海關報關。結果並未按切結時間抵赴溫州向海關報關，係乃將白糖走私他處或國外，以逃漏統稅。	同上
36、10、24	成發號汽船（溫州籍，55 總噸、22 淨噸、40 匹馬力）向台北關淡水支關申請報運白糖 107 包（6,420 公斤），結關前往泉州秀塗。結果並未按切結時間抵赴秀塗向海關報關，係乃將白糖走私他處或國外，以逃漏統稅。	同上

　　或者為了逃稅而逕行走私出境。據台南關 Ling Sen Tsung（林善驄）於民國 35（1946）年 7 月間視察布袋支關的報告指出：

　　　布袋港食糖走私出口的情形相當嚴重，走私帆船通常空船報關出口，而在港口出口處或東石沿海一帶裝私貨至大陸販賣，除非海關

擁有更強的緝私能力，否則不可能抑止這種走私行為。〔註31〕

食糖走私出口乃全台的現象，如民國 35（1946）年 1 月 2 日上午桃園郡義勇隊在坑子口海岸一帶發現三艘帆船走私砂糖四百餘包〔註32〕。同年 2 月 23 日，查獲基隆金山鄉走私砂糖八百包出海〔註33〕。同年 4 月 16 日，台南縣警察局過溝派出所發現走私食糖 230 袋〔註34〕。直至民國 36（1947）年間，台南關緝獲私貨數量仍以砂糖最多，其中又以布袋港的走私情形最為嚴重，如表 6-7 所示。

表 6-7：民國 36 年間台南關緝獲私貨數量　　　　　　單位：公斤

	總　關	台南支關	布袋支關	馬公支關	合　計
砂糖	26619	12878	47891	無	87388
水泥	650	24265	38500	無	63415

資料來源：1948 年元月 20 日，台南關稅務司公署呈，台南字第 211 號。

　　鑑於機帆船走私之猖獗，省署於民國 35（1946）年 10 月管制大陸一百噸以下船隻來台，以及此類船舶進出港口限制。台南關稅務司張申福則認為，此項措施大大助長走私的風潮〔註35〕。依據台北關所留下的摘要目錄，走私船隻多為漁船與機帆船，亦即一百噸以下小型船舶。省署於同年（1946）10 月在基隆港、高雄港成立「聯合檢查小組」後，縱使海關並未參與，對於機帆船走私產生相當之作用。然強硬的管制措施，也使得部分船隻不理會海關，私自出港，幾近成為「硬走私」的現象。如同年 12 月間，在台北關基隆支關申報進口之「萬成」、「光華發」、「台漁 53 號」、「共漁丸 64 號」、「浦 64 號」、「惠豐」、「拓榮丸」、「幸德丸」、「大福一號」、「大福二號」等十艘機帆船，就未經結關私自離港〔註36〕。即使二二八事件後，省署雖然放寬 50 噸以上船舶即可進出港口，但是擅行出港的事件，如表 6-8 依然存在，對於海關與港務局的公信力乃是一大挑戰。

〔註31〕1946 年 9 月 25 日，台南關稅務司公署呈文，台南字第 62 號，附件二，Extracts of Report on Inspection of Putai Station for June Quarter 1946。

〔註32〕民報（民國 35 年 1 月 5 日），二版。

〔註33〕民報（民國 35 年 3 月 4 日），二版。

〔註34〕民報（民國 35 年 5 月 16 日），二版。

〔註35〕台南關稅務司 S/O Letter No.55（31st Oct 1946）。

〔註36〕台北關稅務司公署公函，北南字第 4 號（民國 36 年 1 月 4 日）。

表 6-8：民國 37～38 年未結關擅行出港的船舶

走私時間	內容概要	資料來源
37、6、20	台北關舊港支關報告：民船「金海順」未經辦理結關手續擅行離港。	台北關稅務司公函，北南字第 61 號（民國 37 年 6 月 28 日）
37、7、13	台北關梧棲支關（原新高支關）報告：為梧棲支關扣押在港的「興安號」漁船（總噸 15 噸、20 匹馬力），竟然偷運白米 200 包強行走私琉球。	台北關稅務司公函，北南字第 62 號（民國 37 年 8 月 9 日）
37、11、17	台北關舊港支關報告：漁船「天滿一號」未經辦理結關手續擅行離港。	台北關稅務司公函，北南字第 68 號（民國 37 年 11 月 22 日）
38、1、31	台北關淡水支關報告：民船「福順泰」未經辦理結關手續擅行離港。	台北關稅務司公函，北南字第 71 號（民國 38 年 2 月 7 日）

　　民國 37（1948）年元月起，海關加入省限物資管理的行列後，糧食成為海關管制出口的物品，而在省府實施強制收購食米下，米糧在台灣省內並無可圖之利益。此後，糧食走私出口以逃避省方的限價收購的案例應不少。當時米糧走私出口的嚴重性，由同年（1948）3 月 8 日台灣省警備總司令部召開「防止食米走私出口會議」報告可略知一端，會中台灣警備總司令部副司令彭孟緝指出，台灣食米走私出口每月可能達一萬包（約 600 公噸）〔註 37〕，依此計算，一年之間走私出口的米糧可能達 7,200 公噸。雖然為數不到全年產量的 1%，但是，這對本已吃緊的米糧供應，其邊際效用的影響力實為不小。實際的案例，因海關並不認為米糧「移出」是為走私，以致緝獲米糧走私出口的案例均為省署警察單位緝獲，如民國 35（1946）年 8 月 27 日，在芳苑鄉查獲走私白米 30 包〔註 38〕，同時彰化縣警察局於線西鄉海岸線緝獲走私米糧出口 221 包，經盤查該走私組織由三位廣東人及和美鎮開設碾米廠的洪聰明、洪好意等串通，碾米廠內尚囤積三千餘袋米穀，查明已走私三回共米糧四百餘包、食糖一百餘包〔註 39〕。同年省糧食局與警務處合力查緝白米走私出口，個案最高緝獲二千多包〔註 40〕。民國 36（1947）年 1 月，台南關緝獲走私米糖機帆船三艘，包括「第三安平號」、「大吉號」與「海拓號」等〔註 41〕。在

〔註 37〕台北關稅務司公署公函，北南字第 53 號（民國 37 年 3 月 10 日）。
〔註 38〕民報（民國 35 年 9 月 7 日），二版。
〔註 39〕民報（民國 35 年 5 月 16 日），二版。
〔註 40〕民報（民國 35 年 9 月 8 日），二版。
〔註 41〕民報（民國 36 年 1 月 8 日），四版。

這些米糧出口走私現象中，張申福認為，台南外海、布袋港、馬公港此三角地帶乃走私貿易的溫床〔註42〕，往往利用船隻結關後，私裝省方禁運之米糧、木炭等出口〔註43〕，因而訓令各支關主任密切注意回報〔註44〕。不過，馬公支關主任秦瑤（Zing Yao）〔註45〕指出：

> 澎湖乃一貧瘠島嶼，交通梗阻、商業蕭條，往來船隻稀少，而貨運多由常川台澎間之數艘小型機船及帆船維持，加以每年自入秋後，有六個月以上之暴風季節，耕耘絕望，出產無幾，所以日常用品均仰給高雄、台南、布袋等地運來，且以糧食、木炭為大宗。至於馬公與國內各省貨運，則更見鮮少，其間縱或有轉運之貨物，物品數量亦屬有限，且均有辦理具保手續，向無發現偷運貨物稅物品情事。〔註46〕

秦瑤的觀點是正確的，澎湖各方面的生產有限，由澎湖本地走私出口的機會不大，縱使有走私情形，也是由台灣本島藉口轉運澎湖囤積，再伺機由澎湖偷運出口，澎湖乃扮演一種「轉運地」的角色。從檔案裏發現比較重要的兩個案例。

民國37（1948）年7月19日馬公支關在馬公水上碼頭緝獲走私汽船「共同號」，內載私米70包企圖走漏出境。正當海關將船貨一併扣留押回海關碼頭之際，不料突然有四名馬公水上警察橫加干涉，不許海關人員起卸該米，且竟將該船貨強奪而去〔註47〕。後來海關關員從貨主身上搜得澎湖縣白沙鄉公所發給卻未蓋官印的運輸白米一萬台斤的證明書一紙，證明書背面批載：「7月18日由共同號汽船運出白米30包」，由馬公水上派出所警員林某蓋章放行。因此海關認為，警察曾憑無鈴記之鄉公所證明書，私放食米，而由海關查獲70包私米應為同出一轍〔註48〕。「共同號」汽船乃航行澎湖各島之交通

〔註42〕 台南關稅務司 S/O Letter No.109（18th Aug 1947）。
〔註43〕 台南關稅務司公署代電，馬字第126號（民國36年10月23日）。
〔註44〕 台南關稅務司訓令，政字第355號（民國37年1月22日）。
〔註45〕 秦瑤，江蘇人，民國20年3月進入海關服務，民國35年調任台南關，時為二等監察員（Supervising Inspectors B），民國36年4月陞任一等副監察員（Assistant Supervising Inspectors A），海關總稅務司署人事科編，《海關職員題名錄》第七十四期，頁97。
〔註46〕 台南關馬公支關代電，馬字第132號（民國37年1月22日）。
〔註47〕 台南關馬公支關公函，馬機甲字第40號（民國37年7月20日）。
〔註48〕 台南關馬公支關公函，馬字第169號（民國37年7月22日）。

船，運米並無走私企圖，不過台南關仍以違反私運米糧之省府單行法令，以違法緝私條例第二十一條之規定予以沒收充公〔註49〕。

民國 37（1948）年 10 月 7 日，「金萬利」帆船由布袋港裝載甘蔗、火柴、洋灰、道林紙、鴨蛋報關出口，運往福建晉江銷售。該船出航恰颱風過境，泊靠澎湖外垵，卻被海關查獲匿報白米 81 包、蕃薯粉 120 包、花生仁 25 包及米粉等，為警察登船檢查發現。依據該船長林進金（惠安縣崇武人）的口供筆錄，這些匿報的管制品是 10 月 2 日向布袋支關結關後，是日夜裡裝載〔註50〕。本案後經台南關處以該船長四十萬元之罰金〔註51〕。此類由台灣轉運澎湖走私至大陸的案例應該是特殊的狀況，「金萬利」主要貨主歐陽兆思與陳京輅均為經營兩岸貿易的商人，其報運鴨蛋、道林紙、甘蔗、洋灰、火柴至晉江應無問題〔註52〕，倒是船長林進金匿藏管制品出口，明顯企圖私運大陸，據林進金口供紀錄，這些管制品均為布袋人洪忠所有〔註53〕。因此，本案應該是林進金匿報管制品由布袋港走私至晉江，恰巧颱風過境，船被迫停靠外垵而為警察緝獲。由此可見，布袋港才是走私最嚴重的地區。

米糧走私出口的現象，以布袋港最為猖獗〔註54〕。民國 37（1948）年初，台南關駐布袋支關主任張鳴皋（Chang Ming-kao）〔註55〕並無具體查緝的表現，直至 2 月 25 日張鳴皋被調回總關，劉長清（Liu Chang Tsing）〔註56〕調任布袋支關主任〔註57〕，布袋港糧食出口走私的現象，才浮現台面，後來也逐漸被遏止。

〔註49〕台南關稅務司公署代電，馬字第 170 號（民國 37 年 8 月 19 日）。

〔註50〕台南關稅務司公署代電，馬緝字第 2 號（民國 37 年 10 月 15 日）。

〔註51〕台南關稅務司公署代電，馬緝字第 10 號（民國 38 年 4 月 4 日）。

〔註52〕台南關稅務司公署代電，馬緝字第 2 號（民國 37 年 10 月 15 日）。

〔註53〕台南關稅務司公署代電，馬緝字第 2 號（民國 37 年 10 月 15 日）。

〔註54〕有關布袋港走私參閱李文環，〈失落的小上海——戰後初期的布袋港研究（1945～1949）〉，《台灣風物》51：4（民國 90 年 12 月 31 日），頁 78～86。

〔註55〕張鳴皋，福建省人。民國 14（1925）年 7 月進入海關服務，民國 34（1945）年 12 月調任台南關，當時為一等驗貨員（Examiners A），民國 36 年 4 月晉陞為超等二級驗貨員（Chief Examiners B）。海關總稅務司署人事科編，《海關職員題名錄》第七十四期，頁 112。

〔註56〕劉長清，江蘇省人。民國 19（1930）年 3 月進入海關服務，民國 36（1947）年調任台南關，當時為二等驗貨員（Examiners B）。海關總稅務司署人事科編，《海關職員題名錄》第七十四期，頁 118。

〔註57〕布袋支關代電，布支字第 220 號（民國 37 年 2 月 25 日）。

劉長清就職不久即對布袋港有著深入的觀察，他在 2 月份的報告中指出：

> 布袋港最近航運多係空船入港，而滿載食米出口，若據所呈報，運
> 往本省內各口岸並無厚利可圖，且不致有如此情形，顯見有偷運至
> 本省外各口岸之可能。〔註58〕

顯而易見，這些裝載出口的食米應是運往大陸，而非澎湖或台灣其他港口。
但是，糧食出口與否的管制權握於台灣省糧食局，只要有糧食局的購運證明
書即可憑證放行，然民國 37（1948）年 2 月的前 19 天內，由布袋港報運澎湖
的食米，竟高達 236 公噸〔註59〕，由此可見糧食局核發購運證明書之浮濫，
管制也只是圖具其名罷了。布袋港出口走私糧食的情況，也由此可略窺一斑。

劉長清爲落實糧食管制，乃於民國 37（1948）年 2 月 26 日公布自次日起
實行「台灣省限制出省物資保證書辦法」，商民要具結保證所裝載之省限制出
省物資不得運往所呈報地點以外之口岸，並自布袋港裝船日起二個月內，取
具到達地口岸出貨之進口證明書銷案〔註60〕。此項措施確實擊中投機商行的
要害，因而布袋各行商大多異議，並推派曾湧潮、蔡長財、蔡延遲、林谷驊
四人爲代表，向劉長清抗議要求撤銷該辦法，但爲劉長清嚴詞拒絕〔註61〕，
劉長清並派緝查員王清立、關警隊附吳傑至布袋港出口處嚴加查核。至是月
底，報運出口糧食的狀況逐漸減少〔註62〕，但這並不意味投機商人放棄暴利
的生意。2 月 28 日東石警察所所長潘義和至布袋支關向劉長清指出，停泊布
袋港外的裝鹽輪船私運食米 300 包，當時停泊布袋港外之鹽輪計有新上海、
天平輪及華海輪等三艘。劉長清獲報乃欲偕關艇老大吳福成、機工潘阿亮開
緝私艇前往操查，但卻因柴油不足而無法前往〔註63〕。可見投機商人並不因
海關的積極管制而放棄走私，只是由先前技術性犯規的正式報關方式轉入地
下違法的對決，因而海關的緝私行動，也更加有賴查緝的人力與機動力。

劉長清發佈「台灣省限制出省物資保證書辦法」後，初步著實打擊私梟
的意圖。不久，於 3 月 3 日更指定布袋港內的四處渡口（海埔渡口、海關渡
口、港務局布袋辦事處渡口、太子廟渡口）爲裝卸貨地點，並在每個渡口派

〔註58〕 布袋支關代電，布支字第 226 號（民國 37 年 2 月 28 日）。
〔註59〕 布袋支關代電，布支字第 230 號（民國 37 年 2 月 29 日）：總務課主任劉蓂章
　　　　簽註。
〔註60〕 布袋支關代電，布支字第 226 號（民國 37 年 2 月 28 日）。
〔註61〕 同上註。
〔註62〕 布袋支關代電，布支字第 227 號（民國 37 年 2 月 28 日）。
〔註63〕 布袋支關代電，布支字第 229 號（民國 37 年 2 月 28 日）。

駐關員監督，規定每天上午六點至下午六點准予裝卸貨物，違者以走私論處〔註64〕。為此，引起布袋港六大商行〔註65〕的抗議，但劉長清仍堅持執行。陸上的管制與監督，加上海上汽艇的巡緝等積極作為下，私貨的緝獲量快速提升，私貨倉庫為之爆滿，新緝獲之私貨無處儲存〔註66〕，最高紀錄曾於3月5日單日查獲走私案六件之多〔註67〕。

　　為解決走私物品無處儲藏，並防止物品損壞失去價值的問題，劉長清報請稅務司張申福核准就地拍賣。首次拍賣計有米2950公斤、砂糖1,390公斤、電土1,000公斤〔註68〕；第二次拍賣計有米萬餘公斤、砂糖1,800公斤、盤尼西林40盒、鹽酸黃麻素840盒、玻璃皮帶72條、唇膏576條〔註69〕。但是，布袋支關的腹地與辦公室實在過於狹窄，4位關員及5位關警的辦公與住宿即佔用不少空間，一時私貨相繼而來，36.83坪的建築物實在不敷使用，而拍賣速度來不及騰出多餘的空間，只好連浴室也改為臨時的儲藏庫。5月間相繼緝獲西藥53件、食米51包，已將所有能儲存的空間均放滿，是以5月20日晚緝獲煙紙42件，只好堆放在主任的臥室，並請總關派卡車或關艇前來將已定案而未處理之私貨運回總關處理〔註70〕。至同年8月，曾將走私食米賣給當地鹽場112包（約8,000公斤）〔註71〕，約計劉長清主持布袋支關半年以來，單是拍賣走私食米就達2萬公斤以上，布袋港食米走私出口之嚴重性，由此可見一斑，而劉長清之積極任事，無異使私梟喪膽〔註72〕。劉長清後於9月13日調回總關，布袋支關主任為任誠接任（二等副監察員）〔註73〕，任誠以後的布袋支關已奠基在劉長清的整頓上。整體而言，進入民國37（1948）年後，米糧走私出口乃為南台灣最嚴重的走私現象，其中食米走私案所佔價值與數量最多。

〔註64〕 布袋支關代電，布支字第233號（民國37年3月3日）。
〔註65〕 六大商行包括，玉豐行，經理蔡金標；六泉行，經理蔡玉輝；玉記行，經理蔡崇開；誠德行，經理蔡江樹；怡和行，經理黃水迺；順豐棧行，經理蔡麗水。
〔註66〕 1948年3月19日，布袋支關代電，布支字第254號。
〔註67〕 布袋支關代電，布支字第240號（民國37年3月8日）。
〔註68〕 布袋支關代電，布支字第254號（民國37年3月19日），附件。
〔註69〕 布袋支關代電，布支字第258號（民國37年3月23日），附件。
〔註70〕 布袋支關代電，布支字第303號（民國37年5月21日）。
〔註71〕 布袋支關代電，布支字第353號（民國37年8月8日）。
〔註72〕 劉長清的優異表現，總稅務司李度於民國38（1949）年3月12日傳令予以褒獎。海關總稅務司署指令，南字第512號（民國38年3月12日）。
〔註73〕 布袋支關代電，布支字第369號（民國37年9月14日）。

　　布袋港的走私繁榮景象，隨政府遷台前後隨建立的邊境安全體系而快速消逝。民國38（1949）年5月17日，台灣省警備總司令部以戒嚴令第第三條第六項頒佈「戒嚴期間台灣省港口船舶管理辦法」，自同年6月10日起實施，布袋港被界定為「鹽業港」，進出布袋港的船舶限向經財政部、台灣鹽務局登記，持有運鹽執照之鹽斤運輸船舶或軍用船隻、海軍艦艇及海關勤務船隻。此類船舶應由警務處會同鹽務局，依照省內港船舶管理方式，辦理水上保甲及聯保，其查驗方式則比照省際港船舶作法，應先於指定地點接受由保安司令部為主導由軍、警、海關組成的聯合檢查處查驗。對民間商人而言，布袋港無疑是完全封港，「小上海〔註74〕」從此快速沒落。至於澎湖，在保安司令部發佈「馬公、安平間臨時航行辦法暨船隻名冊載運物品種類表」後，被嚴格限制為省內區間的小港口，僅允許澎湖特產與台灣本島間的物資交換與補給，對外貿易的商機完全被扼殺。

三、海關的對策

　　戰後初期駐台海關不僅缺乏海上機動查緝組織、設備也匱乏。在查緝走私上，港外之海上巡緝，初期僅能接收日治稅關的遺留，以關平、關基兩巡艇配合人力陸路的巡緝；船舶進港後，海關通常分為「抄班」、「行李檢查班」、「特別抄班」等，不分晝夜，分別緩急，分赴各碼頭或機場（台北關），執行檢查進出口船貨，同時加派高級關員縮時監督〔註75〕。除此之外，海關大體從三個方面著手強化緝私能力與組織，首先成立關警隊；其次強化海巡組織與人員；三為修訂具結制度。

（一）成立關警隊

　　民國15年（1926年）宋子文擔任國民政府財政部長兼廣東財政廳長時，為整頓鹽稅，於是年6月成立鹽政總處。8月成立鹽警隊，共24隊，每隊60人，以為查緝走私的軍事力量。這是國民政府在財政部門內設立准軍事力量的濫觴〔註76〕。民國31年（1942年）3月以前成立緝私處，緝私處所轄之緝私人員為武裝部隊，以應付動亂的時局。各關、鹽稅務單位分別就業務上實際需要，配置若干緝私人員，單獨行使緝私權，海關僅配合

〔註74〕　「小上海」係指民國35～38年四年間的布袋港，布袋人對於當時帆影交錯的繁榮景象，比擬為小上海，至今仍為布袋人津津樂道。
〔註75〕　台北關稅務司公署代電，政2984號（民國38年8月29日）。
〔註76〕　吳景平，《宋子文評傳》，頁22。

提供相關之緝私情報〔註 77〕，至此海關所擁有的緝私權為武裝部隊警務人員所取代。

海關關警始於民國 20 年（1931 年），當時財政部長宋子文鑒於中國各地軍事武力盤據，為衛護關稅稅收的安全，比照鹽警成立關警隊。台灣方面，早在民國 35 年（1946 年）5 月，台南關稅務司張申福即向總稅務司李度，鑒於台北關基隆支關曾受「暴徒」襲擊，應儘早成立海關關警隊〔註 78〕。同時期，台北關新高支關主任亦向稅務司夏廷耀反映，應儘早設立關警隊，在關警尚未到達或成立時，應避免與當地軍警、機關摩擦〔註 79〕，是年 6 月底總稅務司李度指令駐台海關同意就地籌辦。不過，張申福與夏廷耀均以「台灣情形特殊，就地招募訓練均感困難，擬請改由內地調派來台」。10 月間，李度乃決定：

> 關警隊長、隊附在滬考選錄用，訓練事務由署選派專員主持，所有
> 警士待訓練專員率同隊長、隊附到達該關後，再行就地募集〔註 80〕。

歷經半年的協調，海關決定關警主管由上海支派、就地募集的原則。民國 36（1947）年 3 月中，海關總署才陸續從上海及青島調派關警主管赴台，然恰逢台灣二二八事件，就地徵招關警的事務隨之停頓，直至同年 4 月才重新進行。至是年 6 月 1 日，台南關正式成立關警第 40、41、42 等三隊，並展開為期六星期的訓練後分派所轄單位駐紮〔註 81〕，7 月 1 日出訓練完成，除留駐高雄總關外並調派各支關服務，關警隊總計名幹部（隊長、隊附）6 名，關警 30 名，共 36 名〔註 82〕。計分 40、41、42 等三分隊，同年 7 月 19 日，關警隊第四十分隊派駐馬公〔註 83〕、四十一分隊派駐布袋、四十二分隊駐守高雄總關〔註 84〕。後隨大陸局勢惡化，海關人員亦陸續播遷來台，民國 38（1949）年 6 月，海關總稅務司署調派關警第九十六隊全體官、佐、士兵共 12 人，搭

〔註77〕財政部關務署，1942 年 3 月 24 日政字第 288 號代電。

〔註78〕台南關稅務司公署 S/O Letter NO.37（31st May 1946）；台南關稅務司公署呈文，台南字第 149 號（民國 36 年 6 月 23 日）。

〔註79〕基隆關檔案清理報告表，頁 55。

〔註80〕台南關稅務司公署呈文，台南字第 149 號（民國 36 年 6 月 23 日）。

〔註81〕台南關稅務司公署呈文，台南字第 149 號（民國 36 年 6 月 23 日）。

〔註82〕台南關稅務司公署呈文，台南字第 161 號（民國 36 年 7 月 31 日）；台南關稅務司 S/O Letter No.105（22nd July 1947）。

〔註83〕台南關馬公支關代電，馬字第 94 號（民國 36 年 7 月 19 日）。

〔註84〕四十分隊隊長易樹人與警士五名，至馬公支關駐紮。台南關馬公支關代電，馬字第 94 號（民國 36 年 7 月 19 日）。

華星艦至台南關駐守〔註85〕。至此,台南關擁有關警四分隊48名警士。關警每人配備三九步槍一把與子彈 100 發〔註86〕,對於海關安全維護與走私查緝應有相當助益。

(二)強化海巡組織與能力

強化海巡組織與人員方面,前面第一節討論海關接收人力時已呈現嚴重不足,尤其是完全沒有海務人員。並且在多次向總稅務司李度的報告書中,張申福與夏廷耀皆強調:「需要大型巡緝艦常駐」的需求,並積極爭取為海軍所接收的海平號(C.P.S. Haiping)。

海平號長 136 英呎、吃水 8 呎 4 吋、321 噸,建於民國 23 年(1934 年),原隸屬香港海關之巡緝艇。民國 30(1941)年香港為日本攻陷後,日本把海平號轉為掃雷艇之用。戰爭結束後,海軍司令李世甲在廈門接收日本海軍時轉為海軍之用,並把它轉為航行於廈門、福州、上海之途,最後來到台灣為駐台海軍行駛於高雄(左營海軍軍港)與澎湖做為商業用途〔註87〕。後經台南關幾次接洽,海軍終於有歸還海關之意。為此,張申福鑑於台灣走私之風熾,而駐台海關之海巡能力之薄弱,乃向李度建議將來海軍歸還後,「海平應常駐基隆港或高雄港,擔任台灣海岸巡緝之用,以查緝猖獗的走私〔註88〕」。台北關稅務司夏廷耀也認為:「海平能歸還,將對強化緝私是有幫助的〔註89〕」。至於台北關亦僅關基號中型巡緝艦一艘,惟因經常擔任沿海燈塔補給及修葺勤務,對於緝私工作,未能隨時兼任。且走私琉球者多用漁船,非輕便快艇沿岸搜索不為功〔註90〕。因此,在爭取海平號之時,駐台海關也積極計劃強化海巡能力,民國 35(1946)年 5 月台南關稅務司張申福向總稅務司李度提出兩項有關緝私的需求:

1. 當前需求:二艘可海巡之小汽艇,類似汕頭關的 C.L.Haikuan No.60,或者類似九龍關的 Haikuan No.61,長 12 公尺、吃水 1 公尺;一艘用以登輪檢查、另一艘用以巡緝港口,以及夜間到港

〔註85〕 台北關稅務司公署公函,北南字第 80 號(民國 38 年 6 月 29 日)。
〔註86〕 台南關馬公支關呈,馬支字第 15 號(民國 38 年 11 月 16 日)。
〔註87〕 台南關稅務司 S/O Letter No.10(26th Jan 1946)。
〔註88〕 台南關稅務司 S/O Letter No.65(30th Jan 1947)。
〔註89〕 台南關稅務司 S/O Letter No.65(30th Jan 1947),「Taipeh Commissioner's Comments on Tainan Commissioner's S/O Letter No.65/I.G, dated 30th Jan 1947」。
〔註90〕 台北關稅務司公署代電,政字第 2984 號(民國 38 年 8 月 29 日)。

外鄰近水域巡邏。並且需要一艘類似福州關 C.P.L. Tingan 的巡緝艇，長 30 公尺、吃水 1.2 公尺，用以沿海巡邏。

2. 未來需求：需要一艘 C.P.S.級巡緝艦，長 48 公尺、吃水 2 公尺，三艘或四艘 C.P.L.巡緝艇以查緝走私。〔註91〕

不過，海務科巡工司均以「目前沒有考量」爲由回覆。台南關稅務司張申福於同年 11 月 26 日行文「海軍總司令部駐台澎區專員公署」，向海軍請求協助海上緝私，他說：

> 在艦艇（海關巡緝艦艇）尚未撥到以前，擬請貴署調派小型艦艇不時在近海一帶巡緝，遇有來歷不明船隻未持海關核發證件，擅自裝卸貨物者，即將船貨一併扣留，移送本關依法處理〔註92〕。

海軍台澎區專員高如峰則以「業已呈請海總部候令遵行〔註93〕」。同年（1946年）12 月 26 日，張申福鑑於台日走私貿易日趨嚴重，再度向總稅務司李度呈請應對策略時提出四項原則：

1. 通知地方獎勵提供走私情報。
2. 應知會地方政權，對於沿岸村莊提高警戒。
3. 若有需要，請求地方駐軍協助。
4. 請求台澎地區的海軍，隨時代表海關進行海上巡邏。〔註94〕

可見，駐台海關對於海上巡緝力量的薄弱，主要尋求地方政府與海軍的協助。但是，張申福也強調：

> 目前在取得情報與實施巡邏上有實質上的困難，因爲，沒有適於航行海上的船舶，我們沒法自由行動以打擊之（按：走私）。海軍目前僅二艘砲艇，有時用於航行澎湖運輸之用，不符合我們的需求。〔註95〕

對於台灣走私的猖獗、緝私設備相對匱乏，海關總稅務司李度終於首度承諾，將派遣三艘 YTL 級、一艘 LCS 級汽艇至台南關；二艘 LCS 級也將被派往台北關〔註96〕。民國 36（1947）年 1 月 6 日李度給張申福的密函裡也提到：

〔註91〕 台南關稅務司公署呈文 Tainan No.29（16th May 1946）。

〔註92〕 台南關稅務司公署 S/O Letter No.60（26th Dec 1946），Appendiex No.1「台南關稅務司公署代電，鈔字第 83 號（民國 35 年 11 月 26 日）」。

〔註93〕 台南關稅務司公署 S/O Letter No.60（26th Dec 1946），Appendiex No.2「海軍總司令部駐台澎區專員公署代電，雄字第 2437 號（民國 35 年 11 月 30 日）」

〔註94〕 台南關稅務司 S/O Letter No.60（26th Dec 1946）。

〔註95〕 同上註。

〔註96〕 Inspectorate General of Customs S/O Letter No.78（6th Jan 1947）。

關於以九龍關為基地，進行對環台灣水域臨時性的巡緝，緝私科稅
務司現已在香港調查南方的走私情形，並與九龍關稅務司討論如此
大範圍巡緝的可能性。〔註97〕

是年 1 月 22 日，隸屬九龍關的榮星艦（C.P.S. Junghsing）赴抵基隆港，其目
的在於同年 2 月為台北關關基號（C.P.L. Kuankee）前往香港維修護航。值得
注意的是，榮星艦於 1 月 22 日赴抵基隆港外海時，在龜山島水域即發現三艘
走私機帆船，緝獲二艘；後又在高雄與安平水域緝獲二艘日籍走私船（大安
號與南雄號）〔註98〕。這樣的緝私成效受到夏廷耀與張申福的肯定，因而再
次向李度要求大型巡緝艦駐台。巡工司回答：

希望 C.P.S　Liehhsing（按：聯星艦）　能在不久將來常駐台北關（基
隆港）。〔註99〕

九龍關稅務司 G.N.Gawler（戈晷爾）〔註100〕則表示：

從榮星艦在台灣水域緝獲的走私成果來看，很明顯地，台灣需要緝
私艦艇。九龍關緝私艦艇將盡可能巡緝台灣水域。〔註101〕

不過，海關緝私艦艇駐台，則是有待民國 36（1947）年二二八事件以後才真
正落實。

　　二二八事件後，對於台民此項反抗的舉動，省署與軍方不僅冠以「暴徒」，
且懷疑是中共將對台的滲透。事變後不久，警備總司令部行文高雄港務局指出：

1. 中共近在自給自足、補充外圍口號之下，利用海面及台灣海岸線
防務空虛，以安平、高雄為基點（基隆、淡水、台中、花蓮港亦
有所聞，不及上述兩地甚）以走私為掩護，擴展對外之連絡。蓋
內地沿海與台之隔，民船風順一夕可達，長官公署今夏雖頒佈民
船出入口限制，因港灣複雜、海岸線過長，巡邏欠缺，重要各點

〔註97〕Inspectorate General of Customs S/O Letter No.78（6th Jan 1947）。

〔註98〕台南關稅務司 S/O Letter No.65（30th Jan 1947）；台南關稅務司 S/O Letter No.71
（24th Feb 1947）。

〔註99〕台南關稅務司 S/O Letter No.65（30th Jan 1947），「Coast Inspector's Comments
on Tainan S/O Letter No.65/I.G. dated 30th Jan 1947」。

〔註100〕戈晷爾，英國籍。民國 9（1920）年 6 月進入海關服務，民國 31（1942）年
4 月晉陞為稅務司。海關總稅務司署人事科編，《海關職員題名錄》第七十四
期，頁 1。

〔註101〕台南關稅務司 S/O Letter No.65（30th Jan 1947），「Kowloon Commission's
Comments on Tainan S/O Letter No.65/I.G. dated 30th Jan 1947」。

尚不能遍設憲警關卡，且能澈底執行命令者亦僅憲兵而已。高雄
雖設有港務局，因非憲兵職權所及，故走私之風仍熾；至安平為
走私策源地，前已呈報。

2. 中共以工運方式深入大小公私工廠充基層職工，並調查敵人，投
降前轉讓台人工廠及接收中散失之機器，積極提倡復工，收容失
業工人以便滲入黨羽，完成其自給自足之企圖，且依情勢之發
展，尚擬設法補充內地之新缺。

3. 台灣四面臨水，海上巡邏極關重要，似應亟籌對策或設置巡邏
船，嚴密檢查以杜奸宄，而免蔓延等。……再查我國駐日代表團，
近來常有來電謂，本省常有走私船舶赴日，被駐日盟軍總部捕
獲，往往船貨均被沒收，可知本省走私之風仍甚猖獗。……等因，
舉此，查高雄既為走私基地，自應對緝私機構強化組織。擬以當
地憲兵隊、警察菊、海關暨本局四單位合組一聯合查緝隊，各派
員若干名，常川駐隊，專任浚巡海港各口，期收行政、武力與業
務三方面相輔合作之效，並擬函請高雄縣、台南市縣、台東縣、
澎湖縣等各警察局派員專事負責蒐集情報遇有資料隨時與聯合
查緝隊取得聯絡協緝以杜私風〔註 102〕。

警備總司令部以此要求高雄港務局應強化緝私機構，並建議以當地憲兵隊、
警察局、港務局與海關等四單位合組一聯合查緝隊緝私。對於軍方的質疑與
要求，張申福除以「未便同意」函覆高雄港務局外，旋於 4 月 1 日（36 年）
再度向李度請求派遣巡緝艦艇常駐高雄港口，以增緝私效率，並杜外界口實
〔註 103〕，台南關 34 名外省籍關員甚至聯名簽署請求派駐「星」級大型緝私
艦〔註 104〕，常駐泊高雄港，撥歸台南關稅務司指揮，平時可供遠海查緝之
用，多事之秋，可搭載全體關員撤退〔註 105〕。

　　歷經駐台海關的呈請，民國 36（1947）年 6 月巡緝艦 Lienhsing（按：聯

〔註 102〕台南關稅務司公署呈文，台南字第 122 號（36 年 4 月 1 日），附件「高雄港
　　　　務局公函，雨寅馬高港字第 763 號（民國 36 年 3 月 21 日）」。
〔註 103〕台南關稅務司公署呈文，台南字第 122 號（民國 36 年 4 月 1 日）。
〔註 104〕所謂「星」級緝私艦係指海關所轄船艦中，名稱帶有「＊星艦」的船艦，如
　　　　「聯星艦」、「福星艦」等，此類船艦全長在 100 英尺以上，為海關艦艇中最
　　　　大型者，主要為海關燈塔補給艦（Customs Lights Tender 簡稱：CLT）以及
　　　　海關巡緝艦（Customs Preventive Ship 簡稱：CPS）兩類。
〔註 105〕台南關稅務司公署呈文，台南字第 123 號（民國 36 年 4 月 1 日），「聯名簽呈」。

星艦）赴抵台北關。但是，該艦卻有主管關員於同年 10 月間在沒有許可之下擅離職守，除了缺乏工作熱誠以外，可能是聯星艦必須擔任太多的燈塔工作，以及待遇問題也影響關員的工作士氣。戈畧爾即向夏廷耀建議，將聯星艦撥歸九龍關區。不過，聯星艦後來還是繼續擔任全台水域的緝私任務〔註106〕。7 月間，海關總稅務司署才調派關艇四艘配撥台南關，7 月 15 日由「福星艦」運抵高雄港，計有 U-13、HK-136、HK-152。其中 U-13 因船底破漏，機件浸壞，HK-136 抽水機失效〔註 107〕，維修後分別調派台南支關、布袋支關〔註108〕。海軍方面，歷經多次的協調，也於同年（1947 年）8 月間達成合作，台南關安排海軍第三基地司令部一艘砲艇負責巡緝布袋港──馬公港──台南外海此一走私貿易溫床的三角地帶〔註109〕。

巡緝艦艇的緝私功效是明確的，前述民國 36（1947）年 1 月至 4 月間，榮星艦本為護航關基號前往香港維修前後，前間協助巡緝台灣水域即查獲日本線走私船達 10 艘；布袋支關也因配給巡緝艇，才有劉長清緝私的卓越績效。此後，隨政府播遷來台，海關緝私艦艇亦陸續遷駐台灣，民國 38（1949）年 7 月 1 日華星艦暨該艦全體員役 54 名等調派台南關，負責巡緝工作偶兼運輸、燈塔供應品任務〔註110〕。聯星燈塔補給艦派駐台北關，另有少數關艇分駐南、北兩關〔註111〕。不過，台灣海關緝私艦艇組織隨政府遷台後才逐步建立。

（三）「具結」與機帆船管制

修訂「具結」制度，這是駐台海關針對砂糖統稅課徵問題所擬定的制度，以約束偷漏砂糖統稅的走私客。民國 35（1946）年 8 月省署取消砂糖私運的管制後，理論上，糖商得任意由台灣任一港口將砂糖運往大陸設有海關的口岸繳納統稅後進入大陸市場販賣。不過 10 月份以後，不肖之徒，對於糖稅取

〔註106〕馬公支關主任秦瑤於 36 年 12 月 1 日的報告指出：「按現台南、北關區，緝私艦艇僅聯星艦一艘及二關區新添之小艇。」台南關馬公支關代電，馬字第 119 號（民國 36 年 12 月 1 日）。

〔註107〕台南關稅務司公署呈文，台南字第 158 號（民國 36 年 7 月 23 日）。

〔註108〕台南關稅務司公署呈文，台南字第 161 號（民國 36 年 7 月 31 日）。

〔註109〕台南關稅務司 S/O Letter No.109（18th Aug 1947）。

〔註110〕華星艦主要幹部包括艦長徐震剛、代理一等駕駛員余東郊、二等三級駕駛員馬仕藝、二等三級駕駛蔣錫仲、候補駕駛施勝達、二等三級機師白兆豐、無線電報員楊永祥。台北關稅務司公署公函，北南字第 80 號（民國 38 年 8 月 29 日）。

〔註111〕王曾修，《海務年報》（台北：海關總稅務司署，1976 年 5 月）。

巧逃避之事，時有所聞，台北關於 12 月試行管制辦法，以期稍戢私風〔註 112〕。夏廷耀的管制辦法乃對於報運食糖至大陸沿海各口岸，商人必須出具具結保證，保證船貨於若干日內駛抵目的港並向該地海關報運進口，否則保證人必須負責繳納統稅及罰金〔註 113〕。這樣的作法也得報張申福的認同，隔年（1947年）1 月 13 日張申福向台南關關員的訓令指出：

> 常有不法商人以民船或機帆船報運食糖至設有海關各地，乃於結關後潛駛至未設有海關機構之區域，以圖規避統稅，影響稅收殊非淺鮮；為防杜偷漏計，嗣後凡報運食糖至設有海關各地者，應責令具結保證，於若干日內駛抵目的地向該地海關報運進口，否則須由保證人追繳統稅及罰金〔註 114〕。

這一套港口具結制度，成為駐台海關善用的制度。只是，強橫的私梟依然我行我素，全台仍有不少小型機帆船私行離港，根本不理會海關的約束。對於此類「硬走私」，海關根本無法應對，如此窘境肇因於駐台海關沒有武裝的海上巡緝艦艇。為了解決此類棘手的問題，海關於民國 36（1947）年 11 月 25日起要求商行：

> 報運白糖由民船或小汽船往國內設有海關口岸，應責令該報運人先行繳納貨價一倍之保證金，俟該貨抵達目的地後，由報運人向該地海關領具進口證明書，送由原報運地海關驗明無訛，即將原繳保證金發還之。〔註 115〕

此項規定經總稅務司署於民國 37（1948）年 8 月 11 日酌予修改：「先准予商人報運出省前往設有海關地方，責令具結保證於合理期間（30 天）運抵目的地向該地海關報運進口，並取具該進口地海關之進口證明書後以憑銷案，否則由具保人負責繳納貨價一倍充當補稅及罰金〔註 116〕」。然而這類具結措施，成效有限，仍不乏強行擅自出港的機帆船，也有具結結關後，並未向指定進口海關報關進口者。

　　整體而言，戰後初期台灣走私以私運出口為多，除部份台日走私外，以對岸大陸走私最為猖獗，而走私工具多為航行兩岸的機帆船，走私物品不外

〔註 112〕台北關稅務司公署呈文，北字第 91 號（民國 36 年 1 月 20 日）。
〔註 113〕台北關 S/O NO.59（27th December 1946）。
〔註 114〕台南關稅務司公署訓令，政字第 109 號（民國 36 年 1 月 13 日）
〔註 115〕台北關稅務司公署佈告，第 136 號（民國 37 年 8 月 17 日）。
〔註 116〕台北關稅務司公署佈告第 136 號（民國 37 年 8 月 17 日）。

稅率高或列入管制的商品。比較特殊的是，因為省方實施嚴厲的出口貿易管制政策，包括米、砂糖等粗重的大宗物資，也成為商人走私的物品。官方的對策，因海關與省署貿易政策的落差，以及海關部署與設備的不足，使得走私風熾。直至民國 36（1947）年 7 月以後，海關總稅務司署陸續調派巡緝艇駐台，海上緝私成效對於走私給予相當的打擊。全面迫使兩岸機帆船走私式微的主要原因，則是民國 38（1949）年 6 月，以台灣警備司令部、保安司令部為制高點的全台港口戒嚴體系之建立，軍、警大量介入全台港口的監控，復以頒發懲治走私條例（民國 38 年 3 月 11 日公布實施），給予走私者嚴厲的警惕，機帆船走私才在維護國家邊境安全的前提下，銷聲匿跡。民國 40（1951）年台灣省機帆船商業同業公會聯合會，向省府提出陳情指出：

> 機帆船同業，自 39 年 5 月份，因省內外貨運稀少，多數船隻無力修理廢棄沉沒，截至目前止，尚堪營運之大小機帆船總數不及一萬總噸。由於同業間互相競爭，跌價攬貨，致大多數同業陷於不能維持之境，如不加強組織則所有機帆船將由停航而趨於破產。為挽救當前危機，並確謀同業之互動生存，特組織台灣省機帆船商業同業公會聯合會運輸聯營處，擬具組織章程，並請政府在該聯營處成立後，對於不參加者予以取締。〔註117〕

相較於戰後初期航行或走私兩岸貿易的盛況，機帆船貿易至此徹底劃上休止符。只是高關稅、高管制仍是政府對外貿易的主要政策，走私也就只會轉型，絕不會終止。

第二節　戒嚴時期的走私問題與對策

　　民國 38（1949）年底以後，政府以戒嚴法在台建立邊境安全體系，結合人民出入國境管制、金銀外匯管制、高貿易管制與高關稅等四項，構成一種嚴厲限制人民、金融、貨物流通的「準海禁」的半封閉體系。這個半封閉體系在於避免物資外流、儘量降低不必要浪費的「節流」政策，而邊境安全體系、金銀外匯管制、高貿易管制與高關稅等即為最重要的節流機制。其實，節流機制也嚴重扭曲體系內外商品的價格，對於投機者恰是暴利。問題是：港口被封鎖了，人民出入境也被嚴格限制，如何以正當的理

〔註117〕海關總稅務司署訓令第 641 號（民國 41 年 4 月 26 日）。

由來突破層層的監控？那就是漁夫與船員。漁夫以捕魚爲藉口、船員則以在商輪工作爲媒介，得以進出半封閉體系的邊境，伺機走私進口商品牟取暴利。那麼走私從何而來？依據台灣省警務處民國 39（1950）年 8 月 2 日經濟情報提到：

1. 近來因禁止進口物資，由於來源及存底枯竭，市價奇昂，若干私梟悉由香港走私經由金門來台，利用國內物資，不屬禁例以蒙蔽海關及緝私機關之檢查。

2. 近來私酒充斥於市，據悉洋酒係來往台港輪船船員夾帶進口。

〔註 118〕

情報顯示，香港爲私貨的來源地。二次大戰後香港經濟復甦迅速，由於中國重建的需要，香港的轉口業非常蓬勃，使得貿易總額很快超越戰前的最高水平，工業生產也漸次恢復。她是英國統治下的自由港，開放性大而本身的經濟體積小，特別容易受到外來因素所影響，且與中國有著密切的關係。戰後中國局勢的發展，使得香港出現重大的經濟結構變化。韓戰爆發，中共加入戰局，聯合國隨而對中國大陸實施禁運，使香港的轉口貿易蒙受極其嚴重的打擊。香港爲打開困局，乃不得不走上工業化之途，製造業生產總值的比重提升了一倍，特別是紡織業，至五十年代有著快速的發展〔註 119〕。相對於採取嚴屬的菸酒專賣與關貿管制政策的台灣，香港新興的輕工業產品、免稅菸酒製品，乃至由大陸轉運的特產與中藥材，均爲私梟賺取價差的天堂。民國 51（1962）年國家安全局提供海關之「緝私問題之研究」資料也顯示，香港線走私相當嚴重。其走私的方式，依據台南關稅務司王文舉（Wang Wen Chu）〔註 120〕的報告，約可分爲「船員走私」、「漁船走私」、「蒙混走私」、「旅客帶貨」等四種〔註 121〕。

再者，走私必須要有資金，然台灣自民國 38（1949）年 6 月發布「台灣

〔註 118〕海關總稅務司署訓令，第 187 號（民國 39 年 8 月 17 日）。

〔註 119〕王賡武，《香港史新編》（香港：三聯書店，1997），頁 295～301。

〔註 120〕王文舉，遼寧省人。民國 13（1924）年 7 月進入海關服務，二次大戰結束後奉命接收瀋陽關，後爲瀋陽關代理稅務司（民國 35 年 4 月），因執行海關復員工作卓著勤勞，民國 36（1947）年 3 月由總稅務司署呈奉行政院頒給執行復員工作人員獎狀，民國 43（1954）年來台調任台南關（副稅務司），後成爲台南關稅務司。海關總稅務司署人事科編，《海關職員題名錄》第七十四期，頁 3、4、297。

〔註 121〕台南關稅務司公署密呈，密字第 42 號（民國 52 年 1 月 9 日）。

省進出口貿易及匯兌金銀管理辦法」，形成金融外匯、貿易管制與高關稅等三合一的控制體系，黃金、白銀與外匯一律禁止買賣，且出口所得外匯 20％結售台灣銀行換取新台幣，80％亦僅能換得「結匯證明書」。因此，如何將購買私貨的資金輸出，也是走私的重要手段。

一、走私模式

民國 40（1951）年 1 月 18 日漁船「瑞滿號」向台南關台南支關申報載冰往馬公捕魚，經關員上船抄檢，卻在船長、船員身上，船長駕駛室窗戶夾層中及油櫃底夾層中，抄出金條 18 條、金手鐲 5 個、金鍊 4 條、金戒指 19 隻、金耳環 1 付、碎金塊 10 塊、金飾 2 片，均匿藏不申報，且未帶有捕魚工具，而所備食米 370 公斤、炭 140 公斤、燃油 8 桶，台南關均認為超過普通捕魚用量。因此台南關以：

> 顯係藉捕魚為掩飾，以遂其私運黃金出口之企圖，依照「台灣省進出口貿易及匯兌金銀管理辦法」第十八條，及「海關緝私條例」第十四條、二十一條之規定，將船貨悉予沒收。〔註122〕

「瑞滿號」船主方固爵不滿台南關之處分，乃向海關提出異議，後經關務署裁示：

> 「台灣省進出口貿易及匯兌金銀管理辦法」第十八條原規定本省境內人民所有金銀外幣准許持有，但除照第十九條之規定外，不得攜帶出境。本案具請求書人俱屬澎湖縣民，澎湖又在本省境界以內，以澎湖縣民攜帶金塊、金飾由台南返回本籍原屬情理之常，且亦法之所許，究未得謂為違反上項規定。台南關援引上項條文，所謂沒收處分，未盡恰當，所以被扣黃金應予發還。至於本案瑞滿號漁船向關申報出海捕魚，惟未帶有漁具且擅載搭客，並攜帶超額糧食及燃料顯係違反「修正海關管理航海民船航運章程」第十三條所載：「漁船不得經營貿易，違者即將船貨充公」之規定。原應照章將船貨悉予沒收，惟念漁民無知且案屬初犯，姑與從寬議處，科罰該漁船船長新台幣陸仟元，以示儆懲。〔註123〕

〔註122〕海關總稅務司署訓令，第 457 號（民國 40 年 8 月 6 日），附件「財政部關務
　　　　署決定書（關評台 40 字第 11 號）」。

〔註123〕同上註。

方固爵不服，乃向行政法院提起行政訴訟，行政法院判決，將原決定關於罰金部分撤銷結案〔註124〕。這個案件以常理判斷，漁船沒有攜帶金條18條、金手鐲5個、金鍊4條、金戒指19隻、金耳環1付、碎金塊10塊、金飾2片等為數不少貴金屬的道理，應為漁船洋裝捕魚走私貴金屬出境，試圖至香港易貨闖關的走私案件。

民國42（1953）年11月10日自香港駛抵高雄港的海福輪，13日晚8時海關人員於技工施能俊床頭之皮箱內發現澳造金條20根、重3.75公斤。施俊能指出該批黃金乃：

> 8月間，母親由匪區逃至香港，決定轉台居住，其兄長施能湖在菲律賓經商，委託在香港堂叔施性輝匯兌港幣3萬元，作為在台購置房屋，供母親住宿兼作生活費用。我於10月26日領到港幣3萬後，於11月5日向永亨銀號購買黃金澳條計100萬兩，分開發票兩張。該項黃金購得後，即全數偷入海福輪內，暗藏於自己臥室中船板下，避免香港關員檢查。迨至10日午後，船抵高雄碼頭，關員上船檢查，亦未發現。當時我因機器間工作繁忙，且不諳黃金進口需要辦理報關手續，故未列報。及至晚上，我將黃金從船板下取出，放置皮箱內，正欲攜帶上岸，不料船上值夜勤之沈關員，竟誤會為偷運出口之物，予以扣押沒入。〔註125〕

施俊能不服氣提起異議乃至行政訴訟，他強調「近年以來，香港金價低於台灣，未聞有人以高價買得黃金，倒流入低價之地〔註126〕」。表示此批黃金乃由香港進口，並非由台灣走私出境。

問題是：黃金為准許報運進口之物，而禁止出口，經常航行於台港間之船員，無不知曉。既然黃金是由香港帶入台灣，施俊能何以干冒風險匿而不報？海關因而認為：

> 香港金價低於台灣，固屬事實，若為保值圖利，自可公開報運進口。若謂因而沒有偷運出口之可能，則政府也就無須禁止出口之必要。查自香港購貨偷運進口，其外匯之來源，自以美鈔、黃金等運現出口為大宗。金、鈔出口，私貨進口，早成惡性循環之現

〔註124〕海關總稅務司署訓令，第527號（民國40年11月15日）。
〔註125〕海關總稅務司公署令，第1269號（民國44年1月15日），附件「行政法院判決書」。
〔註126〕同上註。

象。〔註127〕

施俊能答辯稱：

> 因金銀外幣黑市與官價差額甚鉅之故，唯恐登記有案，即不能依黑
> 市計值，誰肯報關登記。姑勿論當時未報關之原因何在，不能以此
> 遽認定為出口之物。……至於自港購貨偷運進口，其所需貨款，大
> 都出於套匯，若以高價之黃金，冒萬險偷運至低價之地脫售，供購
> 貨所需，世無如此愚蠢之人。〔註128〕

顯然兩造各有說詞。行政法院要求施俊能提出永亨銀號發票及施能湖之信件為
證，惟施俊能逾半個月才提出，且該永亨銀號之發票竟為鉛筆書寫且無戳記，
而且香港除工業用金外，對於黃金之販售，管制甚嚴是為事實。只是既為偷運，
何以該項發票竟開抬頭記明施俊能之姓名。行政法院也要求施俊能提供其與母
親、兄長通訊信函，以及其母親申請入台居住之資料參考。惟施俊均以「遍
檢信函無著，是否丟失，亦難懸揣」為由搪塞。行政法院認為施俊能關於事實
上之主張，既難採信為真實，從而本於主張所為之請，亦難謂為有理由。後以
「原告之訴為無理由」，予以駁回〔註129〕。施俊能的案子，點出船員走私的模
式，亦即如同漁船走私一樣，將外匯、金銀走私出境，於香港換取管制品後再
偷運進口。而且不乏集體與連續走私，如海福輪水手楊湧平應該就是這類人物。

　　楊湧平與施能俊同為海福輪船員，前述的案子中，台南關檢查關員亦即
跟蹤手提皮箱的楊湧平至施能俊房內〔註130〕，才查獲大量走私黃金。楊湧
平與施俊能可能是一夥集體走私，不僅如此，楊湧平還是慣犯。民國46（1957）
年7月18日，楊湧平聲稱受香港居民姚樹勳之託，攜帶黃金73條重13,796.78
公克、白金16塊重1,202.06公克，交予在台之姚嘉荐。只是，楊湧平將是
項貴金屬匿藏於該輪之電報員室上層夾壁內，為台南關關員查獲予以沒入
〔註131〕。楊湧平表示：

> 黃金、白金不限制入口，且姚嘉荐係仰光歸國華僑，依華僑回國投

〔註127〕同上註。
〔註128〕海關總稅務司公署令，第1269號（民國44年1月15日），附件「行政法院
　　　　判決書」。
〔註129〕同上註。
〔註130〕同上註。
〔註131〕海關總稅務司公署令，第2376號（民國47年4月28日），附件「行政法院
　　　　判決書，判字第12號」。

資條例第三條第一款，亦得以之爲投資之種類，准予輸入。〔註132〕
從楊湧平的辯白來看，也是施能俊的走私模式雷同，均爲台、港兩地貴金屬
的走私案例，且以兩者同爲熟識的船員來推測，背後不排除有台、港兩地的
大金主在操控此類走私。

其實以台南關所緝獲的資料來看，走私貴金屬出境的案子不少。民國 41
（1952）年第三季，台南關對出口船舶所檢查的 53 艘中，查獲 6 起金銀及外匯
走私出口案件，其中於 9 月 1 日抄獲「利來輪」私藏黃金 36 條，計 300 市兩值
新台幣 25 萬餘元〔註133〕，又 9 月 4 日查獲「國際輪」私藏白銀 31 公斤；民
國 50（1961）年 8 月 21 日查獲興中輪船員施文科匿報黃金 50 條（250 台兩），
價值 495,000 元〔註134〕。這些爲數可觀的金銀走私出口，多用以購進高關稅物
品或走私進口奢侈品、管制品，以圖獲高額的利潤。至於走私匿藏的方式，五
花八門，初步整理檔案資料如表 6-9 所示，多數利用船上各式空間如機艙、儲
藏室，或匿藏特製的密穴，甚至廚房內食鹽中、船員室肥皂塊內。其中以永芳
興業工廠最爲特殊，不僅不是船員，其設計走私的方式也相當特殊。

永芳興業工廠（業主：葉奇炎，廠址：高雄縣岡山鎮前峯路 13 號）於民
國 46（1957）年 2 月 11 日委託永大報關行報運麥芽糖 230 箱出口，同日進存
出口聯鎖倉庫，12 日向德茂行申請艙位訂裝海生輪出口，欲運往香港，經德
茂行簽發海生輪第二號裝貨單。當日（12 日），該批貨物被海關抽中查驗，永
大報關行轉知貨主眼同查驗〔註135〕，至 15 日晨報關行復稱，貨主不克前來，
且欲將原已簽發之台銀結購出口外匯證明書及海生輪裝貨單，一併索回。於
此同時，台南關以該貨主顯係情虛，未便再延，乃於 16 日洽請棧部管理處派
員到場眼同查驗，結果於 230 箱麥芽糖中，發現有 21 箱藏有銀元 4,931 枚及
銀條 192 條，其乃將銀元及銀條分別先用紙包封，再夾藏於凝固之麥芽糖中
層所設置的布包，布包內再盛木屑，包有銀元及銀條之紙包，再夾雜於木屑
之中〔註136〕，設計之巧妙，頗令人歎爲觀止。

〔註132〕同上註。

〔註133〕台南關稅務司 S/O NO.338（民國 41 年 9 月 2 日）。

〔註134〕台南關呈文，台南字第 2654 號（民國 50 年 10 月 17 日）。

〔註135〕所謂「眼同查驗」乃海關查驗貨物時，請貨主到貨物查驗現場一同檢查貨物
的意思，其用意在於避免查獲走私物品，或貨物短缺、損害時，造成海關與
貨主間的誤會。

〔註136〕海關總稅務司署第 2027 號（民國 46 年 6 月 29 日）。海關總稅務司署第 2146
號（民國 46 年 10 月 14 日），附件「行政法院判決書，判字第 50 號」。

表 6-9：船員走私貴金屬出口的匿藏方式

查獲時間	走私船員	走私物品	藏匿方式	資料來源
40、1、、6	郭鳳儀（豐原輪）	金塊三塊、戒指 4 個、銀元 74 枚	身上、電報揚聲器	台南關稅務司公署呈，第 671 號（民國 40 年 2 月 15 日）
40、1、25	金順興	金塊九塊、金鐲 1 個、金戒指 3 個，計 15.1 台兩；銀元 103 枚	廚房內食鹽中、船員室肥皂塊內、機器艙間	台南關稅務司公署呈，第 676 號（民國 40 年 2 月 19 日）
43、2、6	陸振謙（唐山輪）	金條 11 條、金塊三塊計 58 台兩	臥室內臥床抽屜下，床邊之木邊內	海關總稅務司署令第 1162 號（民國 43 年 7 月 20 日）
43、12、28	李長森、連朝進（身上）	黃金 47 條計 235 台兩	海軍碼頭之檢疫小艇該二員身上	海關總稅司署令，第 1967 號（民國 46 年 4 月 26 日）
44、5、5	洪我江（英航輪）	白銀 59 條共 64.2 公斤	機艙車軸兩側	海關總稅務司署令第 1440 號（民國 44 年 9 月 15 日）
44、5、7	英航輪（無主承認）	銀條 247 條重 292 公斤、銀圓 8,100 枚重 217 公斤	船首司多間下另設密櫃	海關總稅務司署令第 1440 號（民國 44 年 9 月 15 日）
44、6、18	莊材闊（海福輪）	黃金 41 兩	臥室床鋪下密穴	海關總稅務司署令第 1440 號（民國 44 年 9 月 15 日）
46、2、13	永芳興業工廠	銀元 4,931 枚、銀條192條共重 234.5 公斤	夾藏於報運出口的麥芽糖內	海關總稅務司令，第 2027 號（民國 46 年 6 月 29 日）
46、7、18	楊湧平（海福輪）	黃金 73 條重 13,796.78 公克、白金 16 塊重 1,202.06 公克	匿藏於該輪之電報員室上層夾壁內	海關總稅務司公署令，第 2376 號（民國 47 年 4 月 28 日），附件「行政法院判決書，判字第 12 號」。
47、5、26	蔣森（海福輪）	白金 44 塊重 3,209.55 公克、	匿藏於輪機艙土機下飛輪後	海關總稅務司公署令，第 2771 號（民國 48 年 2 月 4 日），附件「行政法院判決書，判字第 66 號」。

相關資料可參閱李文環，《高雄海關史》，附錄「1952～1966 年間走私異議案件分析」表。

　　至於走私進口方面，以管制進口的紡織品最多。民國 40（1951）年 3

月 23、及 27 二日，趙詠蘭等 9 人由香港郵寄的包裹中，被台南郵局支所查獲 11 件禁止進口之紡織品〔註 137〕。民國 41（1952）年第三季台南關對進口船舶抽檢 69 艘共抄獲私貨 32 起，其中以走私紡織品爲最多〔註 138〕。民國 46(1957)年 7 月間，台南關所拍賣的走私物品中，即以衣料最多〔註 139〕。民國 50（1961）年 8 月 5 日更發生國孚輪 39 名船員集體走私案件，走私管制物品達克龍西褲料 5,559 條約 6,950 碼，運回高雄市分批銷售，得款新台幣 872,200 元〔註 140〕。奢侈品方面，民國 56（1957）年 12 月 31 日查獲英航輪船員巧設密窩私運手錶近二千只，全部私貨價值約新台幣 299,039 元〔註 141〕；民國 47（1958）年 4 月 20 再次查獲「海洲號」船員密藏走私大批手錶 1,199 個、指甲刀 281 打、打火石 18 公斤，估計約值 50 萬元新台幣〔註 142〕。就台南關所緝獲的資料而言，如表 6-10 所示，當時走進口的商品多爲高級紡織品（絲織品、毛料、尼龍衫、西裝）、其次爲海鮮與食品、再者奢侈品與中西藥材。

表 6-10：民國 41～55 年間台南關緝獲走私物品分類統計

紡織品	中藥材	西　藥	奢侈品	汽車與腳踏車零件
561 案	99 案	85 案	136 案	9 案
日用品	食　品	海　鮮	手錶與錶帶	菸　酒
116 案	132 案	96 案	38 案	37 案

資料來源：依據李文環，《高雄海關史》，頁 444 附錄資料統計。

　　進口私貨匿藏方式如同走私金銀出口一般，將私貨匿藏船上秘密空間，伺機偷運下船。值得注意的是，如同走金銀出口一般，不乏累犯、慣犯。如僑航輪二管輪柯則恭於民國 45（1946）年 8 月 27 日被查獲走私手錶、尼龍衫時，不僅坦承不諱，且該輪船員走私累犯已達 12 次〔註 143〕。

〔註 137〕台南關呈文，台南字第 728 號（民國 40 年 5 月 8 日）。
〔註 138〕台南關民國 41 年第三季緝私報告。
〔註 139〕台南關稅務司公署呈文，密字第 8 號（民國 46 年 10 月 18 日）。
〔註 140〕台南關稅務司公署呈文，密字第 35 號（民國 50 年 9 月 18 日）。
〔註 141〕台南關稅務司公署呈文，台南字第 1791 號（民國 47 年 3 月 7 日）。
〔註 142〕台南關稅務司公署呈文，台南字第 1818 號（民國 47 年 4 月 29 日）。
〔註 143〕海關總稅務司署訓令，第 2029 號（民國 46 年 7 月 1 日）。

表 6-11：船員走私物品進口的藏匿方式

查獲時間	走私船員	走私物品	藏匿方式	資料來源
46、8、24	橋航輪	金針茱 80 公斤、海參 45 公斤、杏仁 25 公斤、胡桃仁 12 公斤，其他零星衣物、食品及化妝品等，共值新台幣 16,000 餘元		台南關稅務司公署密呈，密字第 12 號（民國 46 年 12 月 26 日）。
45、8、27	柯則恭（僑航輪二管輪）	手錶 160 隻、尼龍衫 8 件	柯則恭臥室夾板內	海關總稅務司署令，第 2029 號（民國 46 年 7 月 1 日）

相關資料可參閱李文環，《高雄海關史》，附錄「1952～1966 年間走私異議案件分析」表。

　　至於漁船走私方面，因漁船多由未派駐海關的漁港或小港口出海，海關緝獲的機會較少，因而海關檔案資料記載的案例相當少，通常洋裝出海捕魚再逕行赴抵香港購買私貨，返台後擇偏僻的海岸丟包或逕運上陸。試舉「高水一號」的案例略觀。

　　「高水一號」為高雄水產學校（後改製為高雄海事專科學校，今日之高雄海洋科技大學前身）之實習漁船，民國 40（1951）年 6 月 25 日澎湖人陳必待向高水租用出海捕魚。據陳必待供稱：「租賃契約訂定後，陳文選叫我到他家中說，他此次要僱一漁船出海捕魚，叫我高水一號漁船租給他，租金議定壹萬陸千元。」於是陳必待乃將高水一號轉租給陳文選並於 6 月 28 日由高雄港出海捕魚〔註144〕。據陳必待供稱：

> 船航行至途中，立約人陳文選和另一人名稱林金周反稱叫我船速轉駛香港買貨，否則船租不給等情。我因船已駛在途中無法移逸（按：只好接受）。7 月 5 日至香港，林金周、陳文選即上岸購買捲煙紙四十綑（計 400 盤）、女用絹料布十二綑、味之素四打。在香港於 7 月 10 日返台，13 日回到東港線尾上岸起貨由陳文選、林金周二人運走，藏在何處我不明，林金周的船租只給我壹萬元，還欠我六千元〔註145〕。

〔註144〕船長陳必待、機關長吳春風、船員吳丁疊、塗清風。陳必待為澎湖望安鄉中社村人，吳春風、吳丁疊、塗清風均為澎湖籍高雄市人（住鼓山區）。
〔註145〕台南關稅務司公署呈文，台南字第 824 號（民國 40 年 11 月 27 日）。

陳必待並指出本案與卓秋彬、梁志深有關。經卓秋彬供稱，陳文選、林金周係本案主持人，卸貨時除陳、林二人外，尚有股東黃石賢、廖德樹、蔡進財、卓秋彬等六人將貨運至田中鎮分別轉售，或再由梁志深、詹進發、林世斌、陳懷德、魏玉參、簡火輪、徐朝窗等購買轉售。同年7月30日在東港被高雄市警察局緝獲〔註146〕。這個案例應是以林金周、陳文選為首的集體籌資走私，而由台灣較為偏僻的小港口登岸卸貨的案例。民國41（1952）年5月16日「東龍號」漁船打撈廢銅、走私至香港，再走私花布進口的案例〔註147〕，則是比較特殊。此類漁船走私案件均為軍警單位查獲，私貨移送海關所留下的紀錄。

　　此階段台南關緝獲最高走私金額案件，乃民國46（1957）年6月11日緝獲的輪船與漁船的「聯合走私」。民國46（1957）年6月11日台南關接獲密報，拋錨在港口外的華興輪，由香港載運私貨回高雄，計畫利用漁船「公卿號」中途接駁私貨進港，企圖躲避海關檢查：

> 下午8時許，在港口瞭望之關員果見漁船「公卿號」駛出港口。至次日凌晨，港口宵禁解除，台南關派巡緝艇「關型」號駛出港口將「公卿號」于以攔截，在其魚艙內查獲私貨98件，包括手錶5千餘只、毛西裝料5,900餘碼，即此二項，初步估計約新台幣370萬元以上〔註148〕。

「華興輪」船員與「公卿號」聯合接駁走私案，乃戰後海關緝獲船員利用漁船接駁走私的首樁案例。

表6-12：民國40至49年間台南關各單位緝獲走私案情形
　　　　單位：新台幣元

	抄船緝獲（%）	海上巡緝	移交案（%）	驗估緝獲（%）	總務課	合　計
1951 第四季	102,170.26（43）	0	109,382.36（46）	22,594.19（9）	1747.82	235,894.63
1952（3～4季）	528,958.05（51）	40,899.78	403,704.63（39）	69,187.23（6）	0	1,042,749.69
1953（2～4季）	637,427.19（43）	0	553,583.56（37）	301,608.95（20）	0	1,492,620.15

〔註146〕台南關沒入之高水一號，改按台南關現估價新台幣8,000元之半額，由台灣省立高雄水產職業學校備價購回台南關稅務司公署呈文，台南字第824號（民國40年11月27日）。海關總稅務司署訓令，第1127號（民國43年6月21日）。
〔註147〕海關總稅務司署訓令，第852號（民國42年4月15日）。
〔註148〕台南關稅務司公署呈文，台南字第1638號（1957年6月17日）。

1954 （1～4季）	2,059,941.34（68）	0	408,313.82（14）	388,528.64（13）	0	3,012,383.8
1955 （1～4季）	1,899,160.66（47）	566,150	994,080.57（24）	611,517.65（15）	0	4,070,898.92
1956 （1～3季）	1,645,947.11（67）	0	484,715.92（20）	324,605.8（13）	0	2,455,268.83
1957 年第四季	1,043,308.82（69）	0	194,683.23（13）	263,782.98（17）	0	1,501,775.03
1958 年第一季	1,509,459.89（69）	0	708,00.65（3.2）	616,673.57（28）	0	2,196,934.11
1960 年第一季	2,436,249.92（69）	546	314,797.04（9）	364,279.88（10）	437642	3,553,514.84

資料來源：台南關緝私報告1951～1960年各期。　註：因部分緝私報告遺失，僅就現存
資料統計。李文環《高雄海關史》，頁329表5～11。

整體而言，從台南關年度的緝私報告來分析，從民國40（1951）年至49（1960）年間，歷年由抄船緝獲的走私案件最多約占43%～69%；其次為移交案，最高為民國40年占46%，然後逐漸減少，民國46（1947）年以後，由海關驗估緝獲的走私案取而代之，如表6-12所示。抄船緝獲的案件乃船舶靠岸後，海關檢查關員上船抄檢所獲，應該都為船員走私案件；移交案則多如「高水一號」、「東龍號」此類由軍警單位所緝獲，可能多為漁船走私案件；至於驗估緝獲，則如永芳興業工廠走私白銀出口案，是由海關驗貨或估價人員查獲匿報私貨，或匿報稅則的走私案件，這類案件多為狡猾的進出口商所為，此類案件隨港口進出商品大量增多，海關人員無以應對，往往不易查獲，其實可能是隱藏的最龐大走私者。不過，僅就緝獲數字而言，高雄港的船員走私案件最為嚴重。

表6-13：民國55至65年間海關緝獲走私案件

年　度	海關自行緝獲		治安機關移交		合　計
項　別	件　數	比　例	件　數	比　例	合　計
55	5,219	83.85	1,005	16.15	6,224
56	5,445	83.63	1,066	16.37	6,511
57	6,278	86.74	960	13.26	7,238
58	6,377	84.92	1,132	15.08	7,509
59	6,484	85.9	1,064	14.1	7,548
60	7,818	89.02	964	10.98	8,782
61	7,474	90.97	742	9.03	8,216

62	10,462	93.86	684	6.14	11,146
63	13,227	94.10	829	5.90	14,056
64	9,921	91.18	960	8.82	10,881
65	11,107	93.54	767	6.46	11,874

資料來源：財政部關務署、財政部海關總稅務司署編印，《關務年報》（台北：編者自印，民國 66 年 8 月），頁 48。

　　再以海關整體的緝私資料來看，直至民國 55～65（1966～1976）年間，海關自行緝獲的案件比例在 84%～94.10%之間，如表 6～13 所示，這類應包含抄船、驗估與海上巡緝三類緝私案件，可惜沒有進一步的分類統計數字來分析。但是，以台南關的經驗來類推，船員走私應該也是最嚴重的問題。

二、海關的對策

（一）漁船走私的對策

　　漁船走私不是始於民國 38（1949）年以後才有，早在民國 36 年 9 月 19 日，台北關即針對漁船走私提出警告與對策：

> 凡漁船不得兼營貿易，違者一經查扣即將船貨一併處分充公。本港漁船眾多，邇來曾疊經發現利用漁船潛行駛往日本、琉球或其他地域私運進出口貨物情事。茲為嚴密管制起見，特制定「漁船進出港登記冊」一種，所有漁船戶應自即日起前來本署監察課申請登記，編列漁船號碼……該項登記手續須於本月底辦理完竣。自本年 10 月 1 日起所有漁船均須於進出口時持該項登記冊，視漁船停泊地點，近向本關三沙灣支所或和平島支所報請查驗，經關員於該冊上簽註後始准卸落漁獲物或開駛出港，並嚴禁載運漁獲物以外之貨物，否則一經查獲，定即依法嚴辦。〔註 149〕

只是，隨機帆船走私式微後，漁船成為走私的主要交通工具。

　　漁船機動性大、馬力強，出海捕魚理由正當，為了監控漁船的進出，民國 38（1949）年 5 月 17 日，台灣省警備總司令部以戒嚴令第三條第六項頒佈「戒嚴期間台灣省港口船舶管理辦法」，將台灣分港口為國際港、省際港、省內港、遠洋及近海漁業港、沿岸漁業港、鹽業港等，將全台港口分級納入控管，並且將航行省際以下之國內船舶，整編成水上保甲的聯保體系，從空

〔註 149〕台北關稅務司公署佈告第 89 號（民國 36 年 9 月 19 日）。

間、人事與交通工具上達到全面性的監控。此類船舶須經台灣省農林處及各縣市政府登記為漁業執照之動力漁船，並由上述單位依其所在港籍編配水上保甲辦理聯保手續，發給船籍牌證，並在船頭油漆顯明標記，以資查驗。此類漁船，除澎湖縣內各暫准搭客外，其他各港概不准搭載客貨，違者以違反戒嚴令交軍法懲辦，其進出港口亦應於指定地點接受聯合檢查處之查驗（第七條）。

　　此類走私若從成本考量來看，往返香港一趟的糧食、油費所費不貲，所以往往走私數量較為龐大。因為數量大、目標明顯，必須逃避各單位的檢查。海關駐守侷限於基隆港、高雄港、安平港、台北機場後，其陸路查緝關員對於漁船走私的約束能力大為降低，這也是漁船走私常是接獲密報，或是由警察機關緝獲的主要原因。除此之外，海關僅能從海上以緝私艦艇予以打擊。

　　民國 38（1949）年底，隨政府遷台，由九龍關撤退來台的海關緝私艦，計有鴻星艦、運星艦、德星艦、榮星艦、海寧艦、海威艦等，後僅留鴻星、運星兩艦供海關使用，其餘四艘連同台南關的華星艦於民國 38（1949）年 12 月借給東南軍政長官公署使用〔註150〕，以供緊急物資的運輸。12 月 29 日移交「榮星艦」與「德星艦」轉交海軍總司令部，隔年（1950）元月 4 日再將「華星艦」、「海威艦」、「海寧艦」轉交台灣防衛司令部使用，至民國 39（1950）年 5 月以後，才陸續歸還海關〔註151〕。民國 40（1952）年以後，運星艦、華星艦、海寧艦、海威艦交由台南關〔註152〕；鴻星艦、德星艦、榮星艦則由台北關使用。但是因先前已遣散水手，人員不足，復以歸還之巡緝艦損壞相當嚴重，暫時無法修復使用。台南關方面，僅留運星艦出勤，其餘支派水手 8 名看管〔註153〕。何以如此？台南關稅務司黃國材指出：

　　運星艦一艘之每月費用，即占本關區全部開支百分三十九以上，負擔已屬甚重，且三艦修復而不用，誠恐再為其他機關所徵借。即就三艦本身而論，華星已逾齡，況發動有賴燃煤，出航前 24 小時通知

<hr>

〔註150〕台北關稅務司公署呈，北字第944號（民國39年12月4日）。

〔註151〕海寧艇後來續借至民國40（1951）年12月31日。海關總稅務司署訓令，第131號（民國39年5月11日），附件「財政部指令，台財關（39）發第0943號」：台南關稅務司公署呈，台南字第670號（民國40年2月15日）。

〔註152〕台南關稅務司黃國材指出，民國40（1951）年防衛司令部交還華星艦、海寧艦、海威艦時，三艦之損害頗為嚴重。

〔註153〕台北關稅務司公署呈，文號不清楚（民國40年3月21日），附件「台南關稅務司簽呈（民國40年3月27日）」。

方可使用，每多緩不濟急，海寧、海威之機器零件又不易購得，海寧失修尤甚，在修復保養上皆大有困難，且經費上爲一重大負擔。是以如目前仍有增加艦隻之需要，職以爲應擇三艦中較好之一艦先行修理。〔註 154〕

以台南關爲例，主要有運星巡緝艦及關型巡艇四艘擔任，除巡艇一艘駐安平支所擔任附近沿海巡緝工作外，其餘三艘皆駐高雄總關，與運星巡緝艦分任遠、近洋之緝私任務。巡緝艦艇每次出海皆得按規定由聯檢處發給國防部規定之一般船隻識別信號，之前由港口司令部核發，隨時可領，後以該部撤銷，改由聯檢處核發。依據台南關的報告指出，聯檢處常以已過辦公時間，或主管人員不在，而有所延誤，以致雖有走私密報而不能出海，使得台南關艦艇緝私工作遭到阻礙〔註 155〕。民國 41（1952）年 2 月 11 日台南關巡緝組監察長張鐘聲即表示：

> 本月（2 月）9 日晚 9 時，本課夜勤職員轉來台南支關來電稱，據密報有漁船一艘將於本晚 12 時許，由香港走私來台，抵灣裡附近海面卸貨，因駐台南支關關艇 HK～136 號機件失靈正在修理中，轉請總關派艇出海巡緝，當即將以上情形報告組監察長徐（按：徐震能）。同時召集船員、關警等準備駕關型關艇出巡，旋奉總監察長命即刻出港。……（並）填寫聯檢處申請信號表格於下午 9 時 45 分持往該處申請，遇值勤張君持交。張君稱：茲奉命海關及港務局公務船隻出入港，均應檢查，現時已近十時，本處無值勤人員可派，在未檢查前，信號未便照發。……〔註 156〕

顯然聯檢處與海關，在緝私協調工作上出了頗大的成見，對於急需機動性的海上緝私，也就有所延誤。總之，船隻老舊、經費負擔重、艦艇船員不足、維修不易，以及緝私單位間的協調問題，均爲海上巡緝艦艇所必須克服的問題，這影響巡緝艦艇的緝私能力。

大體上，遷台後海關以聯星艦、福星艦負責燈塔補給任務，鴻星巡緝艦、運星巡緝艦、華星巡緝艦、海威巡緝艦、海寧巡緝艦負責海上緝私任

〔註 154〕台北關稅務司公署呈，文號不清楚（民國 40 年 3 月 21 日），附件「台南關稅務司簽呈（民國 40 年 3 月 27 日）」。
〔註 155〕台南關稅務司公署呈，北字第 907 號（民國 41 年 5 月 1 日）。
〔註 156〕台南關稅務司公署代電，元字第 1739 號（民國 41 年 2 月 15 日）。

務，以若干關艇維持港內之運輸與檢查。後以各該艦艇均已逾齡，除運星及鴻星兩艦外，其餘陸續淘汰。民國53（1964）年2月6日新建關艇「關章」號完成，是為海關在台灣新建之第一艘艦艇。民國57（1968）年間，海關總稅務司署為解決船員走私問題再度向關務署反映：建造緝私快艇加強近海查緝〔註157〕。不過，直至民國63（1974）年訂定「海關汰換及增添艦艇五年計劃」，海關陸續汰換巡緝艦挺，至民國65（1976）年間，海關艦艇共有四十艘，如表6-14所示。

表6-14：民國65年海關現有艦艇統計表

	燈塔補給艦	巡緝艦	巡緝艇	關艇	合計
總署海務處	1	--	--	1	2
基隆關	--	2	2	8	12
高雄關	--	2	2	20	24
台中關	--	--	--	1	1
蘇澳支關	--	--	--	1	1
總　　計	1	4	4	31	40

資料來源：《關務年報》（66年），頁91、表7-3。

　　由海關的海巡組織的發展來看，政府遷台後的20年間，在外海與海岸巡緝上，僅汰換原有遷台的老舊巡緝艦與巡緝艇，此類緝私能力較強的艦艇完全沒有增加，倒是新建不少關艇。只是，關艇僅能擔任港口內巡邏兼負工作人員的運輸，緝私效能並不大。高雄關關艇達20艘，在於高雄港水域遼闊，港內巡邏與關員登輪或至各碼頭檢查，均有賴關艇的接送。因此，海巡部署，僅以基隆關（即先前之台北關）與高雄關（即先前之台南關）所負責的南、北海域，各部署二艘緝私艦，其餘多為配合港口運作的關艇，顯然，政府對於海關海上緝私並未特別重視，當然影響查緝漁船走私的績效。

（二）船員走私的對策

1. 船員的問題所在

做為私梟或捎客的船員，其得以獲得走私黃牛的青睞，主要因素在於時

〔註157〕海關總稅務司署呈，（57）台緝發第058號（民國57年9月11日）。

代賦予船員空前的優勢地位。政府遷台前後，實施一系列的人員出境管制措施，使得船員成為少數得以常常進出國境的人員之一。民國 37（1948）年 5月 10 日政府公布實施「動員戡亂時期臨時條款」，民國 38（1949）年 5 月 20日起台灣全省實施戒嚴，隨之 5 月 27 日台灣省警備司令部頒佈戒嚴時期法令，禁止非法行動，管理書報，非經許可不准集會結社，禁止遊行請願、罷課、罷工、罷市、罷業等一切行動。5 月 28 日更頒佈「出境登記辦法」嚴格管制人民的出境。民國 39（1950）年 1 月行政院公佈總體戰動員綱要，對在台人員與物資進一步的管制。當時台灣的經濟還很落後，加上出入境的嚴格管制，能夠出國旅行的人絕無僅有。為此，政府為防範單幫客走私，規定出境旅客每人僅可攜帶黃金飾物之總量不得超過 2 市兩，國幣總值不得超過美金 200 元為限，否則沒入〔註 158〕；而入境旅客所攜帶自用、家用行李，應稅物品總值不得超過美金 500 元，其中包含禁止進口與管制進口物資總值不得超過美金 50 元（未成年人減半）〔註 159〕，自日本、香港、澳門來台者，應稅自用行李總值以美金 250 元為限〔註 160〕。

初期對船員的管理，台灣省政府並無定見。不過，海關一向嚴以待之。民國 39（1950）年 11 月間，台北關稅務司張申福認為：

> 由國外進口輪船船員攜帶應稅物品，海關向係懸為屬禁，蓋船員並非旅客身份，食宿均在船上，自無每次攜帶行李之必要，……按照「船隻進出口呈驗單照規則」之規定，……除船長外，不准將貨物發交其他任何船員，至於船員自用不起岸之私人物件，亦應列入航海輪船應用食物及雜物清單內，以資核對。所有船員欲行攜帶上按之私人品及代人攜帶之物品，自應託交船長辦理列入艙口單，以憑報關完稅，倘若私攜上岸，一經查獲即予沒收充公。
> 〔註 161〕

可見，海關對於船員的管制是以最嚴厲的措施對待。民國 39（1950）年交通部對於船員攜帶物品問題決議：

> 海員攜帶物品應限於私人行李，可比照旅客辦法申報海關查驗後攜帶上岸，但以一次為限，其查驗時間以在旅客下船完畢後行之。

〔註 158〕台南關稅務司公署訓令，政字第 830 號（民國 40 年 5 月 8 日）。
〔註 159〕台南關稅務司公署訓令，政字第 806 號（民國 40 年 2 月 19 日）。
〔註 160〕台南關稅務司公署訓令，政字第 840 號（民國 40 年 5 月 19 日）。
〔註 161〕台北關稅務司公署呈文，北字第 930 號（民國 39 年 11 月 22 日）。

〔註 162〕

對於此項作法，台北關稅務司張申福〔註 163〕認爲：

> 無形中，似於每船每次正當入境旅客所帶自用應稅物品准予稅放之
> 外，另行開放其與該船船員數目相等之變相旅客，亦准其攜帶相當
> 數量之應稅（包括暫停輸入及禁止進口）物品進口，不特有失旅客
> 行李之意義，且執行上易起糾紛致滋流弊，故對上開決議，未便贊
> 同〔註 164〕

且船員依然往往與商人勾結，私運暫停輸入及禁止進口物品入境，以化整
爲零之方式，陸續私帶下船，轉售各商店，或集合後運往台北銷售。民國
39（1950）年間，台灣省警務處曾經在基隆七堵及基隆港西街一帶，緝獲
船員走私之私貨 24 批〔註 165〕。而事實的發展上，一如上述有關船員走私
之嚴重，海關堅持對船員採取嚴屬的管理政策不無道理。嚴格限制船員入
境攜帶自用品入境外，並且進一步要求輪船公司出具常年保證書，主要內
容有二：

> 1. 各船每次行駛至少應有一次之嚴密檢查有無私載……走私貨
>   物，如查有上項貨物應於開抵第一口岸時，呈繳該口海關核辦。
> 2. 所有前項物品，如船員未經查出而爲海關發覺者，具保人願照違
>   犯關章聽憑處罰。〔註 166〕

亦即輪船公司必須連帶保證船員，負起監督船員的責任，其目的在藉公司之
力以制止船員走私。民國 39（1950）年 8 月 5 日海關罰則評議會指出：

> 中華民國輪船商業同業公會全國聯合會總聯字第 82 號代電一件，爲
> 益詳輪船公司福祥輪，因船員走私欠納罰鍰無力代付，海關不予結
> 關，電請轉飭通融處理，並對今後同樣事件，併乞逕飭走私船員自
> 行繳納免予責成輪船公司代付。〔註 167〕

船員走私連帶處分輪船公司的作法，使得正派營運的輪船公司不滿。海關總

〔註 162〕交通部代電交發航（39）字第 06965 號；台北關稅務司公署呈文，北字第 930
　　　　號（民國 39 年 11 月 22 日）。
〔註 163〕民國 37（1948）年 10 月調任台北關稅務司，台南關稅務司由黃國材接任。
〔註 164〕台南關稅務司黃國材對此並無意見。台北關稅務司公署呈文，北字第 930 號
　　　　（民國 39 年 11 月 22 日）。
〔註 165〕台北關稅務司公署呈文，北字第 930 號（民國 39 年 11 月 22 日）。
〔註 166〕關評台（46）字第 19 號。
〔註 167〕海關總稅務司署訓令，第 192 號（民國 39 年 8 月 22 日）。

稅司對於這樣的問題，初步做出三點原則：

1. 船隻負責人業將走私船員拘送依法究辦者，除私貨沒入外，其應處罰鍰可酌予豁免或減輕。

2. 明知船員走私，船隻負責人不予告發或未據拘送依法究辦或走私人犯在逃者，除沒收私貨外，應處罰鍰仍責成該船公司負責清繳。

3. 船員走私案件應處罰鍰，以每一船隻違章次數為準，累進遞加。對於初犯案件，所處數額儘量予以減低，累犯案件，則逐予加重，以達到法定最高數額為度。〔註168〕

關務署同意第一、二項原則，對於第三項，要求「對於初犯走私船員所處罰鍰，可酌量減低至貨價一倍以下，如私貨總值未超過新台幣一千元，而案情亦非嚴重者，除貨物依法處理外，船公司應予警告，但暫免處罰，期於警戒中寓體恤之意，至累犯案件，則應依章逐予加重，以達到法定最高數額為度〔註169〕。」總之，藉由對船員攜帶物品入境的限制與輪船公司的擔保，海關期能約束船員自制。

但是，民國40（1951）年4月間，台灣省政府對船員出入境所攜帶的金銀與外匯，卻發佈依照「台灣省進出口貿易及匯兌金銀管理辦法」第19條規定，比照旅客出境每人金飾不得超過2市兩，銀飾不得超過20市兩，外國貨幣不得超過美金200元辦理〔註170〕。亦即省府的立場一如交通部，船員應可比照旅客出入境攜帶金銀與物品的規定。省府這樣的措施，當時的台南、台北二關稅務司極力反對，台北關稅務司張申福即指出：

現有定期航行香港、台灣之輪船，約每星期來回一次，每船船員以150人計，若每一船員視同旅客准其攜帶外幣、金銀出境，則每一輪船每月即可能走漏美鈔12萬元，金飾1,200兩、銀飾12,000兩、銀元40餘萬兩。〔註171〕

因此，海關堅持按海關成規，即船員隨船出境，不能視同普通旅客享有旅客待遇，除船員本身原來配有之金飾外，其餘隨身所帶之金銀外幣，應於進口

〔註168〕海關總稅務司訓令，第192號（民國39年8月22日）。
〔註169〕海關總稅務司訓令，第192號（民國39年8月22日）。海關總稅務司訓令，第221號（民國39年9月28日）。
〔註170〕《台灣省政府公報》夏字第五期（民國40年4月6日）。
〔註171〕台北關稅務司公署簽呈。收於《台南關稅務司公署呈文檔》卷10（台南字第701～800號）（民國40年4月24日）。

時由海關封存輪船上，俟出口時再予起封，亦不准另帶外幣金銀出境。海關對金銀外幣的管制是相當嚴厲的，如民國 40（1951）年 5 月 6 日，「鐵橋輪」二管輪郭幹儒、二副陳航、三副李名忠、業務主任章丕幟、大管輪李慶根、正廚鄔榮發、服務生吳水章等分別匿報 1 市兩至數市兩不等的黃金及外幣，即加以完全沒入〔註172〕。

從政策到執行，有關船員的管理，財政官員與交通、省政府意見仍有出入。民國 41（1952）年 2 月，財政部終於為「體念船員生活，並配合政府貿易及外匯管制起見」，每一船員可攜帶准許進口類物品作為自用，其價值自香港、澳門、日本、菲律賓回航者，每次以美金 10 元為限，其餘各地不得超過美金 25 元〔註173〕，飭關試辦，再據查報試辦情形及核具意見到財政部。這樣的決定，算是雙方妥協下的折衷中政策的開始。為此，海關代理總稅務司方度、羅慶祥還向關務署長表示不滿，他們說：

> 查船員攜帶物品，向屬禁例。前特許船員攜帶准許進口類物品之辦法，原為體恤船員之權宜措施，而非船員應有之權利，此為應加注意之原則。現行規定（按：指交通部前述規定），對原有之限制，業已放寬，所請修訂一節，似屬過份要求。〔註174〕

對財政部而言，在妥協中帶有試辦的性質，以尋求合理的管理措施。

民國 42（1953）年 5 月 25 日財政部再次向海關總稅務司強調：

> 船員攜帶自用物品進口，應否以「合理自用範圍」為限，抑或從寬依照規定價值限額為準，予以驗放。各方意見頗不一致，而試辦期間亦未以「自用物品」為限，嚴格執行。〔註175〕

換言之，財政部是採取逐步向從寬依照規定價值限額為準，予以驗放的態度。民國 42（1953）年 8 月，財政部對於船員出入境可攜帶金銀、物品做成決策：

1. 船員攜帶自用或在台家屬需用之物品進口，其價值自香港、澳門、日本、菲律賓、韓國、琉球等地回航者，每次以美金 10 元為限，其餘各地不得超過美金 25 元，均以原始發票價格為根據，其數量每項物品最多以一年需用量為限。

〔註172〕台南關稅務司公署呈文，台南字第 738 號（民國 40 年 5 月 30 日）。
〔註173〕海關總稅務司署訓令，第 583 號（民國 41 年 2 月○日）
〔註174〕海關總稅務司署呈文，台字第 741 號（民國 41 年 6 月 18 日）。
〔註175〕海關總稅務司訓令，第 876 號（民國 42 年 5 月 28 日）。

2. 前項物品不得含有違禁品、奢侈品及出口輸美可由經濟部發給產地證明書之物品在內，違者照章處分。

3. 船員攜帶物品進口，免辦結匯簽證手續，應由船長列入包件清單申報查驗進口。〔註176〕

這樣的決策，比試辦期間的作法，又略微放寬。試辦時，僅允許攜帶「准許進口」商品，如今雖限制「不得含有違禁品、奢侈品及出口輸美可由經濟部發給產地證明書之物品在內」，但本來不得攜帶的「暫停進口商品」卻對船員開放了，而這類商品往往是管制的高價商品如錶（稅率55%）、棉麻毛等衣服及零件（稅率 80～100%），具有高額的利潤。姑且不論漁船搶登偏僻海岸，或是船員大批私貨的「硬走私」，財政部如此決策其實賦予近洋船員，以「合理」的商品範圍，構成得以和海關關員討價還價的空間。所以，往後的發展船員走私有增無減，尤其近洋香港、日本航線的船員。如依據台灣省保安司令部的調查報告指出：

> 經常航行台日間之船隻，每次開出各船員為供作在日兌換日幣購買零星物品來台圖利之用，每一船員最少均攜帶美金20元、30元不等，按每船船員約 50～60 名，一次即有美鈔一千元偷運出境，而每月由基、高兩港開出之定期班船次數甚多，再加以不定期班船次數，估計每月兩港開出約 20 班次，每月外流美金即約在 2 萬元之譜。〔註177〕

所以，局部開放船員可攜帶物品進口，無異允許船員得以兼任「單幫客」的角色，這也就是高、港線船員常是不僅沒有固定薪資，而且要繳交船東保證金始可上船工作的原因。以高雄港為例，戰後初期航行高雄、香港定期航線的船舶約有 7 艘，包括英杭輪、僑航倫、海福輪、海生輪、泰順輪、光和輪、中孚輪等，而不定期往來高雄、香港船隻，有海洲輪、海捷輪、德和輪、興中輪等〔註178〕。這類船舶載重約只 500 噸左右，向由民營小公司組成近海聯營處負責營運，按月排定航次與班期，劃一運價，〔註179〕其中以定期航線輪船的船員走私最為嚴重。如僑航輪於民國 44（1955）年至 46（1957）年 8 月

〔註176〕海關總稅務司訓令，第 921 號（民國 42 年 8 月 15 日）。
〔註177〕海關總稅務司署令，第 1266 號（民國 44 年 1 月 13 日）。
〔註178〕台南關稅務司公署呈文，台南字第 1855 號（民國 47 年 6 月 23 日）。
〔註179〕世界華商貿易會議聯絡處、中華民國航運學會合編，《世界華商行業概況》航運年鑑第二輯，台北：中華民國航運學會，1969 年 1 月 11 日，頁 15。

間，由香港回航高雄時，被海關查獲走私達 30 多次〔註 180〕。至民國 49（1960）
年間，航行高港線船隻約有 12 艘之多〔註 181〕，最高達 17 艘之多，如隸屬福
隆航業公司的宜蘭輪（541 噸）、集豐船務行的興福輪（885 噸）、永興輪船公
司的海福輪（315 噸）等〔註 182〕。

2. 嚴厲抄船政策

在實際的查緝工作上，南北海關對於輪船檢查制度，海關通常分為「抄
班」、「行李檢查班」、「特別抄班」等，不分晝夜，分別緩急，分赴各碼頭或
機場（台北關），執行檢查進出口船貨。以台南關為例〔註 183〕，稅務司黃國材
極力要求台南關關員自律，不可知法犯法。然在黃國材擔任稅務司任內
（1948、10～1955、10），高港線船員走私方興未艾，而後來接任稅務司的曲
樹楨，為避免外勤關員勾結船員走私的現象，乃於民國 45（1956）年 6 月 9
日加設機動巡察隊，用以突擊檢查船舶、複查抄船、旅客行李及船員自用物
品、複查碼頭倉庫貨物、郵包及碼頭巡邏等，其功能即在於制衡檢查組超船
人員之濫權。民國 48（1959）年 8 月底，曲樹楨（*Chu Shu Cheng*）〔註 184〕
稅務司更賦予機動隊隊員，查察外勤駐船及巡視碼頭各關員值勤的情形。設
置機動隊以制衡約束抄班關員或駐船、巡段關員的擅職或瀆職，多少有其實
質的功效〔註 185〕。歷經黃國材、曲樹楨二位稅務司的努力，船員不僅未有所
收斂，反而於民國 40 年代中期成為台南關最嚴重而棘手的緝私工作。民國 49
（1960）年 8 月，林聯芳（*Lin Lien-fang*）〔註 186〕接任台南關稅務司後，船員
走私在林聯芳的積極圍堵下轉為兩極化。

〔註 180〕台南關稅務司公署呈文，台南字第 1866 號（民國 47 年 7 月 8 日）。
〔註 181〕海關總稅務司署密令，密字第 94 號（民國 51 年 12 月 8 日），附件。
〔註 182〕海關總稅務司署，密字第 74 號（民國 50 年 5 月 5 日）。
〔註 183〕下面有關台南關高港線船員走私問題參閱李文環，《高雄海關史》，頁 327～
331。
〔註 184〕曲樹楨，遼寧省人。民國 19（1930）年 6 月進入海關服務，民國 32（1943）
年 10 月陞任代理副稅務司，民國 40（1951）年來台，至台南關任職，後接
替黃國材為台南關稅務司。海關總稅務司署人事科編，《海關職員題名錄》第
七十四期，頁 7。
〔註 185〕李文環，《高雄海關史》，頁 326。
〔註 186〕林聯芳，福建省人。民國 18（1929）年 7 月進入海關服務，民國 34（1945）
年 9 月陞任代理副稅務司，當時擔任廈門關代理查緝科副稅務司一職。民國
40（1951）年間來台，擔任台北關代理緝私課副稅務司，民國 49（1960）年
8 月升任台南關稅務司。海關總稅務司署人事科編，《海關職員題名錄》第七
十四期，頁 7。

　　林聯芳接任台南關稅務司後，於隔年（1961）2 月 13 日，嚴格限制高港線、高日線輪船留用物品的數量。每位船員只允許存留臥室物品，包括手錶 1 只、自來水筆及自動鉛筆各 1 枝、打火機 1 只、西裝 2 套、香港杉 3 件、毛線衫 1 件、大衣 1 件、雨衣 1 件、夾克 1 件、原子襪 3 雙、領帶 3 條、襯衣 3 件等；而在港船員伙食的數量，亦限量包括鮑魚 10 聽（tin）、海參 5 公斤、調味粉 1 棒、可可粉 3 聽、咖啡 2 聽、散裝干貝 3 公斤、豬筋 3 公斤、冬粉 3 公斤、金針菜 5 公斤、木耳 3 公斤、白果 1 公斤、腰果 2 公斤、棗子 3 公斤、蘆筍 6 聽、海蜇皮 10 公斤等。除所規定的物品數量內之外，不得再有多餘物品散放於船員房間內或司多間（儲藏室）內，否則雖經申請封存亦予以沒入〔註 187〕。並同時嚴飭外勤關員要加強查緝工作，嚴格要求檢查組人員要依下列辦法進行抄船工作（概述）：

1. 船舶至外港後，應由值勤關員登輪收取輪船證件，並用鉛條封鎖司多間。其無法封鎖者，可暫用紙條封固，待進港清點航海輪船應用食品及雜項物品後，責令該輪迅速設置鐵扭兩個，以便鉛條封鎖，其未遵照辦理者，不准其結關出口。

2. 船舶進內港後，檢查組應先將返航船員自用物品集中一處，以備關員押運至海關倉庫辦理報關手續。然後開始搜查所有船員房間上下四周，有無夾層密窩，床鋪、抽屜、桌椅、櫃箱、櫥等，有無特別構造，應予嚴密搜查。其他各處，如機器間、錨鍊艙、廁所、救生艇、油櫃、水櫃、廚房、駕駛臺、檣桿、煙筒、通風筒、旅客艙房、餐廳辦事聽、煤艙、貨艙，以及其他公共場所等，如有嫌疑，應一一加以搜索。凡遇有新油漆木板、鐵板或新裝置之螺釘等，尤應注意詳加檢查。

3. 檢查人員不得向船員索取陋規，亦不得託其購買物品，違則依章從嚴處分。〔註 188〕

在林聯芳加強船舶檢查工作，嚴格要求抄船人員落實船舶檢查工作下，是年（1961）1 月 21 日至 3 月 28 日，台南關抄船人員共查獲船上設置密窩及特製機關私藏私貨案件共 8 件，計有海福輪抄出毛西裝料 297 段及男手錶 500 個（1 月 21 日）；富盛輪抄出男毛衣 92 件、毛夾克 48 件、毛西褲 48 條及原子

〔註 187〕台南關稅務司公署公告，第 349 號（民國 50 年 2 月 13 日）。
〔註 188〕台南關稅務司手令，第 41 號（民國 50 年 2 月 13 日）。

襪 38 打（1 月 26 日）；聯橋輪抄出口紅 184 打（2 月 16 日）；富盛輪抄出達克隆料 44 段計 220 碼（3 月 7 日）；國孚輪抄出達克隆料 148 段計 791.1 碼、女手錶 50 個、男手錶 20 個、夾克一件及達克隆西褲 7 條（3 月 16）；光平輪抄出達克隆料 122 段計 685.1 碼，毛西裝料 2 段計 6 碼、西藥粉 11 包、硃砂 5 包、冬蟲夏草 15 包、指甲刀 6 打、鑰匙練 6 打及原子襪 10 雙（3 月 21 日）；3 月 27 日又從國孚輪抄出達克隆料 38 段計 229.4 碼；3 月 28 日又從光平輪抄出達克隆衣料 74 段計 165.25 碼、毛西裝料 1 段計 3 碼〔註 189〕。

　　民國 50（1961）年 4 月間，林聯芳進一步加強港口內海上緝私組織，調派海威、運星二艦之小汽艇加入港內巡邏的工作，使得高雄港的走私風險更加提高。在林聯芳的嚴厲查緝下，是年台南關查獲船員走私的案件急速增加。如表 6-15，為台南關民國 41～62 年間查獲船員走私案件中，因走私人不服海關之處分提起異議的案件統計分析表。由表 6-15 中的數字可看出，高港線船員走私在民國 50（1961）年間達到高峰，光是因走私被查獲而提出異議的案件即高達 553 件，若包含未異議案件，勢必更為可觀，而這些高港線船員走私，少者走私雨傘一把，多者高達數萬甚至數百萬元的各類高稅率或管制品等。

表 6-15：民國 41～62 年間高港線船員異議案件統計分析表

	船員異議案件總數	私貨來源	
		香 港	其 他
41	2	1	1
42	1	1	0
43	1	1	0
44	3	2	1
45	2	2	0
46	7	5	2
47	8	4	4
48	10	5	5
49	123	129	1
50	553	529	23
51	125	112	13

〔註 189〕台南關稅務司公署呈文，台南字第 2407 號（民國 50 年 4 月 20 日）。

52	66	59	5
53	100	93	7
54	105	102	13
55	128	19	109
56	43	11	32
57	35	7	28
58	53	6	47
59	31	5	26
60	35	3	32
61	28	5	23
62	16	5	11

資料來源：李文環，《高雄海關史》，頁 330，表 5-12。

　　表 6-15 統計資料顯示，民國 50（1961）年後台南關查獲船員零星攜帶下船走私的船員已大量增加，這正意味著在林聯芳的嚴格查緝之下，船員走私的量已逐漸轉型，由先前大批闖關或賄賂公行而極盡囂張的方式，轉而以小量並以個人蒙混的方式進行。其次，也有船員對台南關的嚴厲監視，深知若欲在高雄港大批走私的風險太高，只好轉由其他方式，才能進行大規模的走私。因此，林聯芳的嚴厲查緝，使得高港線船員走私成二極化發展，一為化整為零，以老鼠搬家的模式遊走法律邊緣，此種方式成為日後高港線船員走私主要方式，而船員利用上下船攜帶少量物品闖關，查緝的困難度極為困難而棘手。船員以少量物品遊走法律邊緣的做法，正嚴酷考驗海關查緝關員的人性弱點，也是形成日後海關與船員成為一共生體像，造成海關備受訾議的問題之一。另一種則延續前期的大規模走私模式闖關，但在海關嚴厲查緝下，只好由其他方式如海上丟包、漁船接駁偷運入漁港等等。民國 50（1961）年 6 月所發生的「國孚輪」案，即為戰後南台灣最大的「船員集體」走私案的樣板。

　　民國 50（1961）年 5 月底，國孚輪電匠張進財由香港回航，晚宿「大同之家」002 號房間，巧遇私梟朱雲志、劉週凱二人，談起目前海關查緝太嚴，碼頭風聲又緊，若要成功走私，勢必另尋他途。三人商談結果，劉週凱當時答應代為覓尋駁貨漁船。次日，朱雲志、劉週凱約同另二名私梟劉東壁、陳錦癸等，前往赤崁附近海邊勘定可為私貨走私的地點。至 6 月 9 日下午 3 點左右，朱雲志再度約同國孚輪電匠張進財、大副彭金詮、三管輪黃廷英、私

梟陳錦癸、劉週凱、劉東壁、徐忠勇等,在「大同之家」202 號房舉行最後會商,席間國孚輪大副彭金詮隨身攜帶海圖,依據海圖決定海上駁卸私貨時間、地點及聯絡信號;另由張進財負責國孚輪船上聯絡集體購辦私貨;由劉東壁負責雇用漁船及工人竹筏擔任海上搬運;由朱雲志、陳錦癸、劉週凱、徐忠勇等負責岸上搬運、藏匿、銷售等事宜。

6 月 15 日晚間 9 時,國孚輪按時返抵高雄港外海 20 海里海面,以預僱之「金德勝」號漁船駁卸管制進口物品,計達克龍西褲料 5,559 條約 6,950 碼,運至赤崁、坑仔間海岸偷運上岸,再由朱雲志等雇用汽車兩部,將上述私貨運回高雄市區分批銷售得款新台幣 872,200 元,後於 8 月 5 日為高雄港檢查處查獲〔註 190〕。國孚輪船員共有 39 名,除新僱船員 8 人未參與走私外,其中 27 名船員均約投資購買私貨褲料 75~240 條不等,而船長劉旭東、輪機長王樹樑、報務主任柳哲安均受賄私放。

台北關方面,民國 53(1964)年間,也查獲「漁裕號」、「滿得號」、「光利號」、「吉進三號」等四艘漁船聯合與琉球籍「那霸丸」進行接駁私貨走私的案子。那霸丸船員於北台灣海域陸續拋卸毛線等私貨,分別由「漁裕號」、「滿得號」、「光利號」、「吉進三號」撈取,匿藏小基隆島、蘇澳等〔註 191〕。

國孚輪船員選擇赤崁、坑仔等小海口成功偷運私貨上岸,以及那霸丸與漁船聯合海上丟包走私案件,類似案件應不在少數。尤其宜蘭沿海地區,輿論與海關均一致認為是此類走私案件最為猖獗的地區〔註 192〕,反映船員走私對海關查緝能力的挑戰。

3. 圍堵政策

林聯芳加強高雄港內、外之海上巡緝後,高港線船員走私手法,轉而以「化整為零」的方式偷渡。走私船員在船上設置機關密窩,將私貨秘密隱藏,俟抄查關員離船後,再將私貨化整為零攜帶上岸。雖然高雄關於每艘船上均派有關員駐守,但駐船關員往往僅一人,甚至一人兼管兩船,並監視裝卸貨物作業,因而對船員上下船的情形無暇兼顧,況且走私船員人多勢眾,間有黃牛參加,駐船關員更難予以遏制。是以,進入此階段後,高港線船員走私手法大大不同於前期,而這種走私的手法,乃考驗海關駐船關員與碼頭巡視

〔註 190〕台南關稅務司公署呈文,密字第 35 號(民國 50 年 9 月 18 日)。
〔註 191〕海關總稅務司署呈文,台字第 6687 號(民國 55 年 2 月 7 日)。
〔註 192〕海關總稅務司署呈文,台字第 6687 號(民國 55 年 2 月 7 日)。

關員的緝私決心與能力，抄船關員反而退居第二線。

　　為解決船員走私問題，民國 58（1969）年 5 月間，基隆港警所向海關建議改進港口檢查、檢驗、管理，商請海關加派關員執行碼頭出入口檢查，基隆港警所對船員走私問題的解決方式，試圖藉由對港區的圍堵以達到緝私的目的〔註193〕。這對於港口與腹地均狹小的基隆港，不失為良策。不過，對數倍於基隆港的高雄港而言，其可行性必須加以調整。當時的高雄關稅務司譚業波（Tam Ip Po）〔註194〕即認為：

> 高雄港港區遼闊，出路四通八達難以全面控制，若取消現行抄查制
> 度，大批走私貨物將利用舢舨載至港內隱蔽處偷卸。港內船隻通常
> 派有駐船關員日夜輪流值勤，其所負任務至為重要未便輕易撤銷。
> 船員攜帶未稅洋貨下船，自可由駐船關員予以扣查，如再另行派員
> 駐守碼頭出入口處似嫌浪費人力，且關員與協緝機關人員同一處執
> 行工作接觸頻繁，時日長久難免易生糾紛。〔註195〕

初步，譚業波對基隆港的圍堵建議充滿遲疑。但是，高雄港不斷的擴建，進出港口的船隻日益增加，以高雄關有限的人力抄檢數量快速增加的船舶，其方法與成效頗令人質疑。如民國 58（1969）年 7 月至 11 月間，自日本、香港、新加坡進出高雄港的船隻共計 2,292 艘，而高雄關檢查組實際抄查者僅 604艘，抄查比率僅為 26%〔註196〕。而對高港線輪船之監視，雖派有關員駐船，但駐船關員嚴重不足，且走私船員往往人多勢眾，間有黃牛參與，駐船關員亦無法予以遏制〔註197〕。所以，如何鎖定特殊船隻予以有效打擊走私行為，實是刻不容緩。

　　基隆港警所的建議雖然不為高雄關全盤接受，但此項加強碼頭監管的想法，仍不失為進一步控管船員走私的參考。不久，譚業波針對高雄港船員走私的特質，將基隆港警所的建議加以適度的調整，於民國 59（1970）年 3 月21 日向海關總稅務司署提報於高雄港 11 號碼頭設置高港線輪船檢查哨，派駐

〔註193〕海關總稅務司署令，（58）緝南發字第 614 號（民國 58 年 5 月 10 日）。
〔註194〕譚業波，廣東省人。民國 21（1932）年 6 月進入海關服務，民國 36 年 4 月陞任一等二級幫辦，任職九龍關。海關總稅務司署人事科編，《海關職員題名錄》第七十四期，頁 14。
〔註195〕高雄關呈文，（58）高稽發字第 197 號（民國 58 年 5 月 30 日）。
〔註196〕「財政部李部長國鼎蒞關視察簡報記錄」，稽查課副稅務司白慶國之報告（民國 59 年 1 月 3 日）。
〔註197〕高雄關呈文，（59）高關緝字第 113 號（民國 59 年 3 月 21 日）。

關員駐守執行碼頭出入檢查工作，他說：

> 11 號碼頭僅有一出入口通往市區，形勢天成。本關除對小輪進口時照常于以嚴密抄查，並仍舊派員駐守監視裝卸作業外，另擬在該 11 號碼頭出入口處設置一檢查哨，加派關員駐守執行對出入人員攜帶貨物之檢查，並以取得高雄港務警察所及高雄港區檢查處同意，派員協助維持秩序，並保護關員之安全。至於水面則有運星、海威二巡緝艦停泊該碼頭附近，所屬汽艇經常在海面巡邏，防止走私船員利用舢舨駁運私貨，如此水陸兼顧，以期根絕高港線船員之走私。〔註198〕

同年 4 月 1 日起，高雄關於 11 號碼頭設置檢查哨，除原有駐船關員外，加派關員 6 名駐守，該 6 名關員日夜輪流值勤，6 小時為一班，實施出入人員攜帶行李之檢查。水上則由停泊同一碼頭之高雄關巡緝艦監視，港內由巡邏艇巡邏等〔註199〕。在高雄關的嚴密查緝之下，一時之間高港線船員走私活動幾乎停止，往日船員、黃牛熙來攘往出入碼頭，公然攜帶未稅洋貨混入市區的囂張行為已不復見，輿論反映頗為良好，而 11 號檢查哨初辦的三個月中共查獲船員走私 46 案，如表 6-16 所示。

表 6-16：民國 59 年 4～6 月高雄關緝獲高港線船員走私案件

日　　期	私貨名稱數量	緝獲人
4、19	尼龍三角褲 12 條、象牙印章 18 個	王修三
4、21	夏季西服料 4 段	劉華勝
4、22	泡參 1 包、無殼手錶 48 只、Rolex 手錶 1 只	周樂書、莊增琳
4、23	夏季西服料 2 段、尼龍絲襪 12 雙	蔡明芳、李日雄
4、26	Metaplex 西藥 30 瓶	林鵬雲
4、27	紅參 12 包（0.58kg）	陳建名、林鵬雲
4、29	洋煙 29 包	鄭福雄
5、5	絲襪 6 雙、風濕膏 71 張、西藥 12 瓶、火嘴零件 189 只	周樂書
5、6	Vykmin 西藥 48 包、捲尺 8 個	李日雄
5、7	絲襪 136 雙	蔡明芳、周政男

〔註198〕高雄關呈文，（59）高關緝字第 113 號（民國 59 年 3 月 21 日）。
〔註199〕高雄關呈文，（59）高關緝字第 159 號（民國 59 年 4 月 22 日）。

5、9	絲襪 112 雙、束腰三角褲 5 條、洋煙 157 包	林鵬雲、莊增琳、葉家明、蔡明芳
5、9	Tetoron 西服料一段	林瑞三
5、10	絲襪 15 雙、西藥 18 瓶、洋煙 55 包	葉家明、張高明
5、11	冬季西服料一段、束腰三角褲 12 件	劉華勝、張高明
5、12	絲襪 22 雙、三角褲 22 件、泳褲 2 件、Vykmin78 片、西藥 17 盒、萬金油 8 瓶、洋煙 33 包、打火機 23 只	葉家明、劉華勝、莊鑑銘
5、13	絲襪 28 雙、冬季西服料及絲絨各 1 段、打火石 100 個	葉家明、劉華聖、張高明
5、14	萬金油 3 瓶、捲尺 9 個	鄭福雄
5、15	絲襪 24 雙、三角褲 14 件、原子筆 4 打	葉家明、莊鑑銘
5、19	束腰三角褲 2 件、西服料 1 段	溫永宏、林鵬雲
5、20	尼龍絲襪 16 雙、原子筆心 40 支、水果刀 6 支	莊增琳、鍾萬寶
5、22	絲襪 83 雙	莊增琳、林鵬雲、林瑞山
5、22	B-omplex 20 對、鮑魚 2 聽	溫永宏、林瑞山
5、23	絲襪 62 雙、男棉三角褲 12 條、女頭巾 46 條、風油精 12 瓶、洋煙 23 包、蘋果 62 個、眉筆 12 支、繡花珠 2 包	林鵬雲、莊增琳、鍾萬寶、周政男
5、25	冬季西服料 1 段、洋煙 30 包、蘋果 100 個	王修三、劉華勝、張高明
5、25	冬季西服料 2 段、男手帕 2 打、絲襪 48 雙、胸罩 3 付、萬金油 100 盒、中將湯 6 盒、洋煙 10 包、原子筆 40 支、杏仁露 1 罐	莊增琳、葉家明、張高明
5、26	Nylon 女衣料 33 段、西服料 3 段、Glakon 80 對、紅參 15 包、參節 4 包	蔡國光、方常炎、林鵬雲
6、1	夏季西服料 6 段、海狗丸 9 包、繡花珠 3 包	方常炎、莊增琳、王修三
6、5	女頭巾 56 條、絲襪 38 雙、三角褲 13 條、束腰三角褲 2 條、風油精 6 瓶、Vykmin 4 打、打火機 1 只、粉餅 6 盒、指甲油 3 瓶	莊鑑銘
6、10	女頭巾 12 條、帶褲絲襪 8 雙、束腰三角褲 17 條、女衣料 1 段、Perhepar B.conrplex 133 對、頭痛粉 48 包、八卦丹 71 盒、味之素 27 包、眉筆 8 打、繡珠花 12 包	王修三、莊增琳、蔡明芳
6、11	毛海西服料 7 段、束腰三角褲 13 條、胸罩 51 付、指甲	王修三、莊增琳、

	銼 240 支、鋼尺 56 個、指甲油 12 瓶、蘋果 55 個	林鵬雲、鄭福雄、葉家明
6、13	白干 5 包	莊增琳、王修三
6、13	酒 1 瓶	周樂書
6、15	嗽糖 3 打	涂雄議
6、16	絲襪 9 雙、胸罩 6 付、西服料 1 段、吊襪帶 6 付、西褲吊帶 24 付、洋煙 50 包、鋼尺 7 只、指甲油 3 瓶、味素 3 包、香皂 2 塊、打火機 10 只、腰果 1 包、繡花珠 12 包、閃光騙 3 包、鮑魚 14 聽	莊增琳、王修三、周樂書、莊鑑銘
6、17	Sampoo 32 支	劉華聖、林瑞山、林鵬雲
6、18	帶褲女長襪 73 雙、女絲襪 14 雙、洋煙 1 聽	王修三、涂雄議、莊增琳、廖坤南
6、19	鮑魚 8 聽、Brandy 1 瓶	溫永宏
6、20	西服料 1 段、紅參 1 包	王修三、莊增琳
6、20	女衣料 1 段、洋煙 67 包、捲尺 7 只	林鵬雲、莊鑑銘、劉華勝
6、21	Gluco-caluim 12 瓶、口紅 108 支、繡花珠 10 包、Sampoo 12 支、Vykmin 6 打	林鵬雲
6、22	女衣料 2 段、西服料 2 段、男短襪 4 雙、胸罩 24 付、女手帕 5 打、Vykmin 4 打、魚肝油 1 瓶、風油精 21 瓶、Sanatogen 6 瓶、洋菸 25 包、繡花珠 10 包、打火機 12 只、口琴 4 支、眉筆 3 打、粉餅 7 盒、鮑魚 3 聽	莊增琳、劉華聖、林鵬雲、葉家明、鍾萬寶
6、22	橡皮擦 225 個	劉華聖、林鵬雲
6、24	洋菸 16 包、皮尺 24 條、味素 29 包、蘋果 50 個	林鵬雲、葉家明、莊增琳、蔡明芳
6、25	布料 1 段、絲襪 14 雙、口香糖 4 盒、味素 4 包、鮑魚 2 聽	劉華聖、林鵬雲、涂雄議
6、26	絲襪 9 雙、男短襪 12 雙、吊帶 12 付、束腰三角褲 6 條、洋菸 33 包、味素 7 包、折疊果刀 12 支	林鵬雲、張良助、劉華勝、林瑞山、莊鑑銘
6、30	萬金油 180 盒	王修三、溫永宏、劉華勝

資料來源：1970 年 7 月 13 日，高雄關呈文，（59）高關緝字第 261 號。

　　譚業波將高港線船隻完全封鎖在 11 號淺水碼頭，再利用水陸雙重查緝，使高港線船員走私消失於無形。但是，高港線船員走私的現象，是當時的關

貿政策下時代產兒，其能否徹底解決端賴政策的轉變與否，而其影響層面亦不容忽視。以民國 60（1970）年間而言，當時高港線船隻不下 12 艘，每艘輪船至少有 50 名船員，故至少有 600 名船員從事走私行為，這些人不僅沒有收入，而且需繳交保證金給船東，走私成為他們維生的來源，若再加上與船員配合的走私黃牛，及私貨行銷網的中小盤商，可見依賴高港線船員走私過活的，應不下 1,000 人，若再計算此 1,000 人的家眷在內，依賴高港線走私維生者應不下 6,000 人。

另一方面，無論 11 號碼頭或早期高港線船隻分散靠泊於 1 至 10 碼頭的階段，這些碼頭的地緣關係與高雄市鹽埕區最為接近。因此，鹽埕區除延續日治時期為高雄市首善地區外，其興衰，也應與高港線船員走私不無密切關係存在。所以，高港線船員走私的形成乃是當時社會、經濟結構的一環。船員雖因高雄關的嚴屬查緝而受挫，但千方百計掙扎圖存是必然的。這些走私船員往往與走私黃牛沆瀣一氣，而走私黃牛更是龍蛇混雜，其與高雄地方幫派如沙地幫、七賢幫等更免不了有利害關係存在。民國 58（1959）年 9 月 13 日，台南關檢查組抄獲中孚輪船員林永興走私大批案件，包括毛西料 2028.8 碼、毛女大衣料 99 碼，已裁西裝料 8 札（8.6 公斤）、打火機 74 打 11 個、繡花珠 35 棒、電光片 6 棒、洋蔘 29 公斤、鎖匙環 19 打、原子襪 6 雙、毛男西褲一條、領帶 50 打、羊毛衣 30 件，總價值約新台幣 590,233.9 元〔註 200〕，即與地方幫派有著密切的關係。

因此，高港線船員走私問題是結構性的問題，若非從根本的高關稅、高管制的導因著手，勢難根除。又如民國 60（1971）年 4 月 22 日，即有船員雇用蛙人自水底偷運已先丟入愛河的私貨，起岸後將私貨化整為零攜帶上岸，利用人多紛亂時混出港區，或將私貨匿藏身上，以逃避檢查〔註 201〕。所以，海關與警方的加強查緝，僅為揚湯止沸而已。然譚業波並不放棄，同時向海關總稅務司署建議，轉請交通部嚴禁船東收取保證金，並應給予船員合理的待遇〔註 202〕。至於高關稅、高管制的貿易政策，為當時政府的關貿政策，突然改弦易轍勢不可能。因此，高港線船員走私問題也就成為政府遷台後，台灣最為嚴重也是延續最久的走私問題。

〔註 200〕台南關稅務公署呈文，台南字第 2111 號（民國 48 年 10 月 5 日）。
〔註 201〕高雄關呈文，(59) 高關緝字第 261 號（民國 59 年 7 月 13 日）。
〔註 202〕高雄關呈文，(59) 高關緝字第 159 號（民國 59 年 4 月 22 日）。

　　11 號淺水碼頭檢查哨成立初期的三個月中，雖然緝私成效良好，但稅務司譚業波絲毫不敢鬆懈，同年（1970 年）年 8 月 13 及 10 月 7 日，二度邀請高雄港區檢查處及高雄港務警察所等協緝單位舉行查緝業務座談會，會中達成決議如下〔註203〕：

1. 由海關會同各單位高級人員組隊突擊複查。
2. 各單位高級人員應經常輪流前往巡視，如在碼頭外查獲私貨，應追究責任嚴予議處。
3. 在愛河口 12 號碼頭附近設置水上檢查哨，加強水面檢查，以防高港線船員丟包走私。
4. 嚴禁腳踏車、摩托車進入 12 號碼頭附近之鐵路橋洞口，以防船員化整爲零將私貨攜運入市。
5. 除值勤船員外，其餘概不准留船，值勤船員以不超過三分之一爲限。
6. 每月定期由高雄關召開查緝工作座談會一次。

由決議的內容來看，譚業波不僅有強力掃除高港線船員走私的決心，更進一步推動高雄關本身及各協緝單位的自律與制衡的功能，以免日久生弊與船員同流合污。同年 9 月間，並建請總稅務司署購置蠆船以設置水上檢查哨，他說：

> 由高港航線及台日航線船員私運進口……最爲常見……川行高港航線之小型輪船，均停泊於本港第 11 號碼頭，台日航線運蕉船隻多停泊於本港中島區第 31 號碼頭，故所發生之船員走私案件特多。……爲進一步加強查緝起見，擬在愛河入口處第 12 號碼頭附近設立水上檢查哨，檢查進入愛河之各類小船，以防止駁運私貨上岸，並配置汽艇一艘，隨時追緝不接受檢查企圖逃逸之船舶，惟……愛河潮汐相差甚大，必須設置蠆船一艘，始可供關員安全上下檢查船舶……又另裝置自動電話一架，俾與總關經常保持聯繫，……。至於停泊台日航線運蕉船隻之第 31 號碼頭，因位於中島區內，不若第 11 號碼頭之僅有一出入口，且高雄加工出口區亦在中島區內，故無適當之地點可設置檢查哨，擬利用巡邏車輛與本關駐高雄加工出口區支所配合加強該地區之巡邏，並機動檢查出入該區之船

〔註203〕高雄關密呈，(59) 高關密字第29號（民國59年10月23日）。

員及車輛。〔註204〕

由此可見，譚業波對當時船員走私問題極爲重視，並有具體而完整的圍緝概念，此乃繼林聯芳稅務司於民國 60（1961）年要求巡緝艦小艇加入港內巡邏以來，進一步落實港區內水、陸兩棲查緝走私，以根除船員丟包、駁運走私的具體措施。

表 6-17：民國 60～64 年間高雄關查獲船員走私所佔比率概況
單位：新台幣元

年　度	A：全年緝獲私貨總值	B：船員走私私貨總值	C：高港線船員走私私貨總值	B/A	C/B
60	54,286,249	16,635,715	10,989,985	31%	66%
61	49,525,200	17,129,158	10,558,110	35%	62%
62	33,294,378	8,535,218	3,455,693	26%	40%
63	65,946,936	12,214,738	2,940,548	18%	24%
64（1～2 月）	12,136,215	993,486	49,551	8%	4%

資料來源：1975 年 3 月 14 日，高雄關密函，高關緝密字第 127 號。

民國 60（1971）年 4 月 14 日及隔年 9 月 16 日，政府爲解決船員走私問題，兩度修改於 1960 年 8 月頒佈的「商船船東及船員走私處分辦法」，除對走私船員予以行政處分外，對於走私情節重大者，爲加強船東責任，依照規定可由海關呈報財政部轉請交通部依規定予以警告或停航處分。實施以後，復以海關全面整頓船員走私問題，船員走私的情況才逐年下降。如上表 6-17所示，海關緝獲船員走私佔緝獲走私總額的比率已逐年降低，由民國 60（1971）年的 31%降爲 63（1974）年的 18%；走私額也大幅度下降，由 16,635,715 元降爲 12,214,738 元；而高港線船員走私貨值佔船員走私貨總值的比率也逐年降低，民國 60（1971）年爲 66%，63（1974）年降爲 24%。可見，高港線船員走私在譚業波的圍堵下，顯然有所改善，但從船員走私的貨值仍維持千萬元的高檔現象下，顯然船員走私不易根絕，而在高港線逐漸被高雄關封鎖在淺水碼頭後，似乎有轉移至其他外籍船隻的現象。

〔註204〕高雄關呈文，（59）高關緝字第 339 號（民國 59 年 9 月 14 日）。

　　就在高雄關極力掃除高港線船員走私的當下，民國 59（1970）年 10 月
16 日台灣省交通處及警務處即向海關總稅務司署反映指出：

　　本年 4 月 1 日開始，高雄港由警總檢查處、高雄關、港務警察所會
　　同組成之聯合檢查小組，負責港區船員走私之查緝，在開始執行之
　　初，由於上令督飭嚴厲不敢鬆懈，已收相當成效。但現僅時隔數月，
　　高港線船員走私又變本加厲，海關關員與港警對船員走私私貨視若
　　無睹，並有公開掩護情事發生，如再不整飭，國家前途實堪隱憂。
　　〔註205〕

顯然，台灣省交通處及警務處對高雄關所實施 11 號檢查哨的聯合緝私提出強
烈的質疑。事實上，高港線船員走私的現象乃時代的產物，縱使海關與軍警
單位強力查緝，但在高利潤的誘惑下，走私實難以根除。更何況海關難免會
有不肖關員，而軍警單位的素質亦參差不齊，以致少數查緝人員與船員相互
勾結勢所難免，是以海關、港警與船員在碼頭的直接衝突也就更為火爆。民
國 63（1974）年 8 月 14 日所發生「光大輪」案，即為此階段船員走私與海關、
港警關係的最佳註腳。

　　民國 63 年（1974 年）8 月 13 日 21 時左右，高雄海關擔任上夜勤之駐淺
水哨副哨長廖敏夫見停泊淺水碼頭（即 11 號碼頭）二段之光大輪上，黑暗中
有人影晃動，隨即上船察看，發現船員許次郎在船，廖敏夫見司多間上鎖，
即要求打開檢查，船員以無鑰匙為由，予以拒絕。廖敏夫隨即下船聯絡已退
勤在家休息之淺水哨哨長李克明，並將可疑情況報告李克明。李克明即於 21
時 20 分自家中趕至淺水碼頭，與廖敏夫登輪察看，見司多間已打開，內雖無
異狀，惟十分可疑，李克明恐船員有所行動，即繼續留哨監視。至 23 點 50
分，李克明因需輪值稽查組之巡視督導工作，即先行離開，行前並囑廖敏夫
於下夜勤人員接班時，應將在光大輪發現之情況交代清楚。

　　當日下夜勤淺水哨當班關員應有 3 名，其中 1 名請假，李克明恐人手不
足，乃將原在 12 號碼頭水上檢查哨值勤之關務佐陳調幅調至淺水哨，水上檢
查哨則另派關員兼代。14 日凌晨 0 點 40 分左右廖敏夫於下夜勤人員接班時，
將所有情況說明，一一提醒各員注意後退勤。

　　李、廖二員下班後，已離開碼頭之船員許次郎及黃牛嚴東晚、林德意等
又相繼潛返光大輪。1 點 10 分左右，擔任 1 號至 20 號碼頭巡邏之關務員陳明

朗，自碼頭邊洗手間小解出來，忽漸有 7、8 人自泰來輪（光大輪停於泰來輪外檔）跳下，向淺水碼頭出口處急奔，高雄關員陳明朗迅即上前攔截，遭船員許次郎挾住雙手，待同夥遠去，方始放手，並威脅陳明朗事後不得報案。當時守在淺水哨內之關員陳調福見有人自碼頭急奔出來，不經檢查哨而衝出快車道，陳調福迅即出外攔截，抓住腰纏私貨的船員一名，意圖將該人拖入哨內，但隨即被另外二人自背後將陳調福拉開，陳調福右手亦被拉傷。此時，淺水哨值勤關員韓世忠正從淺水碼頭二段走向三段中，見狀況發生，亦返身追緝，而另一值勤關員黃金浦在快車道中間攔住一人檢查，但並未查出私貨，港警所值勤警員一名，見狀向前追緝，抓住手攜塑膠袋之船員一名，但亦被逃脫，全部查緝過程，高雄海關關員與港警所員警均未能將走私私貨攔住。案後，當時的稽查組主任侯德基認為部分關員值勤不力，因而部分關員為此而受到記過甚至革職的處分〔註206〕。

　　從光大輪案可看出，當時的船員走私行為相當凶悍，為達走私目的，不惜直接與海關或員警正面衝突，這對於毫無武裝的海關關員而言，其危險性之高，可想而知。相對於海關關員，擁有武力且以衛護碼頭安全為主要職責的港警，顯然沒有負起應有的責任。

　　整體而言，船員走私至八十年代末期因台灣逐漸走向國際貿易舞台，大幅降關稅與管制物品後，亦隨之大幅減少，九十年代中期後高雄關即已研議淺水碼頭撤哨的評估，終至在九十年代末期，高雄市將當年船員走私極為猖獗的淺水哨旁的違建闢建成公園，為船員走私劃上句點。

第三節　海關貪瀆的問題

　　船員走私並未因海關甚至軍警的嚴厲查緝而消退，其主要原因在於高關稅、高管制所造成的高利潤誘惑所致。這是一個結構性的歷史現象，因而難以解決，甚至部分執法的海關、軍警人員，涉入當時走私誘惑漩渦而難以自拔，以致查緝人員的操守也就成為時代問題，而值得討論。

　　筆者曾就讀國立高雄海事專科學校輪機工程科，因必須上船實習一年方能取得畢業證書，乃於民國 74（1985）年 10 月獲新興航運公司之派任，前往日本四國川の江港搭乘「萬興輪」（Vanatina），展開為期一年的海上船員生活。

〔註206〕稽查組主任侯德基報告書（民國 63 年 10 月 16 日）。

萬興輪乃航行日本、美國、加拿大的定期商輪，所到之處均爲先進國家，港口之開放，至今回想起來，完全感受不到海關、軍警的身影，川の江港也看不到高聳的圍牆與警哨。猶記得有次萬興輪泊靠美國波特蘭（Portlant）港期間，時值6月大熱天，船尾後方約50公尺處岸邊，竟然有人搭帳棚露營，還下水游泳，可見這些國家對於港口管理與船員檢查之寬鬆。倒是隔年結束實習回國入境松山機場時，海關人員翻箱倒櫃檢查行李的狼狽情景，記憶猶深。所以，我完全可體會民國 44（1955）年間光復大陸設計委員會委員錢倫體所看到海關檢查入境旅客的情景，他說：

> 職於 41 年初夏入台時，曾親見有大批出洋大鐵箱十餘隻，進口時內藏高貴外國已裁未做的衣料滿箱，檢查員即批一放行字樣而了事，反將外面小竹籃內的玻璃器皿大作文章，表示他毫不客氣的檢查。

〔註 207〕

錢倫體的話，隱含對海關檢查人員與旅客、商人或船員勾結的指控。在以前，這樣的指控幾乎是有過出入境民眾共同的心聲與默契。那是一種不滿的心聲，卻又爲了遊走嚴酷的法律邊緣之際，得以攜帶更多自家用或商業用的舶來品的一種默契。因此，雖有不滿的心聲卻又不敢或無法反抗，甚至反而陷入法律背後的虛榮與利益，這就是高關稅、高管制扭曲市場結構後，進而扭曲物質價值觀與人性的最大弊病。

民國 78（1989）年 12 月，我也糊裡糊塗考上海關特考，成爲海關的一員。從船員而海關，我常能體會船員對海關禮敬三分背後的用意，不外想要多帶幾條洋煙、幾瓶洋酒下岸，或是其他高價值的物品，而得以分送親朋好友，無論是炫耀或是聊表思念、敬意，當然高價出售博取利益者，會是更多。只是最讓我以及我那海關同仁們最感困擾的是：當船員攜帶些微超量菸酒或其他高價物品下船時，身爲海關要如何處理？就如同當年我實習回國多帶了二瓶洋酒、二條洋煙，還有照相機、音響、手錶……等。實習生的我攜帶舶來品回國，只是爲了表達對家人的體貼與思念，然而在執法人員眼中，我似乎就是走私客、是小偷。因而當我成爲海關人員，也常回想當年船員的我，我應該如何對待他們。當然，一如前述，海關對於船員入境攜帶物品有詳細的規範，只是這是一個被時代政策扭曲，而不合乎人性與道德的法律規範，更何況背後隱含鉅大的利益。因此我深信，民國 41（1952）年 2 月間，台南關

〔註 207〕海關總稅務司署訓令，第 1282 號（民國 44 年 2 月 1 日）。

所發佈的〈台境走私調查專報〉中提到海關外勤關員與私梟勾結的嚴重情節，該文提到：

> 海關執行清艙時，船上船員帶有私貨，經默契後予以融通辦法。如將查獲貨物以私貨取入倉庫輕稅放行後與船員分利，或在船上秘密受賄馬虎檢查。〔註208〕

船員與關員間的「默契」，使得船員走私成為港口管理的一大問題。後來國際機場隨出入境人數增加，假旅遊之名以走私為目的的單幫客，也成為挑戰海關職業道德的對手之一。因此，對海關人員而言，抄船、駐船、駐段、駐庫、駐廠、駐機場的行李檢查員，往往是具有「企圖心」者夢寐以求的肥缺，但是對於只求一份還不錯的薪資，而且穩定的鐵飯碗的人而言，那些工作卻是相當大的挑戰。有位與我同時進入海關服務的同事，後來被派駐中島港區為駐段巡邏關員，因中島港區早期為台日香蕉船碼頭，台日線船員走私也相當嚴重，我那位同事常常跟我抱怨，某天漏夜又再追「牛仔」（私梟），彷彿電影警匪追逐的情節常常上演。其實無論船員或單幫客，以這種「默契」在出入國境的公開放行的貪瀆案例乃屬小問題，可是因為是在眾目睽睽的視聽下，且參與的人數較為廣泛，對於海關形象的殺傷力也就相當嚴重。其實為數頗多，且多數未能察覺的重大勾結走私案例，可能更為驚人。

如民國39（1950）年6月25日晚11時，台南支關安平支所會同台灣省保安司令部安平檢查所，在白沙崙海面緝獲由香港駛臺走私之「聚興號」漁船一艘，載運大批化粧品及煙紙等貨物134件，貨主曾格及船員呂壽等11名亦全部於6月26日晨6時捕獲後，交台南支關處理。該貨主曾格於查獲時曾企圖行賄聲稱「只求放行，要多少錢有多少錢」，後雖為保安司令部人員拒絕，經移送台南支關後於6月26日上午11時脫逃，其餘人犯由該支關移送台南地院。事後台南支關僅以該曾犯係船員名義（減輕貨主罪行），電請台南市警察局通緝。保安司令部人員認為該台南支關顯有賄放之嫌疑〔註209〕。類似這樣的案例，應該是查緝人員集體接受私梟賄賂。

又如民國50（1961）年1月20日晚，泊靠高雄港1號碼頭的海生輪正進行燻艙，船上僅留練習生王溪池及服務生葉甫輝二人值班。當時在該輪監視之台南關關員為四等稽查員趙佩秋及關警楊寶智，趙佩秋在船長室休息，楊

〔註208〕台南關稅務司公署訓令，政字第890號（民國41年2月19日）。
〔註209〕海關總稅務司署訓令，第178號（民國39年8月4日）。

寶智在左舷甲板上守望。深夜 12 點許，海生輪船尾碼頭上值勤的憲兵張志輝，
忽見港中有舢舨駛近海生輪右舷，意圖接駁私貨，立即馳登該輪予以攔截。
此時，在四號碼頭值班之高雄港港口安全協調中心督導官周書元，及擔任船
邊警衛之保警曾崑相繼登輪協助緝私。海關關警楊寶智見憲兵及周書元正在
追逐走私黃牛，乃繞至海生輪右舷，在救生艇下查見私貨七包，船邊又有一
舢舨載有私貨五包，乃大呼趙佩秋，趙佩秋到達後，迅即以腳踏著船上之私
貨〔註 210〕。後來總計查獲走私物品西裝衣料 33 段共 108 碼，香菇、干貝及其
他雜貨食品等〔註 211〕。以常識推論：何以在船上執行監視卸貨的海關關員楊
寶智、趙佩秋，待憲兵發現走私，才及時腳踏私貨，宣告其查獲走私物品？
合理的推測可能是海關人員與船員、黃牛有所串通，敗跡暴露才亡羊補牢。
後來，同月 26 日上午高雄港游動查緝第二小組副組長紀文蓀即持拘票拘提趙
佩秋、劉瑞雪、吳皖生；29 日吳學源在凌晨 1 時許被該組由其家中捉去，3
月 1 日深夜夏邦錚亦在家中被該組拘提〔註 212〕。海生輪案暴露海關關員與船
員、黃牛暗地勾結圖牟暴利，設若無勾結海關，長達 108 碼的西裝布料如何
偷運出港？

又如民國 50（1961）年 8 月 5 日更爆生國孚輪 39 名船員集體走私達克
龍西褲料 5,559 條約 6,950 碼案件。試問：6,950 碼的布料若以個人夾帶出
港方式，以一次夾帶一碼布料計算，每一位船員必須進出港口約 178 次。
若是如此，船員能通過駐船、駐段到駐站的海關與港警的檢查嗎？當然不
可能。可見此類大型走私案件勢必隱藏著私梟、黃牛與海關乃至港警勾結
的隱情。此類重大海關與私梟勾結的貪瀆案，亦即地下經濟的問題，使海
關成為走私的共犯結構，對於財富的重分配與經濟的影響也頗大，只是難
以評估。

民國 88（1999）年筆者奉高雄關稅局局長之命撰寫《高雄海關史》時，
曾進行早期退休人員的口述歷史調查，其中印象最深刻乃張鐘聲先生，訪
問當時張先生已高齡 93 歲，不僅身體硬朗，與年輕（40 餘歲）的妻子與小
學三年級的兒子一家和樂，令人羨慕。談到海關查緝事務，張先生來台到
民國 52（1963）年退休，共查獲 14 艘走私船（漁船、商輪），其中在民國

〔註 210〕台南關稽查課總監察長張鐘聲報告，收於《稽查課簽呈》檔 58～61 卷（民國
　　　　　50 年 1 月 24 日）。
〔註 211〕海關總稅務司署代電，統字第 1700 號（民國 50 年 2 月 8 日）。
〔註 212〕海關總稅務司署代電，統字第 1700 號（民國 50 年 2 月 8 日）。

38（1949）年底與民國 39（1950）年各查獲一艘走私船，載運私貨包括毛料、洋煙酒等，當時私梟分別予以 2000、1000 兩黃金賄賂，但不為所動〔註 213〕。在訪問的過程中，張鐘聲先生侃侃而談，令人敬佩。此外，也訪談不少早期的高階與低階關員，但是語多保留，往往迴避緝私的核心問題，因而收穫不多。其中，幾乎是退休關員，甚至是在職關員一致確認的案件，乃是「白慶國事件」。

白慶國（*Bai Ching Lou*），河北省人，民國 23（1934）年 7 月進入海關服務，民國 36（1947）年調任台北關，隔年陞任一等副監察員（Assistant Supervising Inspectors A）〔註 214〕。後調任高雄關，並晉陞為高雄關總監察長，民國 60（1971）年被調派基隆關。據高雄關的同仁告知，白慶國後來在基隆關聯合軍警與私梟勾結，大搞戒嚴走私，後為檢調查獲，被判處無期徒刑。當時，這個案件喧囂一時。

除了勾結私梟之外，海關內部也不乏覬覦私貨之暴利而加以私吞的案例。如民國 46（1957）年 6 月 11 日台南關查獲走私案一件，其中貨物計毛料、手錶、錶帶、海參、金針等不同物品一宗。緝獲當日檢查課即將此批貨物運往台南關倉庫清點報案，因貨物過多，該課檢察長張課長令該課工友陳德福、丁簡火二人前往點記數目。該二人利用工作之便，私將手錶、錶帶等藏匿於身，帶至庫外，置於彼能支配之處，意欲下班後拿走。因往返次數過多，為同關工友鄧志榮發覺，隨即報告倉庫主任劉光復處理，劉光復當場在陳、丁二工友身上搜出手表 40 隻、錶帶 3 包，然事後劉光復竟對此人贓兩獲之不法者，置之不問。事過數日，台南關檢查課長張課長卻向檢舉此事之工友鄧志榮大罵，意謂為何不秉呈檢察長而向倉庫主任報告，責其藐視不恭，並命其不再聲張，復言爾爾後如有類似情形發生，定予開除。鄧志榮善意秉公，盡忠職守，卻不得嘉許反遭上司辱罵，憤慨之餘，乃聲稱欲向稅務司報告，張檢察長得悉，復命陳德福、丁簡火前去警告鄧志榮說：「如果你要去稅務司或者向其他人報告，立刻把你打死……」，以此威脅善良可欺的工友〔註 215〕。這個案件更凸顯海關內部職員對於高價私貨的貪瀆之心，其背後是否牽涉海關內部集體的貪瀆，因資料所限，無法進一步探討。

不可否認，海關實有不肖關員為貪圖一時的利益，而對船員或私梟放

〔註 213〕李文環〈張鐘聲先生訪問記錄〉（87 年 3 月 29 日），未刊稿。
〔註 214〕海關總稅務司人事科編，《海關職員題名錄》第七十四期，頁 99。
〔註 215〕海關總稅務司令，第 2030 號（民國 46 年 7 月 1 日）。

水圖利。但工作努力，積極查緝走私的海關關員，亦不在少數。甚至有海關關員因嚴格執行查緝走私得罪私梟，竟遭私梟的報復。如民國 47（1958）年 7 月 15 日，二等副監查員黃爾儉，竟在下班回家途中，遭私梟尾隨狙擊受傷〔註216〕。檢查組主任陳督誠，亦因過於嚴格執行查緝任務，而為私梟憤恨在心，後亦為私梟派人集體圍毆重傷〔註217〕。機動隊隊長李榮達（現任高雄關稅局局長）曾前後三次被私梟跟蹤狙擊受傷等等。這些盡忠職守的優秀海關關員，其高操的道德，絕對不可加以抹滅。

　　總之，海關之所以成為私梟的共犯結構，其主要原因在於重商主義政策扭曲市場價格的大時代問題，這樣問題隨著時空轉變，尤其文官體制適用海關後，漸漸演變成為挑戰新海關人員職業道德課題，使得「貪污」的標籤拓印至全部海關人員身上，成為海關的代名詞。

小　結

　　外匯、財力不足與通貨膨脹的問題，使得政府採取高關稅、高管制的關貿政策，並結合外匯管制與邊境軍事安全的監控構成半封閉經濟體系，扭曲國內經濟市場的價格，致使走私成為結構性的一環。戒嚴以後僅漁船、船員得以充分理由進出國境，因而成為走私活動中，最為嚴重的問題。

　　漁船走私不外匿藏金銀外匯出境，至香港換取走私商品，返台後伺機由偏僻的海岸登陸卸貨；船員則以各種方式將金銀外匯藏匿在五花八門的船上秘密空間，大多數船員也都以香港為購物天堂，將私貨夾藏船艙或自製秘密隔間，伺機夾帶闖關入境。資料顯示，金銀走私出口、高進口稅或列為管制的商品，如絲織品、菸酒、布料等走私進口的情形相當嚴重。海關為了解決進出口走私的問題，海上派遣緝私艦巡緝，港口內外部署緝私艇，加強外勤抄班、駐船關員之檢查，並試圖將高度走私的商輪特別列管監控。只是有權使人腐敗，海關其本身因高關稅、高管制時代賦予監控的特殊角色，在被扭曲的貨物價格所形成的暴利誘引下，海關貪瀆的問題也相對嚴重，「貪污的官衙門」也就成為一般民眾對海關的刻板印象。然而我們不可忽略，這是時代性的問題，當時空移轉，是否應該用另外的角度來重新認識這個機關。

〔註216〕海關總稅務司署訓令，第 2476 號（民國 47 年 7 月 8 日）。
〔註217〕李文環，〈楊枝福訪談記錄〉（民國 87 年 5 月 2 日），未刊稿。

第七章　結　論

　　本文探討台灣國家關貿政策的形成、轉變與影響。借用亞當斯密批判重商主義「輕消費、重生產」的觀念爲研究取徑，論述民國 34（1945）年二次世界大戰結束後，政府如何從接收的矛盾問題，過渡軍事對抗的調整，乃至民國 56（1967）年間形成以台灣爲主體性的關貿政策。

　　首先，台灣受日本統治已形成一套以台灣總督府爲首，得以兼顧港務與關稅分工之管理體制，這套制度面對戰後政府的接收，卻必須被分割爲中央（財政部：海關）與地方（省署：港務局）的雙元機制，中央與省署的溝通、妥協，乃成爲戰後初期台灣貿易管制過程中最重要也是最棘手的課題，而這一點常爲前人研究所忽略。

　　除了對官有財產接收的衝突外，民國 37（1948）年以前，代表中央的海關與地方政權的省署，雙方在貿易管制措施上出現頗大的分歧與出入，尤其是針對米穀移出管制方面，中央堅持全國流通，省署則嚴禁移出省境；砂糖方面，中央與地方基於既有的財政體制，也出現分別重複課徵貨物稅與消費稅的情形。此外，省署對於專賣品、工業材料與用品之進出口管制，也都一一受到海關的反對。很顯然，中央與地方對於貿易管制未能取得一致，源自制度的差異與政策視野的不同，使得此階段台灣貿易政策頗爲紛亂，因而造成海關與省署對於「走私」的界定並不一致，致使通行兩岸的船舶趁機博取利益。省署爲了降低物資的流失，乃以軍警逡行介入港口的監管，開啓往後台灣國家邊境由軍警大量涉入港口，針對出入境人員、貨物與船舶監控的濫觴。由這個例子來看，兩套制度在新時代碰觸必定出現磨合的階段，尤其對於尙未法制化的政府，新制度的機能往往不是一紙法規即可形成。就這點而

言，陳儀所主持省署政府，除了必須處理國民黨派系與台灣內外成員派系之間的惡鬥外，至少在港口管理、進出口貿易管制與貨物稅的財政課題上，均面臨中央駐台海關的制肘。貿易政策與財政課題出入的本質，在於中央與地方政府視野與目標的差異性，亦即「大中國」、「小台灣」落差。

歷經二二八事件與國共內戰惡化所出現的新危機，中央政府對於台灣的視野不再只是邊陲的「小台灣」，於是在中央的支持下，民國 37（1948）年海關與省府達成貿易管制的共識，構成省府與海關合作的轉向，開啟海關主導關稅政策，而省府主導進出口貿易管制的二元機制，直至民國 48（1959）年才回歸中央政府接管。

第二，二次大戰結束後的復甦階段，政府對於戰後的局勢頗為樂觀。關稅僅恢復民國 23（1934）年的稅率表，該稅率表乃國民政府追求關稅自主下的成果，但也有不少對日本妥協的痕跡。基本上平均稅率約在 25%上下，高稅率商品集中在食、衣兩大類，能源物資、工業產品與生產財則屬於低關稅，這反映中國大陸「半農半工」的經濟結構。恢復適用戰前關稅稅率表的同時，政府也廢除戰時的貿易管制措施，民國 35（1946）年 2 月頒佈「進出口貿易暫行辦法」，僅禁止紡織品、化妝品、裝飾品、玩具等 26 項商品進口，限制煤油、糖、煙、影片、車台等 8 項商品許可進口，以及 12 項加徵 50%的奢侈附加稅商品，除此之外一概自由進口。出口貿易方面，也僅禁止糧食、棉紗、棉布、鹽、古物、國父遺墨、古籍、官署檔案，以及政府管制之礦產品出口。因此，政府對於進出口貿易政策，一如關稅是抱著寬鬆的策略。只是隨著國共全面開戰，寬鬆的政策隨即被上緊發條。

以民國 35（1946）年 11 月修改「進出口貿易暫行辦法」為著眼，政府將一切進口商品納入許可管控的措施，再度走回戰時貿易管制的路線。除 15 項生產器材准許進口、209 項商品限額進口、139 項商品以外匯管制進口外，計有 39 項商品被禁止進口、646 項商品被暫停進口，其中以飲食與紡織商品最多。與此同時，台灣行政長官公署也嚴格禁止 103 項的商品進口，以飲食商品居多。出口貿易政策方面，中央政府加強食用油（成品、原料）與棉紗、棉布之出口管制，台灣省府則大幅提高對糧食、金屬品、麻袋、木材、肥料、樟腦、煤炭、度量衡、菸草、酒等出口管制。諸如此類的進出口貿易管制措施，隨台灣過渡制度磨合期後，在民國 37（1948）年元月中央與地方達成協調機制後，一同積累加諸在台灣這塊土地上，構成進、出口商品高管制的貿

易政策，這樣的政策實已等同戰時管制經濟政策。同年（1948）8 月政府更大幅調高進口稅率約 1.5 至 4 倍，分類最高平均稅率竟高達 174.03%（絲織品），食品飲料類商品也高達 104.19%，對民食（維生物資除外）、民衣等商品均課予相當高的消費稅，而對於燃料、工業產品僅微幅調漲，高關稅、高管制關貿政策形成。

整體而言，進口關稅結構朝「重生產、輕消費」的調整方向。關稅如此，貿易管制也呈現一致化，有 88% 的紡織品（第一至四類）、86% 的食品飲料（第六類）被列為管制進口的商品，相反地，金屬與機械製品（第五類）則為 33%、化學與染料（第八類）為 35%；出口貿易管制方面承襲陳儀時代的措施進而加以擴大，除嚴禁維生糧食移出或輸出外，更限制金屬原料、成品，以及肥料、煤、木炭、瓊麻、樟腦等物資移出。雖然這是戰爭對財政急迫需求的考量，以及戰爭對生產財需求之自然傾向，不過卻成為後來台灣關貿政策的基軸。隨著民國 38（1949）年間政府在大陸局勢惡化，以戒嚴令為依據，軍警人員尤其是保安司令部大力介入台灣邊境安全與貿易管制流通的監控，同時以台灣銀行為核心嚴格控管外匯之流通。在軍警所圍築的戒嚴體制下，結合對進出口貨物與外匯的多重管制，政府試圖以出口貿易額決定進口貿易的數量，亦即以「量入為出」的概念，來控制國家整體的對外貿易與外匯市場構成三合一的半封閉系統，成為主宰台灣國際貿易的機制。

第三，政府遷台初期軍事對抗氣氛濃厚，加以一百五十餘萬新移民的民生需求，均使得政府強化軍警對經貿的監控。以保安司令部為制高點，全面展開對港口、機場，以及國內市場之監控，甚至對於前線軍用品與公務單位也不放過。

政府為因應階段性需求，機動調整進口稅與貿易管制。首先是退出 GATT 後又得維持既有的協定關稅，此作法看似頗令政府為難於財政與外交需求。事實上，協定關稅稅則多為金屬品、機械製品、化學工業製品，其稅率本來就偏低，復以台灣經濟結構亦為「半農半工」，對於此類商品需求本來就極為迫切，甚至此類商品不少是陳儀以降，省府嚴格管制出口的商品，其用意均在於禁止出口，以維護省內資本財之庫存與運用。維持協定關稅的同時，政府再以調高核估進口商品完稅價格的基準，變相提高進口商品的關稅，而且是全面性；再者陸續加徵防衛捐，作為軍用專款。凡此提高進口關稅的作法，在於側重舒緩財政與國際收支的窘困。

　　貿易政策的調整方面由省政府爲主導，以民國 38（1949）年 6 月的「台灣省進出口貿易及匯兌金銀管理辦法」爲依據，在台灣脫離大陸經濟圈的過渡期，陸續發佈進出口貿易管制禁令。其貿易政策的基軸顯然儘量降低民生用品之進口，以減少外匯支出，並嚴格限制食、衣、住三大類商品及其生產原料出口，以維持戰備基本物資的需求。進口貿易管制方面，至民國 41（1952）年間，陸續發佈計 346 項商品列爲管制進口、暫停進口、禁止進口之商品，占全部商品之 32%。其中禁止進口商品爲 61 項、暫停進口由 505 項調降爲253 項、管制進口爲 32 項，其餘 702 項爲准許進口商品。進口貿易管制最嚴厲的商品爲第四類的絲製品，其次爲第七類的菸草製品、第三爲第十一類的生熟獸畜產品及其製品類。但是，禁止進口商品以第六類食品、飲料類最多達 22 項，其次爲第四類絲製品，第三爲第十六類雜類。暫停進口亦以第六類最多達 54 項。很明顯可看出：進口貿易管制仍然以食、衣類商品最多。藉由進口貿易管制，政府試圖大幅降低食、衣類商品的進口，因管制而扭曲此二類商品的市場價格，意味著對於台灣境內廣大消費者之不利。

　　相較於民國 35（1946）年底，此階段「准許進口類」商品的數量增加了不少。然而實質上，進口商必須自備外匯或憑「結匯證明書」與貨物信用狀向海關辦理貨物通關，而「結匯證明書」只能向出口商購買，這乃是出口商於出口商品後向台灣銀行結匯所獲得 80% 的「外匯券」，所以進口商除了受到貿易管制外，其外匯金融也受到政府的嚴格管制。即使進口商自備外匯，民國 40（1951）年 4 月新金融措施正式採用外匯審核制度，主要訂定進出口差別匯率，進口匯率美金 1：15.6；出口結匯匯率爲美金 1：14.5。進口匯率高於出口匯率，使得進口商品成本增加，無異是另一種附加稅。這些間接的消費稅均轉嫁爲消費者負擔。

　　除對於進出口貿易的外匯管制外，更嚴格管制台灣境內人民持有之黃金、白銀及外幣出境之規定，出境每人攜帶飾金總量以不超過 2 市兩爲限，銀飾總量以不超過 20 市兩爲限，外國幣券總值以不超過美金 200 元爲限。在此金融管制措施上，政府面對台灣內部民生需求大幅上升，如何避免民生物資外流的當務之急，也採取嚴格的節約措施與限制出口的經貿政策。民國 38（1949）年 9 月以禁止糧食、食用油、棉花、棉胎、新舊麻袋、建材、金銀出口，限制金屬機器、食品與建材出口，並管制棉紗與麻原料出口，政府明顯限制民生有關的食、衣、住，以及與軍事用途有直接關係的商品出口。至

民國 47（1958）年間，共 303 項計 28% 的商品被列為管制出口的商品，其中
以第五類金屬及機械類之管制出口商品數量最多，共 99 項占該類商品之 49
%。此外，建築材料商品共 14 項占第十五類之 73%，木及木材製品共 38 項
商品占第十二類之 57%，也均被管制出口。甚至規定所有到台物資非經呈准，
不得轉口，而由台灣各港口運往馬祖、金門等各島嶼，也予以管制。如此嚴
厲的出口管制措施，可說是延續並擴大自陳儀主政時代以來之出口貿易管制
政策，其管制的內容以食、衣、住等商品，以及工業產品、資本財為多，很
明顯這是基於台灣幼稚的工業基礎之考量。只是同質性的出口貿易管制，陳
儀時代備受制肘，魏道明以降才受到中央的肯定，尤其陳誠主持台政以後，
中央莫不配合省府進行進出口貿易的管制政策，可說以台灣為主體性考量的
貿易政策才形成，如此的歷史發展當然是與國民政府對於台灣的依賴有直接
的關係。

　　總之，政府遷台初期，關稅維持高關稅，並以調高核估完稅價格的方式，
再度全面調高關稅 10%～20%，同時雖退出 GATT 卻維持以資本財為主體的
協定稅率，得以解決財政、外交與經貿等需求的矛盾困境。進口貿易管制上，
大幅限制食、衣類商品，出口貿易則嚴格限制資本財之出口。換言之，「輕消
費、重生產」的關貿政策基軸清楚呈現。

　　在此關貿政策基軸上之最為重要的調整，莫過於迎合大陸紡織資本遷
台，大幅調降紡織業（尤其棉紡織業）的進口稅與貿易管制，包括棉花免
稅一年、調降棉紗稅率，並結合美援免費的原棉與代紡代織之統制再生產
機制，大陸紡織資本成功移植台灣。除此之外，政府僅調降民生食用油及
少數民生必需且為台灣境內無法生產的物資外，嚴禁飲食、紡織商品進口，
而將主要外匯用之於內部消費必需品與生產事業再生產需求的工業原料、
機器與生產財，主要在於減少不必要的消費，以建立進口替代產業。進口
替代產業在於優先滿足台灣內部的需求，同時對於得之不易的進口物資也
嚴格禁止其流失，以致在出口貿易政策上，不僅延續並擴大陳儀時期的出
口與出口轉運的高管制政策。進口貿易方面則管制民生消費性商品、出口
貿易則管制金屬、機械、建材與化學商品，前者在於台灣經濟得以自給的
前提下，降低外匯的流出；後者則是對於台灣不足的產業，嚴格禁止出口
或轉運出口以避免物資流失。如此，政府試圖以關貿政策建立進口替代產
業，並藉由進出口貿易管制政策，以最小的外匯支出，建立一個得以滿足

台灣自給自足經濟體系的貿易策略。在美援的協助下，尤其是大量免費的棉花與黃豆進口，解除紡織業與炸油業的原料問題，而得以成功建立台灣的紡織業與製油業，復以透過肥料換穀大量汲取農民的米穀〔註1〕，足衣、足食終得以補足高關稅、高管制政策結構下的「限衣」、「限食」的消費成本，而使得台灣的經濟穩定下來。

第四，在初步建立得以民生自足的經濟體系之後，如何不違背國家安全與財政收入的前提下，在半封閉的體系中擴大再生產機能，進而達到國家財政與產業資本累積的功能，其中勞力密集之出口代工與勞務出口，也就成為最經濟實惠的楔子。

以日治以來台灣紙帽加工業為對象，民國 40（1951）年政府實施紙帽進口原料加工出口退稅的政策，開啓獎勵勞力密集之出口代工業者的策略。民國 43（1954）年 5 月財政部釐訂「外銷品退還原料進口稅辦法」，將退稅制度擴大到外銷工業，這項退稅辦法初期雖然必須逐案申請、審核，且限制多、手續繁瑣，實際上也帶有試辦性質的色彩。然在此基礎上，中央與地方對於台灣產業發展，已有共同的默契，亦即減免加工原料進口稅，以低廉的勞工帶動台灣加工出口產業的發展〔註2〕。

擴大加工出口業的發展，政府乃於民國 44（1955）年 7 月 27 日修正發布「外銷品退還稅捐辦法」，擴大退還包括進口稅、進口結匯防衛捐、貨物稅等稅捐，並且除了「進口結匯防衛捐」必須於原料進口時繳現外，所有進口稅與貨物稅均得覓具擔保，向海關申報記帳放行，於期限內製成外銷品出口後予以沖銷，沖退稅制度得以大幅降低生產業者的周轉成本。民國 48（1959）年元月二度修改「外銷品退還稅捐辦法」，再加列沖退港工捐，至此可說：政府已將進口原料所有可能課徵的稅捐全數賦予業者沖退的機會，所有進口加工原料已接近免稅的程度。同時，也放寬生產製造與申請沖退稅的期限，製造期限由三個月延長為一年，沖退稅期限也由三個月延長為半年。這對於出口製造業者當然是一大獎勵，退稅、沖退稅金額也逐年呈跳躍式倍增，民國 54（1965）年退稅金額已占關稅的三分之一。

〔註 1〕有關財經與產業政策對農民的剝削問題，因非本文討論範圍，留待將來進一步研究。

〔註 2〕有關財經與產業政策對勞工的剝削問題，因非本文討論範圍，留待將來進一步研究。

退稅、沖退稅制度隨著業務量急遽增加而變成極為繁瑣而複雜。蓋出口廠商所用原料及中間品如係直接進口,退稅手續較為簡單。相反地,出口廠商所用原料及中間品係由國內其他廠商提供,則其中所含之進口成份亦可要求退稅,但由進口及中間加工以至最後售予出口廠商加工出口,其過程所經歷之加工層次甚多,退稅手續也就變為極為複雜〔註3〕。截至民國 57(1968)年底,不同廠商不同產品的專案退稅標準,約達三萬種以上。為簡化退稅手續乃於民國 58(1968)年 8 月將所有得以沖退稅商品,分類為二十七大類,訂定定額、定率退稅辦法,初期定額二十一類、定率六類,如此,才解決退稅、沖退稅的技術性問題。

既然為博取外匯而獎勵出口,勢必調整前述的出口貿易管制政策,民國 46(1957)年起政府陸續逐步放寬出口限制,民國 47(1958)年全面解除出口管制,台灣出口擴張政策應濫觴於此。此外,退稅、沖退稅是一種以出口為「條件」的進口優惠政策,其終極目的在於業者「保證出口」的條件下,賦予進口加工原料幾近免稅的優惠。既然是「條件」的優惠,也就只是在不違背國家既定的大前提下,開啟一條出口方便之門而已,也就是政府依然維持既有的進口節流策略,所以呈現在進口的關貿政策上,仍然相當保守。綜觀民國 44(1955)、48(1959)、54(1965)年間所修改的進口稅則稅率與貿易管制政策的方向來看,紡織商品與飲食飲料類商品的變動最大。

紡織商品的進口稅率調整後仍維持相當高的水準,因而調降稅率的意義不大。進口稅率方面,呈現調高或維持既有的稅率結構;貿易管制政策方面,進口管制並未放鬆甚至強化。成品高稅率有助於保護國內紡織產業,出口的解禁當然是為了出口的擴張。只是如棉花與棉紗等紡織原料,進口稅率相對提高將增加製造業之成本而降低產業的保護率。紡織原料關稅偏高的背後,除了財政需求外,同時政府也以退稅、沖退稅制度,展開對紡織品出口的獎勵性機制。因為紡織產業不再只是內需產業,更是成為台灣最重要的出口產業。

日用飲食商品整體平均稅率呈現調降的趨勢,進一步分析各品稅率結構,導致平均稅率降低的原因,乃調降酒類、飲水品的影響最大,其次為調降魚介海產品與葷食日用雜貨,至於糖品與雜糧蔬果品則僅些微浮動。值得注意的是,所有魚介海產品不是禁止進口、暫停進口就是管制進口,限制之

〔註 3〕蔣碩傑著,《蔣碩傑先生建言錄》,頁 45。

高遠甚於紡織品，以致調降進口稅率的意義不大。因此，政府對於飲食物資
商品仍以「自主與節儉」爲原則，凡台灣自產的產品幾乎限制進口，而維生
糧食與一般香料低關稅、低管制外，其餘也嚴格限制。其中專賣的菸酒幾乎
完全封殺，魚介海產也轉變爲以管制的策略限制進口，這與台灣漁業的發展
有密切的關係；日用雜貨與休閒飲料以「節儉」爲前提，非民生必需即予限
制進口；蔬果香料則以稅制量。

　　總之，此階段政府一方面維持前階段高關稅、高管制的節流策略，在此
前提下，對於得以加工出口的進口原料予以退稅、沖退稅的補貼獎勵，進而
擴大開源的機制。這樣的補貼獎勵於民國 48（1959）年 9 月台海第二次危機
接近尾聲，兩岸由熱戰對抗轉爲冷戰對峙後，是年底政府進一步提出「獎勵
投資條例」促進台灣內部產業的提升，而各種積極性關貿措施如稅捐擔保、
分期繳納、保稅工廠與加工出口區制度紛紛推展開來，在民國 54（1965）至
56（1967）年間陸續完成。而代表關稅政策法律化具有指標性的關稅法於 56
（1967）年立法完成，除規定關稅課徵的行政程序外，對於積極性關貿政策
也加以立法法制化，或是將特別法案納入海關的監管，以改善國際貿易商品
的流通效率等。至此，台灣的關貿政策可謂走向法制化。

　　透過前述的討論，可以把台灣關貿政策的歷史演變歸納爲三個機制與一
股反動力量來說明。

　　第一個機制是以台灣爲主體的國家邊境安全與經貿流通之監管機制。這
個機制源自陳儀時代的省署與海關雙方，其對於邊境安全與國際貿易管理的
磨合乃至協調合作的過程所形成的二元機制。民國 38（1949）年以後，擴大
結合軍警、海關、港務與金融銀行構成政府機關專業分工，維護台灣國家邊
境安全與監控經貿的流通。不過，以保安司令部爲主體，對台灣人身自由、
物資流通與新聞書刊檢查等全面監視的白色恐怖，此一機制深富箝制台灣人
民人權與與自由的色彩。

　　第二個機制是在高關稅、高管制的關貿政策下，犧牲廣大消費者的節流
機制。此階段進口稅率之高空於中國與台灣歷史，而在稅率結構上呈現民生
消費品高關稅、工業原料或資本財低關稅的現象，大體與進出口貿易管制政
策一致，也就是保護國內民生物資產業，以建立進口替代的產業。高額的關
稅再加上附加稅與防衛捐，全數轉嫁於廣大的消費者，其利益則爲生產者、
貿易商之利潤與國家財政收入。

第三個機制是以政府積極獎勵生產者擴大再生的開源機制。這是在不違背高關稅、高管制的前提下，爲改善國際收支平衡的策略。從退稅制度到結合關稅記帳與退稅的沖退稅制度，乃至保稅工廠、加工出口區之設置等，均爲在節流體制的大前提下，爲台灣開啓一條促進出口的貿易獎勵政策。

綜觀台灣關貿政策的演變，以台灣爲主體的國家建立貫穿歷史的發展脈絡，而其過程又以犧牲消費者作爲國家財政與資本累積的前提，進而獎勵生產者擴大內部再生產，以促進出口擴大再生。這樣的過程卻嚴重扭曲市場機能，以致以走私方式來滿足內部消費需求的地下經濟歷久不衰，這股反動力量以遊走邊境的漁船與船員爲主體。

無論漁船或船員走私，不外將金、銀、外匯走私出口以作爲購買私貨的資金；而走私商品不外當時政府極力保護的紡織商品、專賣的菸酒商品，以及高稅率如手錶等民生消費商品；走私地點不外香港與日本，又以香港爲大本營，台港線走私可說是船員、漁船走私的註腳。不管是藉由漁船爲工具，或是以船員身份爲掩飾的私梟，以強登隱蔽海岸、製作秘密空間夾藏私貨，均爲躲避軍警、海關人員的查緝，甚至進而兩者合作以商輪船員海上丟包，再由漁船接駁偷運進口等，其勢力之龐大成爲海關最爲棘手的工作。甚至海關人員也難禁高額暴利的誘惑，成爲走私客的共犯結構之一，因爲筆者很難相信沒有海關人員的「配合」，爲數高達五、六千碼的布料，可由泊岸輪船船員，逐批夾帶通過層層的海關與軍警的檢查，最有可能的歷史情境就是：船員與某些海關、軍警結合成爲一體的共犯結構，才有可能完成如此不可能的任務。

當然監控邊境安全與國際貿易流通的政府單位，不盡然全爲私梟之一丘之貉，海關與軍警也不斷改善查緝走私的策略。由抄船、駐船、駐段等陸上巡邏，到港口內外巡緝艦艇的巡緝，逐漸落實將台港線船舶集中於固定碼頭加以圍堵的策略，使得船員與漁船走私轉型，漁船轉爲海上丟包、船員則將走私商品零星化。漁船走私有賴海上巡緝艦的查緝，或許基於財政預算拮据，海關新建船舶以港內巡邏的巡緝艇爲主，以致漁船走私問題有賴駐防全台各大小港口的軍警協助；至於零星化夾帶私貨出境的船員，一如後來空運發達後的單班幫客遊走在法律邊緣，嚴厲挑戰海關人員的職業道德。

徵引文獻

一、中文資料

（一）檔案與史料

《財政部高雄關稅局檔案》（未整理公開）

  1. Inspector General's Circulars（民國元年～38 年）

  2. Inspectorate General of Customs，S/O Letter（民國 34 年～40 年）

  3. 海關總稅務司署訓令（渝字：民國 34 年～36 年）

  4. 海關總稅務司署通令（台字：民國 39 年～57 年）

  5. 海關總稅務司署函（統字：民國 50 年～57 年）

  6. 海關總稅務司署呈（台字：民國 50 年～57 年）

  7. 台南關稅務司 S/O Letter（民國 34 年～38 年）

  8. 台南關稅務司公署呈文（民國 34 年～60 年）

  9. 台南關稅務司公署訓令（民國 34 年～60 年）

 10. 台南關稅務司公署公告（民國 34 年～39 年）

 11. 台南關稅務司公署職字令（民國 34 年～60 年）

 12. 台南關稅務司公署代電（鈔字：民國 34 年～60 年）

 13. 台南關總務課之船舶登記資料（民國 35～40 年）

 14. 台南關馬公支關代電（馬字：民國 35 年～38 年）

 15. 台南關稅務司公署代電（馬字：民國 35 年～38 年）

 16. 台北、台南關稅務司公署會呈文（稿）（民國 37 年～38 年）

《財政部基隆關稅局檔案》（未整理公開）

  1. 台北關稅務司 S/O Letter（民國 34 年～38 年）

2. 台北關稅務司公署呈文（民國 34 年～42 年）

3. 台北關稅務司公署代電（政字：民國 34 年～38 年）

4. 台北關稅務司公署佈告（民國 34 年～38 年）

財政部海關總稅務司署統計科

1945 《中華民國海關進口稅稅則（民國 34 年 9 月）》。上海：海關總稅務司署統計科。

1945 《中華民國海關出口稅稅則》。上海：海關總稅務司署統計科。

1948 《中華民國海關進口稅稅則（中華民國 37 年 8 月）》。上海：海關總稅務司署統計科。

1951 《中華民國四十年中國進出口貿易統計年刊（台灣區）》。台北：海關總稅務司署統計科。

財政部海關總稅務司署人事科編

1948 《海關職員題名錄》第七十四期。上海：海關總稅務司署。

財政部關務署、財政部海關總稅務司署編印

1977 《關務年報（中華民國 65 年）》（台北：財政部關務署、財政部海關總稅務司署，民國 66 年 9 月）。

1979 《關務年報（中華民國 68 年）》（台北：財政部關務署、財政部海關總稅務司署，民國 69 年 4 月）。

1982 《關務年報（中華民國 71 年）》（台北：財政部關務署、財政部海關總稅務司署，民國 72 年 5 月）。

台灣貿易出版社

1952 《1952 准許進口貨品表及海關稅則》。台北：台灣貿易出版社。

陳誠（石叟叢書）

1949 〈民國 38 年 1 月 7 日電呈總統蔣報告台省港灣交通情形請示應急措施〉收於《石叟叢書（文電：文電甲類）》。

1950 〈民國 39 年 12 月 27 日函呈總統蔣請准辭行政院長及中央改造委員等職〉收於《石叟叢書（文電：文電甲類）》。

1949 〈民國 38 年 1 月 8 日電復總統蔣報告子魚府機電遵辦情形〉收於《石叟叢書（文電：文電甲類）》。

生管會檔案

民報（民國 35 年至 38 年）

台灣時報

台灣省政府秘書處

1948　〈台灣省政府公報〉37 年春字第 19 期。

〈台灣省政府公報〉38 年秋字第 7 期。

1949　〈台灣省政府公報〉38 年秋字第 68 期。

1951　〈台灣省政府公報〉40 年夏字第 5 期。

中國國民黨中央委員會黨史委員會（編）

1990　《光復台灣之籌劃與受降接收》。台北：近代中國出版社。

中國第二歷史檔案館編

2000　《中華民國史檔案資料匯編（第五輯第三編財政經濟（一））》。江蘇：
　　　古籍出版社。

2000　《中華民國史檔案資料匯編（第五輯第三編財政經濟（五））》江蘇：
　　　古籍出版社

中國租稅研究會、財政部賦稅研究小組合編

1963　《中華民國稅務年鑑》。台北：財政部稅制委員會。

中國租稅研究會、財政部賦稅研究會合編

1974　《中華民國稅務通鑑》二編。台北：財政部稅制委員會。

王曾修

1976　《海務年報》。台北：海關總稅務司署。

左丘明著、杜預集解、竹添光鴻會箋

1986　《左傳會箋》。台北：明達出版社。

田濤主編

1996　《清朝條約全集》第一卷。黑龍江：人民出版社。

台灣銀行

1947　〈台灣光復以後之經濟法規〉，《台灣銀行季刊》1：1。

台灣行政長官公署統計室編印

1994　《台灣省五十一年來統計提要》。南投：台灣省政府主計處重印。

行院主計處編印

1955　《中華民國統計提要（1955）》。台北：行政院主計處。

1956　《中華民國統計提要（民國 45 年）》。台北：行政院主計處。

1960　《中華民國統計提要（民國 49 年）》台北：行政院主計處。

李文環

　1998　〈張鐘聲先生訪問記錄〉（未刊稿）。

　1998　〈楊枝福訪談記錄〉，未刊稿。

何鳳嬌（編）

　1990　《政府接收台灣史料彙編》。台北：國史館。

林辰彥、梁開天、鄭炎生主編，

　1998　《關稅法（第一冊）》。台北：大追蹤出版社。

周鍾瑄

　　　　《諸羅縣志・澎湖紀略（合訂本）》。台灣文獻史料叢刊第一輯，台灣
　　　　大通書局印行。

高雄港務局（編）

　1945　《引繼書——舊高雄稅關部分》，手稿。

高雄市文獻委員會（編）

　1958　《高雄市志（港灣篇）》。高雄：高雄市文獻委員會。

國史館重印

　1982　《中華民國海關華洋貿易總冊——中華民國二十年（1931）（一）》。
　　　　台北：國史館。

　1982　《中華民國海關華洋貿易總冊——中華民國二十三年（1934）年刊
　　　　（一）》。台北：國史館。

國史館（編）

　1989　《航政史料》。台北：國史館。

陳興唐（編）

　1992　《台灣二二八事件檔案史料》上、下卷。台北：人間出版社。

趙汝适

　1962　《諸蕃志》。台北：商務書局，台一版。

屠繼善

　1992　《恆春縣志》。南投：台灣省文獻委員會。

廈門市志編纂委員會

　1990　《近代廈門社會經濟概況》。廈門：鷺江出版社。

財政部稅制委員會編譯

　1974　《布魯塞爾關稅稅則註解》。台北：正中書局。

財政部稅制委員會編印

　1992　《關稅、海關緝私法令彙編》。台北：財政部稅制委員會。

　1992　《關稅法及其施行細則歷次修正條文對照表》。台北：財政部關稅總
　　　　局。

雷震著，傅正主編

　1989　《雷震全集》。台北：桂冠圖書。

藍鼎元

　1997　《東征紀略》。南投：台灣省文獻委員會。

薛月順編

　2001　《台灣貿易局史料彙編（第一冊）》。台北：國史館。

薛月順編

　1993　《資源委員會檔案史料彙編──光復初期台灣經濟建設（上）》。台北：
　　　　國史館。

薛月順、曾品滄、許瑞浩主編

　2000　《戰後台灣民主運動史料彙（一）──從戒嚴到解嚴》。台北：國史
　　　　館。

盧德嘉

　1993　《鳳山采訪冊》。南投：台灣省文獻委員會。

（二）專書

丁永隆、孫宅巍合著

　1992　《南京政府崩潰始末》。台北：巴比倫出版社，1992。

王洸（編）

　1982　《中華水運史》。台北：商務印書館。

王樹德

　1980　《服務海關四十一載瑣記》。台北：王樹德。

王賡武

　1997　《香港史新編》。香港：三聯書店。

尹仲容

　1963　《我對台灣經濟的看法》。台北：美援運用委員會。

石鳳翔

　1954　《棉紡學（上冊）》。台灣：大秦紗廠。

台灣經世新報社（編）

  1994　《台灣大年表》。台北：南天書局。

台灣銀行經濟研究室編

  1951　《台灣漁業之研究（第一冊）》。台北：台灣銀行。

  1951　《台灣之水產資源》。台北：台灣銀行。

  1954　《台灣之植物油脂資源》。台北：台灣銀行。

世界華商貿易會議聯絡處、中華民國航運學會合編

  1969　《世界華商行業概況》航運年鑑第二輯。台北：中華民國航運學會。

交通部（編）

  1991　《中華民國交通史（上）》。台北：交通部。

李國鼎、陳木在合著

  1987　《我國經濟發展策略總論》（上、下冊）。台北：聯經出版社。

李國鼎

  1999　《台灣經濟發展背後的政策演變》。台北：李國鼎科技發展基金會。

李國鼎

  1999　《台灣的工業化》。台北：李國鼎科技發展基金會。

李國鼎

  1978　《台灣經濟快速成長的經驗》。台北：正中書局。

李文環

  1999　《高雄海關史》。高雄：財政部高雄關稅局。

李平、陸繼唐、李興華編

  1952　《台灣紡織工業專輯》。台北：工商新聞社。

沈雲龍編著

  1988　《尹仲容先生年譜初稿》。台北：傳記文學出版社。

杜正勝

  1992　《古代社會與國家》。台北：允晨文化實業。

汪敬虞主編

  2005　《中國近代經濟史（1895～1927）》（下冊）。北京：人民出版社。

林鐘雄

  2004　《西洋經濟思想史》。台北：三民書局。

吳景平

　　1998　《宋子文評傳》。福州：福建人民出版社。

柳復起

　　1970　《關稅論》。台北：財政部財稅人員訓練所。

袁穎生

　　1998　《光復前後的台灣經濟》。台北：聯經出版社。

徐焰

　　1992　《台海大戰（上編）》。台北：風雲時代。

財政部關稅總局（編）

　　1995　《中華民國海關簡史》。台北：財政部關稅總局。

高柳松一郎著，李達譯

　　　　　《中國關稅制度論》。台北：文海出版社。

陶玉其

　　1968　《中國關稅制度及實務》。台北：陶玉其。

張漢裕

　　1957　《英國重商主義要論》。台北：台灣銀行。

張鴻春

　　1976　《關稅概論》。台北：世界書局。

張志純

　　1992　《塑膠大全》》。台北：國史館。

張讚合

　　1996　《兩岸關係變遷史》。台北：周知文化事業與佛光大學聯合出版。

翁嘉禧

　　1998　《台灣光復初期的經濟轉型與政策（1945～1947）》。高雄：復文圖書
　　　　　出版社。

連橫

　　1979　《台灣通史（下）》。台灣文獻叢刊第二輯，台北：古亭書局。

陳慈玉

　　1999　《台灣礦業史上的第一家族──基隆顏家研究》。基隆：基隆市立文
　　　　　化中心。

陳慈玉、莫奇屏訪問，陳南之、蔡淑瑄、潘淑芬紀錄

1992　《蔣碩傑先生訪問記錄》。台北：中研院近史所。

陳詩啓

1987　《中國近代海關史問題初探》。北京，中國展望出版社。

1999　《中國近代海關史（民國部分)》。北京，人民出版社。

陳翠蓮

1995　《派系鬥爭與權謀政治──二二八悲劇的另一面相》。台北：時報出
　　　版社。

陳明通

1995　《派系政治與台灣政治變遷》。台北：新自然主義股份有限公司。

陳思宇

2002　《台灣區省產事業管理委員會與經濟發展策略（1949～1953）──以
　　　公營事業為中心的探討》。台北：國立政治大學歷史學系。

黃東之

1956　〈台灣之紡織工業〉收於《台灣之紡織工業》（台北：台灣銀行。

黃通、張宗漢、李昌槿合編

1987　《日據時代台灣之財政》。台北：聯經出版社。

黃嘉謨

1961　《甲午戰前之台灣煤務》。台北：中央研究院近代史研究所，民國 50
　　　年。

黃登忠

1952　《台灣省五年來物價變動之統計分析》。台北：中國農村復興聯合委
　　　員會。

黃清淂

2000　《海關歲月》。台北：黃清淂。

康信鴻

2003　《國際貿易原理與政策》。台北：三民書局。

葉雅極編著

1995　《稅則分類精義》。台北：財政部才稅人員訓練所。

葉倫會

1995　《中華民國海關簡史》。台北：財政部關稅總局。

趙岡、陳鍾毅

　1977　《中國棉業史》。台北：聯經出版上。

趙淑敏

　1982　《中國海關史》。台北：中央文物供應社。

銀行學會（編）

　1970　《民國經濟史》。台北：學海出版社。

蔡渭洲編著

　1989　《中國海關簡史》。北京：中國展望出版社。

劉進慶著，王宏仁、林繼文、李明俊譯

　1993　《台灣戰後經濟分析》。台北：人間出版社。

劉泰英

　1973　《外銷退稅制度之改進》。台北：財政部財稅人員訓練所。

劉科

　1988　《關稅估價論——從真正起岸價格到交易價格估價制度》。台北：中
　　　　華徵信所。

蔣碩傑著，歐崇敬主編

　1995　《蔣碩傑先生學術論文集》。台北：遠流出版事業股份有限公司。

蔣碩傑著，歐崇敬主編

　1995　《蔣碩傑先生建言錄》。台北：遠流出版事業股份有限公司。

鄭梓

　1994　《戰後台灣的接收與重建——台灣現代史研究論集》。台中：新化圖
　　　　書有限公司。

鄭文輝

　1973　《台灣有效保護率研究——兼論非關稅性措施對產業保護之影響》。
　　　　台北：財政部財稅人員訓練所。

盧海鳴

　1994　《海關蛻變年代——任職海關 42 載經歷》，台北：盧海鳴。

賴澤涵、馬若孟、魏萼（著），羅珞珈（譯）

　1993　《悲劇性的開端——台灣二二八事變》。台北：時報出版社。

薛琦主編

　1995　《台灣對外貿易發展論文集》。台北：聯經出版社。

薛化元主編、李永熾監修

1993　《台灣歷史年表（終戰篇：1945～1965）》。台北：財團法人張榮發基金會。

戴國煇、葉芸芸

1992　《愛憎二‧二八──神話與史實：解開歷史之謎》。台北：遠流出版社。

嚴演存

1991　《早年之台灣》。台北：時報出版社。

蕭全政

1997　《台灣地區的新重商主義》。台北：業強出版社。

（三）期刊、論文

王旭堂

1991　〈先進國家與開發中國家經濟發展的互動關係〉，《台灣銀行季刊》42：4。

刑慕寰

1969　〈台灣工業發展與貿易政策之檢討〉，《台灣對外貿易論文集》。台北：聯經出版社。

自由中國之工業

1957　〈台灣的漁業〉，《自由中國之工業》7：2。

李登輝、梁國樹

1971　〈台灣的保護結構〉，《經濟論文叢刊》第二輯。台灣大學經濟學研究所。

李文環

1999　〈戰後初期台灣對外貿易之政經分析（1945～1949）〉。成功大學歷史學研究所碩士論文。

1999　〈戰後初期台灣關貿政策之分析（1945～1949）〉，《台灣風物》49（4）：129～170；50（1）：69～106。

2001　〈失落的「小上海」──戰後初期的布袋港研究（1945～1949）《台灣風物》51（4）：53～94。

何珍予

1969　〈關稅保護效果的研究──有效保護率的分析〉，台灣大學經濟學研究所碩士論文。

林炳文

1974　〈黑克謝－歐林理論之探討〉,《經濟研究論文選集》2：1。

林邦充

1969　〈台灣棉紡織工業發展之研究〉,《台灣銀行季刊》20：2。

周玲惠

1996　〈我國關貿政策之政治經濟分析（1950～1990）〉。台灣大學　三民主義研究所碩士論文。

政經報

1945　〈糧食問題對策──政治經濟研究會第一次討論討論會紀錄〉,《政經報》1：1。

孫克難

1982　〈台灣關稅保護政策與產業結構轉變〉。台北：中華經濟研究院。

許永河

1994　〈馬克斯與傳統經濟理論中的價值、階級與分配〉,《成功大學社會科學學報》第七期。

陳國棟

1980　〈清代前期的粵海關（1683～1842）〉。台灣大學歷史學研究所碩士論文。

陳霞洲

1961　〈保稅倉庫與台灣對外貿易〉,《台灣貿易週報》23：25。

梁國樹

1972　〈有效保護關稅之理論與測定〉,《社會科學論叢》二十一輯（台灣大學法學院,民國61年5月）。

湯熙勇

1997　〈戰後初期高雄港的整建與客貨運輸〉,收於黃俊傑編《高雄歷史與文化論集》（第四輯）。高雄：陳中和翁慈善基金會。

楊淑媚

1985　〈台灣加工出口區績效之評估〉。政治大學國際貿易研究所碩士論文。

蔡文雄

1984　〈改進海關對加工出口區監管制度之研究〉。高雄：財政部高雄關（財政部七十四年度研究發展專題報告）。

鄭文輝

　1973　〈台灣產業有效保護結構之研究〉，《台灣銀行季刊》24：2　（民國62年6月）。

潘聖潔

　1987　〈關稅政策與我國產業發展的關係〉。政治大學國際貿易研究所碩士論文。

顏清梅

　1993　〈台灣光復初期米糧問題之研究〉。台中：東海大學歷史學研究所碩士論文。

譚毓群

　1969　〈台灣蘆筍產銷及價格之研究〉，《台灣銀行季刊》20：2。

蘇新

　1945　〈再論糧食問題〉，《政經報》2（1）：1～3。

二、日文資料

小林久平

　1936　《石油工業》。東京：日本評論社。

小池金之助

　　　　〈台灣帽子の話（一）〉，《台灣時報》（昭和15年7月）。
　　　　〈台灣帽子の話（二）〉，《台灣時報》（昭和15年8月）。

日本大藏省（編）

　1940　《明治大正財政史》第19卷：外地財政（下）。東京：財政經濟學會。

台灣總督府淡水稅關（編）

　1907　《台灣稅關十年史》。台北：淡水稅關。

台灣總督府財務局（編）

　1935　《台灣の關稅》。台北：台灣總督府財務局。

高橋龜吉

　1995　《現代台灣經濟論》。台北：南天書局。

紡織雜誌社

　1940　《紡織要覽（昭和14年度）》。東京：紡織雜誌社。

蔦信彥

　1989　《東京回合談判》。台北：財政部財稅人員訓練所。

臨時產業調查局

　1918　《台灣二於ケル棉花二關スル調查成績》。台北：臨時產業調查局。

殖產局農務課

　1935　《棉花》。台北：殖產局農務課。

幡原隆治

　1934　《日本棉花栽培法》。東京：丸山舍。

熱帶產業調查會

　1935　《黃麻》。台北：殖產局農務課。

　1935　《苧麻》。台北：殖產局農務課。

三、西文資料

Adam Smith 著，張漢裕譯

　　　　《國富論（下冊）》（經濟學名著翻譯叢刊第二種）。

Stanley F. Wright

　1950　*Hart And the Chinese Customs*（London：WM. Mullan & Son LTD）

Thomas Mun 著，周憲文譯

　1972　《重商主義論》。台北：台灣銀行。

George Kerr（著），陳榮成（譯）

　1997　《被出賣的台灣》。台北：前衛出版社。

附錄一：進口稅則暫行章程

（民國 18（1929）年 7 月 18 日關務署發布）

第一節：

凡應從價納稅之進口貨，其完稅價格應以輸入口岸之躉發市價作為計算根據，至躉發市價則以當地通用貨幣為準，此項市價於折合關平計算稅額時，應視為超過完稅價格，其超過數目為（甲）該貨物稅率之數（乙）該貨完稅價格百分之七

（附註）核定完稅價格之公式如左：躉發市價*100/100+稅率+7＝完稅價格

第二節：

呈遞進口報關單時，應呈驗真正發票，廠家發票亦包括在內，該發票應載明該貨售於進口商之價值，並由進口商證明無訛，所有運費、保險費及其他各費亦應詳載無遺。

第三節：

倘貨物於未報關之前業已售出，亦應檢同真正合同與報關單一併呈驗。

第四節：

發票與合同均可視為貨價之憑證，但非必可以視為確定之憑證。關於此點，其解釋應由海關酌定之。海關除責令商人呈驗發票、合同外，並得任便行使一切有效方法，例如：檢查與估價有關之其他各種文件，調查雙方證明之詳細售貨單據，檢查商家簿冊，考察貨色暨於必要時從事一切訪問，以及延請任何私人協助，以便確定完稅價格。

第五節：

進口商對於海關所定價格或分類或其所徵稅銀，或費用數目認爲不滿意時，可於報關單或海關他項登記歸案以後二十日內，用書面向稅務司提出抗議，明白聲敘反對理由，在該案未解決以前，該商得呈繳押款請將貨物先予放行，該項押款之數須足敷完納稅銀全數，及海關所定其他加徵之款。但此項辦法以經海關許可者爲限，稅務司於接到抗議書後十五日內，應將該案重行審核，倘認該商抗議爲不合，應將該案呈請總稅務司轉呈關務署交由稅則分類估價評議會審定之。

第六節：

稅則分類估價評議會開會時，關於手續等事發生一切問題應由多數議決，此項多數議決案須陳經關務署批准，並於十五日內（例假在外）公布一體遵照。

第七節：

關於貨價爭執案件，如經稅則分類估價評議會決定該貨實價，較抗議人原報之數超過百分之二十或以上者，則海關得於徵收其應納之正稅外，飭令遵繳匿報稅銀十倍之罰款。

關於價格上發生爭議之貨物，在未輸入以前業經出售者，當報關時並未呈驗合同，則該合同日後如向稅則分類估價評議會呈驗，擬作爲該貨價格之平證時，須經商人或其他代理人證明合同於報關時確不在輸入商人手中，並經稅則分類估價評議會全體會員認爲完全滿意後，方爲有效。倘於進口以前已經出售之貨物，查明其合同在進口時故意隱匿，未向海關呈驗，則該項抗議案作爲無效。

第八節：

凡報關單暨各種發票及合同均須附載聲明「茲謹證明上述事項及數目均係確實無訛」等字樣，由呈請人簽字。

第九節：

本暫行章程自公布日施行，未盡事宜得隨時通告修正之。

稅則分類估價評議會章程

一、本會定名爲稅則分類估價評議會直隸於關務署。

二、本會之執掌如左：

　　甲、調查並決定關務署交議關於稅則解釋及定義，並貨物分類等問題。

　　乙、裁決各國商人對於海關所定稅則分類及所估完稅價格發生爭議之案
　　　　件。

三、本會由關務署長就下列機關指定委員五人組織之：

　　甲、國定稅則委員三人。

　　乙、總稅務司署二人，一為審権科稅務司；一為上海估驗處職員。〔註1〕

對於蕓發市價的解釋條文有四：

一、凡貨物於報運進口時，在輸入口岸之公開市場，以普通蕓發數量照普通
　　貿易情形自由銷售，或可以銷售之平均市價，認為蕓發市價。

二、凡貨物在輸入口岸無蕓發市價可考者，得以國內其他主要市場之蕓發市
　　價作為計算完稅價格之根據。

三、凡貨物在國內市場無蕓發市價可考者，其完稅價格應以真正起岸價格為
　　準，另加經手費及利息。此項經手費及利息依照普通情形應為該起岸價
　　百分之五。

四、凡貨物因左列情形既無蕓發市價又無真正起岸價格可以依據者，其完稅
　　價格得由海關斟酌規定之：

　　（甲）貨物係租賃性質，其所有權仍屬之他人者。

　　（乙）貨物負擔 Royalty，而此項 Royalty 並非確定者。

　　（丙）貨物係售於代理人或分行者。

　　（丁）貨物係在其他特殊情形之下運銷於中國者。

　　　　　稅則分類估價評議會主席委員　周典〔註2〕

前第三條修改為：

　　凡貨物在國內市場無穩發市價可考者，在普通情形之下，應以真正起岸
價格外加百分之五作為完稅價格〔註3〕。

〔註1〕Inspector Gener al's Circular s No.3944（Shanghai ,26th July, 1929）。

〔註2〕Inspector Gener al's Circular s No.4041（Shanghai ,10th March , 1930），Enclosure
　　　No1。

〔註3〕Inspector Gener al's Circular s No.4059（Shanghai ,21st Apr il , 1930），Enclosure。

※ 修改現行進口稅則暫行章程第一款第一節，及該節內之躉發市價解釋文第
　三項：

原條文：凡應從價納稅之進口貨，其完稅價格應以輸入口岸之躉發市價作爲
計算根據，此項躉發市價以當地通用貨幣爲準，惟於計算時應視爲超過完稅
價格，其超過數目爲

（甲）該貨物稅率之數（乙）該貨完稅價格百分之七

財政部以配合情勢起見，將（乙）修改爲「該貨完稅價格百分之十四」。

又躉發市價解釋條文第三項爲：

凡貨物在國內市場無躉發市價可考者，在普通情形之下應以眞正起岸價格外
加百分之五作爲完稅價格。

財政部修改爲「應以眞正起岸價格外加百分之十作爲完稅價格」〔註4〕。

※ 完稅價格原按起岸價格外加百分之十，修正爲百分之二十。（財政部：鑑
　於國內外物價仍有距離，前項修正辦法不能適應現況，爰將該章程第一款
　第一節內之躉發市價解釋條文第三項修正爲「三、凡貨物在國內市場無躉
　發市價可考者，在普通情形下，應以眞正起岸價格外加百分之二十作爲完
　稅價格」）。〔註5〕

※ 各關對於按躉發市價核計之進口貨完稅價格，縱使低於眞正起岸價格加二
　成，仍應以該項躉發市價作爲計算完稅價格之根據。〔註6〕。

〔註4〕海關總稅務司署通令第52號（民國40年5月5日）。
〔註5〕海關總稅務司署通令台字第119號（民國43年6月23日）。
〔註6〕海關總稅務司署通令，台字第220號（民國48年7月10日）。

附錄二：台灣省進出口貨品分類附表

（民國 38 年 9 月 19 日審定）

附表丙：禁止進口類商品

類　　別	貨名（稅則）	比　例
第一類棉及其製品類	1. 棉質假金銀線（77） 2. 花邊、衣飾、繡貨、其他裝飾品及全部用上列各物製成之貨品（80）	1.9%
第二類麻及其製品類	1. 花邊、衣飾、繡貨、其他裝飾品及全部用上列各物製成之貨品（102）	5%
第三類毛及其製品類	1. 花邊、衣飾、繡貨、其他裝飾品及全部用上列各物製成之貨品（115） 2. 純毛或雜毛地毯及其他地衣類（125）	7.4%
第四類絲及其製品類	1. 純絲或雜絲假金銀線（136） 2. 純絲或雜絲花邊、衣飾、繡貨、其他裝飾品及全部用上列各物製成之貨品（137） 3. 純絲或雜絲針織綢緞（138） 4. 純絲或雜絲剪絨、回絨（140） 5. 未列名純絲或雜絲綢緞（142） 6. 未列名衣服或衣著零件（144） 7. 未列名純絲或雜絲貨品（145）	24.1%
第六類食品、飲料、草藥類	1. 鮑魚（275 甲、乙、丙） 2. 海參（276 甲、乙、丙） 3. 淨魚翅（296） 4. 未淨魚翅（297） 5. 蘆筍（299）	12.5%

	6. 燕窩（303） 7. 餅乾（304） 8. 魚子醬（306） 9. 糖食（312） 10. 茶葉（333 甲、乙） 11. 樟腦（343 甲、乙） 12. 糖漿（396） 13. 糖（397 甲、乙） 14. 方糖、塊糖（397 甲、乙） 15. 冰糖（400 甲、乙）	
第十一類生熟獸畜產品及其製品類	1. 皮貨（567 甲-1、567 甲-3、567 乙） 2. 未列名全部或大部分皮貨製品（568） 3. 麝香（576） 4. 未列名象牙及獸牙製品（579）	14.3％
第十六類雜貨類	1. 古玩（633） 2. 鑲金屬器、薩摩磁器、漆器（634） 3. 未列名裝飾用材料（635） 4. 未列名首飾及裝飾品（645） 5. 修指甲用全副器具及零件、粉撲、粉盒、梳妝盒（650） 6. 真假珍珠（653） 7. 香水、脂粉、剃鬚皂、雪花膏、生髮油（655 甲、乙、丙） 8. 真假貴重寶石、半貴重寶石（658 乙） 9. 玻璃雨衣（664 甲） 10. 保溫器及其零件、附件（665） 11. 化妝用之器具（667） 12. 玩具及遊戲品（668） 13. 手提包、書包（669） 14. 傘、陽傘（670 甲、丙）	17.3％
總計		

資料來源：台灣省政府秘書處，〈台灣省政府公報〉38 年秋字第 68 期（民國 38 年 9
月 19 日），頁 985～987。

附表丁：禁止出口類商品（稅則依據出口稅則）

稅　則	貨　名
1	各種活野獸及野禽
4	禽皮及帶有小片野禽皮之羽毛
20	牲油（豬油及可供食用之油脂在內）
22	肥料、骨粉或末
23	乾、濕、醃、未醃生牛皮（小牛皮在內）
27 乙	未列名生皮、熟皮及熟皮製品
39	可供食用之硬化魚油
45	糠麩
46	蕎麥
47 甲、乙	雜糧粉
48	高粱
49	玉蜀黍
50	小米
51	米穀
53	小麥
54	未列名雜糧
88	金雞納皮
90	荳油（包括硬化油）
93	棉子油（包括硬化油）
94	花生油（生油，包括硬化油）
97	蘇子油
98	菜子油（菜油）
99	芝麻油
102	未列名植物油（如橄欖油、生菜油）
105 甲、乙	花生（帶殼花生與花生仁）
132	菸葉
140	生乾及切成片之馬鈴薯及蕃薯
145 乙	煮熟、炒或醃花生
145 乙與 256	米、雜糧、麥粉及其他穀類製成品

149	炭
157 甲-1	方形樑（長不過 8 公尺、方不及 30 公分）
157 丑-2	非方形者
158 甲-1	重木桅（長不過 12 公尺）
158 甲-2	重木桅（長不過 18 公尺）
158 甲-3	重木桅（長過 18 公尺）
158 乙-1	輕木桅（長不過 12 公尺）
158 乙-2	輕木桅（長不過 18 公尺）
158 乙-3	輕木桅（長過 18 公尺）
159	椿、柱、舵、樑
160 甲-1	重木板（長不過 5 公尺、寬不過 30 公分、厚不過 76 公釐）
160 甲-2	重木板（長不過 7 公尺、寬不過 30 公分、厚不過 76 公釐）
160 甲-3	其他
160 乙-1	輕木板（厚不過 25 公釐）
160 乙-2	輕木板（厚過 25 公釐，不過 51 公釐）
160 乙-3	輕木板（厚過 51 公釐，不過 76 公釐）
160 乙-4	輕木板（厚過 76 公釐，不過 102 公釐）
160 乙-5	輕木板（厚過 102 公釐，不過 127 公釐）
160 乙-6	輕木板（厚過 127 公釐，不過 152 公釐）
160 乙-7	輕木板（厚過 152 公釐）
161	柚木
162	未列名木材及木
174	棉花
175	廢棉花
185	棉胎
209 甲、乙	新舊麻袋
214	政府管理之各類礦產品---礦砂
215	政府管理之各類礦產品---銻
217 丙、丁 219 甲 216 己	銀幣、銀條、銀塊、金條、金塊、鎳、合金輔幣、銅錢、銅幣，以及由銅錢、銅幣溶化之銅
218 甲	紫銅錠、塊
225 乙	未列名金屬及金屬製品

249	未列名肥料
250	國父墨蹟、古版書籍、政府機關檔案
258	古物
270	未列名食油，如動植物合成食油
總計：69 項商品	

資料來源：台灣省政府秘書處，〈台灣省政府公報〉38 年秋字第 68 期（民國 38 年 9 月 19 日），頁 987～989。

表（二）：管制出口商品（依據海關進口稅則）

類　別	貨品名稱（稅則）	出口限制
第一類	棉紗（75）	出口須經物資調節委員會核准
第三類	黃麻（178）	出口須經物資調節委員會核准
第五類	未鍍鋅鐵管（186）、軌、鐵或鋼（188）、鋼板（191）、鋼片（192）、花馬口鐵（195）、素馬口鐵（196）、鋼絲（199）、鍍鉛鐵板、未鍍鋅鋼或鐵（200）、鍍鋅鋼管鐵管（203）、鍍鋅鐵片（204）、鍍鋅鐵絲（205）、鍍鋅或未鍍新鐵圈絲段、條段、箍頭（207）、未列名舊鐵碎板、鐵或鋼（208）、絲繩、鐵或鋼（209）、竹節鋼（211）、工具鋼（213）、鐵錫屑（216）、鉛（218）、鉛片（220）、其他鉛類（222）、水銀（227）、鋅（236）、鋅片（237）、紡織機器（252 丁）、電動機、發電機及變壓器（245）、絕緣電線、電纜、電線（263）、安培計、電壓計、（268）	出口須經物資調節委員會核准
第五類	捲煙機器（252 辛）	出口須經菸酒公賣局核准
第六類	樟腦（343）、砂糖（397）、	出口須經物資調節委員會核准
第六類	酒類與飲料（403～417、419）	出口須經菸酒公賣局核准
第八類	燃料酒精（434 乙、丙）	出口須經菸酒公賣局核准
第十類	紙煙紙（546）	出口須經菸酒公賣局核准
第十二類	木材（580-590）、木（600）、各種木器及其他未列名木製品（601 丁、己、庚、癸、子）	出口須經物資調節委員會核准
第十三類	媒（603）、焦炭（607）	出口須經石炭調整委員會核准
第十四類	空酒瓶（615）	出口須經菸酒公賣局核准
第十五類	玻璃屑（672）	出口須經菸酒公賣局核准

資料來源：台灣省政府秘書處，〈台灣省政府公報〉38 年秋字第 68 期（民國 38 年 9 月 19 日），頁 990～991。

附錄三：民國 47 年 10 月解除管制出口類商品表

類　別	商品內容（稅則）	小　計
第一類棉及其製品	棉質橡皮雨衣布（69）、棉胎（73）、棉紗（75）、花邊及刺繡品（80）、手帕（91）、棉類未列名衣服及衣著零件（93）	6（2.9%）
第二類麻及其製品	亞麻（95）、麻紗、麻線與麻製地毯紗（100 甲、乙）夾棉或未夾棉之麻製繩索（101）、花邊及刺繡品（102）、夾棉或未夾棉之麻製之帆布、油帆布（103）、夾棉或未夾棉麻布（104）、未列名夾棉或未夾棉亞麻布（105）、洋線袋布（106）、新火麻袋、新洋線袋（107）、手帕（111）、麻製地毯（111 乙）	12（60%）
第三類毛及其製品	純毛或雜毛製紗、線（114）、花邊及刺繡品（115）、純毛或雜毛製針織呢絨（116）、純毛或雜毛製橡皮雨衣布（121）、毯呢、毯套（123）、純毛或雜毛製毛毯、車毯（124）、純毛或雜毛製地毯及其他地衣類（125）	7（25%）
第四類絲及其製品	蠶絲（129）、人造細絲及粗絲（130 甲、乙、丙）、廢蠶絲（131）、人造棉紗（134 乙）、未列名純絲或雜絲製紗、線（135）、純絲或雜絲製橡皮雨衣布（141）、花邊及刺繡品（137）、蠶絲製綢緞（142 甲）、未列名衣服及衣著零件、原子襪（144）、手帕（145）	12（41%）
第五類金屬及其製品類	鋁粒、鋁錠、鋁塊（149）、鋁片、鋁板（150）、鋁：其他（151）、黃銅條、竿（153）、黃銅陰	99（49%）

陽螺旋、鍋釘、墊圈（154）、黃銅釘（156）、黃銅螺旋釘（158）、黃銅片、板（159）、黃銅小釘（160）、黃銅絲（162）、黃銅：其他（163）、紫銅條、竿（164）、紫銅陰陽螺旋、鍋釘、墊圈（165）、紫銅錠、塊（166）、舊紫銅、碎紫銅（168）、紫銅片、板（169）、紫銅小釘（170）、紫銅管子（171）、紫銅絲（172）、紫銅絲繩（173）、紫銅：其他（174）、未鍍鋅鋼鐵：砧、型砧、錨及零件、鍛成鐵器坯（175）、未鍍鋅鋼鐵：短條、鐵塊、錠、塊、條、片（176）、未鍍鋅鋼鐵：陰陽螺旋、墊圈（177）、未鍍鋅鋼鐵：翻砂鐵器毛坯（178）、未鍍鋅鋼鐵：新鍊條及零件（179）、未鍍鋅鋼鐵：鐵道岔道、轉車台（181）、未鍍鋅鋼鐵：箍（182）、未鍍鋅鋼鐵：釘條、條、絞紋條、變形條、丁字水流、三角、工字、樑及其嘎建築用各式鋼鐵體段（183）、生鐵及鐵磚（185）、未鍍鋅鋼鐵：管子及配件（186）、未鍍鋅鋼鐵：六公斤及以下鋼軌（188）、未鍍鋅鋼鐵：鍋釘（189）、未鍍鋅鋼鐵：螺旋釘（190）、未鍍鋅鋼鐵：狗頭釘（193）、未鍍鋅鋼鐵：小釘（194）、未鍍鋅鋼鐵：鍍錫鐵小釘（198）、未鍍鋅鋼鐵：絲（199）、未鍍鋅鋼鐵：其他（200 乙）、鍍鋅鋼鐵：陰陽螺旋（201）、鍍鋅鋼鐵：釘、鍋釘、小釘、螺旋釘（202）、鍍鋅鋼鐵：管子及配件（203）、鍍鋅鋼鐵：片（204）、鍍鋅鋼鐵：絲（205）、鍍鋅鋼鐵：其他（206）、鍍鋅鋼鐵：新絲繩（209）、竹節鋼（211）、彈簧鋼（212）、工具鋼、特製鋼（213）、鋼鐵板、片、三角、水流、丁字、工字、樑及其他建築用或構造用之各式鋼鐵體段，其已經鑽洞、打洞、合成、裝成、配成或不僅經鍛打、輥壓、翻製者（214）、未列名鋁器（241 甲）、未列名電鍍或未電鍍金屬器具（243）、各種救火機車、救火器手用化學消防器在內及他種救火車機件及其配件、農業機器及其配件（244）、發電或傳電之電器機器（245 甲、乙）、製造機械工具及其配件如車床（246）、機械工具及其配件如鑽子（247）、發動機及其配件如汽油引擎（248）蒸汽鍋爐及其配件（249）、縫紉機、縫衣機、針織機及其配件（250 甲、乙）打字機、計算機複印機等及類似辦公室用機器及其配件（251）未列名機器及其配件（252 甲、乙、丙、

	丁、戊、己、庚、辛、壬、癸、子）（254）、馬達船、帆船、汽船、機動船及其配件與未列名材料（255）、汽車（256）、未列名車輛及其配件、腳踏車鍊條（腳踏車在內，車輪胎除外，258）、全部或大部分金屬製之床架、輕便床、行軍床、他種家具及其零件、附件（260）、燃煤或燃油或燃酒精之火爐、烹飪器、煖管、汽爐及其他類似之器具及其配件（262）、裝置電線及傳達或分配電力用之各種電器材料（263）電力烹飪器、電扇、電筒、電氣熨斗、電燈器、電氣煖器、烘麵包器、及其他同類電力器具及其配件（264 甲、乙、丙、丁、戊）、濕電池、乾電池、凝電池及其配件（265）、各種銼刀（266）、煤氣燈頭、煤氣烹飪器、煤氣煖爐、煤氣燈、煤氣灶、煤氣燒水爐及其他同類燃煤器具及其配件、附件（267）、量煤氣表、水表、電流表、電壓表、電力表及其他類似之計量器及其配件（268）針（269 甲、乙、丙）、保險箱櫃、錢箱及保險庫門（270）、有線或無線電話、電報及廣播或收音機器及其配件、附件（271）、空馬口鐵箱（272）、未列名金屬製品（273 甲、乙、丙、丁）	
第六類食品飲料草藥類	未列名魚介海產品（298）、鹹豬肉與火腿（300 甲、乙）酵母粉（301）、鹹牛肉（302）、豬油（318）、乾肉與鹹肉（321）牛乳粉（325）、橄欖油（327）、醬油、沙土及其他未列名調味品（329）、生鳳梨（360 丙）、荊芥（中藥：373 戊）甘蔗（393）、鮮蔬菜、乾蔬菜、製菜蔬、鹹菜蔬（394 甲、乙、丙）、葡萄糖（398）、飴（402）、香檳酒（403）、他種汽酒（404）、紅白葡萄汁酒（405）、布爾德葡萄酒（406）、馬賽里葡萄酒（407）、甜酒（408）、白酒（409）、桶裝威末酒（410）、清酒（411）、啤酒（412）、白蘭地酒（413）、威士忌酒（414）、杜松燒酒（415）、糖酒（416）、甜酒（417）、未列名酒、飲料（419）	34（17.7%）
第八類化學產品及染料	乙炔（426）、醋酸（427）、鹽酸（430）硝酸（431）、硫酸（433）、硫酸鋁（436）、氨（無水阿莫尼亞：437）、氨水（阿莫尼亞溶液：438）、氯化氨（439）、硫酸氨（440）、次氯酸鈣（444 甲、乙）、碳化鈣（電石：446）、液體氯（448）、殺蟲及消毒品（451 甲、乙、丙、	30（22%）

	丁、戊、己、庚）、蚊香（452 丁）、二氧化錳（453）、氧（455）、氫氧化鈉（燒鹼：469）、非肥皂清潔劑（480 丑）、未列名藥品（481）、紅丹、鉛粉、黃丹（503）、硫化元（510）、鋅白（516）、未列名油漆、凡立水、擦光料（518）、	
第九類	蓖麻油（530）、硬脂酸（斯蒂林白蠟：536）、石蠟（539）、未列名油、脂及蠟（541 甲、乙、丙、丁、戊、己、庚）	10（24%）
第十類	紙菸紙（546 甲、乙）、捲筒及平板新聞紙（548 甲）、圖畫紙（549 甲、乙、丙）、白或染色油光紙（552）、棕色或他色有光或無光之包皮紙、洋表古紙（553）、洋皮紙、百家名紙（554）未列名紙漿（560）	10（27%）
第十一類	皮帶用皮（563）、鞋底皮（564）、未列名熟皮（565 甲、乙、丙）、未列名熟皮製品（566）、骨及未列名骨製品（570 甲、乙）	8（19%）
第十二類木材、木、竹、藤草及其製品類	木材板條（580）、普通斬方木材：重木（581 甲、乙）、普通斬方木材：輕木（582 甲、乙）、普通鋸方木材：重木（583 甲、乙）、普通鋸方木材：輕木（584）、普通製成木材：重木（585 甲、乙）、普通製成木材：輕木（586 甲、乙）、普通桅桿（587）、鐵路枕木（588）、柚木（樑、板、段：589）、未列名木材（590 甲、乙）、木綿（594）、海草與大甲藺草（599 甲-3）、木（600 甲、乙、丙、丁、戊、己、庚、辛、壬）、各種木器及其他未列名木製器（601 甲、乙、丙、丁、戊、己、庚、辛、壬、癸、子）、	39（59%）
第十三類	瀝青（605 甲、乙）	2（25%）
第十四類	磁器（608）、空玻璃瓶（615 乙）	2（10%）
第十五類	水泥（618）、寶砂（619）、金剛砂及其他未列名天然或人造磨擦料（620 甲、乙、丙）、火磚及磚（621 甲、乙）、火泥（622）、坩堝（625 甲、乙）、陶器（626 甲-1、626 甲-2）石墨、燐灰石（626 乙-1、626 乙-2）	14（73%）
第十六類	蛇、鹿、雉雞、竹雞、鷓鴣（628）、石棉及其製品（629 甲、乙、丙、丁、戊、己）、氣壓表、寒暑表、畫圖、醫學、行船、光學、外科、牙科及其他科學儀器或器具及其零件、附屬品（630）、未列名建築用材料（631）、金剛砂布（636）、膠（640）、留聲機及他種唱機及其零	32（32%）

	件附件（641甲、乙、丙）、天然及合成橡皮、樹膠及其製品（644丙、丁）、未列名燈及燈器（646甲、乙）、假熟皮及油布及其製品（647甲、乙）、機器帶及蛇管（649甲、乙）、各種照相及電影製品器具材料（656甲、乙）、柑桔種苗（657甲）、鳳梨種苗（657乙）、寶砂紙（660）、漿粉（663）、人造松香及其他模塑者（664甲、乙）、熱水瓶（665）、殭蠶（672戊-1）	
合計：317（30.2%）		

說　明：1. 民國 44 年以前共有 303 項 28% 商品列為管制出口商品。

2. 下列公文資料顯示，民國 44 年至民國 47 年 6 月間，陸續增列或管制出口商品共 14 項；民國 47 年 7 月後則陸續開放出口管制。

資料來源：

16. 台南關令，政字第 1104 號（民國 44 年 9 月 6 日）。

17. 台南關令，政字第 1112 號（民國 44 年 10 月 9 日）。

18. 台南關令，政字第 1152 號（民國 45 年 7 月 20 日）。

19. 台南關令，政字第 1160 號（民國 45 年 9 月 27 日）。

20. 台南關令，政字第 1164 號（民國 45 年 10 月 20 日）。

21. 台南關令，政字第 1191 號（民國 46 年 3 月 28 日）。

22. 台南關令，政字第 1215 號（民國 46 年 9 月 21 日）。

23. 台南關令，政字第 1219 號（民國 46 年 10 月 1 日）。

24. 台南關令，政字第 1235 號（民國 47 年 1 月 28 日）。

25. 海關總稅務司署令，第 2413 號（民國 47 年 5 月 26 日）

26. 海關總稅務司署令，第 2414 號（民國 47 年 5 月 26 日）

27. 海關總稅務司署令，第 2441 號（民國 47 年 6 月 11 日）

28. 海關總稅務司署令，第 2443 號（民國 47 年 6 月 2 日）

29. 海關總稅務司署令，第 2458 號（民國 47 年 6 月 26 日）

30. 海關總稅務司署令，第 2512 號（民國 47 年 7 月 30 日）

31. 海關總稅務司署令，第 2635 號（民國 47 年 10 月 18 日）

附錄四：民國37年8月至民國44年間的協定稅率

類　別	品　名	小　計
第一類	棉花（71甲：5%）	1
第二類	麻紗、線（100甲、乙：15%）、漂白亞麻布（104甲：5%）、漂白亞麻布（104乙：7.5%）、洋線袋布（106：12.5）、火麻袋與洋線袋（107：15%）	6
第三類	綿羊毛（112甲-1：7.5%）（112甲-1-子：8%）（112甲-1-丑：10%）、山羊毛（112-乙-1：7.5%）、廢綿羊毛（113甲、乙：5%）	6
第四類	純絲或雜絲假金銀線（136：50%）、純絲或雜絲花邊飾物（137：70%）、純蠶絲、純人造絲剪絨與回絨（140甲：70%）	3
第五類	岔道與轉車台（181：7.5%）、未鍍鋅鋼鐵箍（182：12.5%）、未鍍鋅鋼鐵管子及配件（186：17.5%）、剪口鐵（187：10%）、軌（7.5%）、未鍍鋅鋼鐵片與板（191、192：12.5%）、花馬口鐵（195：20%）、素馬口鐵（196：15%）、未鍍鋅鋼鐵絲（199：12.5%）、鍍鉛鐵板（200甲：15%）、未鍍鋅鋼鐵其他類（200乙：15%）、鍍鋅鋼鐵管子及配件（203：17.5%）、鍍鋅鋼鐵片（204甲、乙：15%）、鍍鋅鋼鐵絲（205：12.5%）、圈鐵（207甲、乙；12.5%）、新絲繩（209：15%）、竹節鋼（211：15%）、彈簧鋼（212：12.5%）、工具用鋼（213：12.5%）、鋼鐵片（214：15%）、鉛塊與條（218：22.5%）、鎳（225甲、乙、丙：10%）、鋅粉、塊、片（236、237：15%）、矽鐵、鎘與烙鐵（240甲：15%）、農業機器及其配件（244：7.5）、發電或傳電之電氣器（245甲、乙）、製造機器工具（246：7.5%）、機械工具（247：7.5%）、發動機（248：7.5%）、蒸汽鍋爐（249：7.5%）、縫紉機、針織機（250甲：10%）、打字機、計算機（251：17.5%）、未列名機器及其配件（252甲、乙、丁、壬、子-1～5：10%）、飛機（253：5%）、各種救火器及零件	88

	（254：5％）、汽車（256 全部共 10 項：15-30％）、鐵道或電車到用品（257：5％）、輕便床（260：30％）、火爐、烹飪器（262 甲：25％）、家用冰箱（264 甲：25％）、未列名家用之電氣冰箱配件或附件（264 乙：25％）、電器用品其他類（264 戊：25％）、濕電池、乾電池及其配件（265 甲：25％）、儲電瓶及其配件（265 乙：25％）、電表（268 甲：10％）、保險庫門及保管庫門（268 乙：25％）、耳機揚聲器（271 甲-1：15％）、蜂音器與真空管（271 甲-2：15％）、避雷器與線圈（271 甲-3：25％）	
第六類	魚肚（286：25％）、蘆筍（299：30％）、奶油（305：30％）、奶酥（307：30％）、可可豆（309 甲：30％）、咖啡豆（311 甲：30％）、咖啡（311 乙：30％）、葡萄乾（313：20％）、淡牛奶（323：20％）、煉乳（324：20％）、牛奶粉（325：20％）、魚肝油（326：10％）、桶裝橄欖油（327 甲：25％）臘腸（330：30％）、罐裝食用動物膠（334 乙-2：35％）、罐裝雜糧粉（334 丙-2：35％）、罐裝未列名食品（334 丁-2：35％）、小麥粉（357：15％）、燕麥粉（358 甲：25％）、燕麥片（358 乙：25％）、乾梅（360 乙：20％）、洋參（362：30％）、大麥芽（372：12.5％）、奎寧樹皮（373 丙：7.5％）、苜蓿種子（391 甲：17.5％）、散裝香料（392 甲：20％）、罐裝蔬菜製品（394 乙：25％）、小麥（395：15％）、乳糖（402 甲：40％）、香檳酒（403：70％）、他種汽酒（404：70％）、紅白葡萄酒（405：80％）、甜酒（408：80％）、白酒（409：80％）、桶裝威末酒（410：80％）、白蘭地酒（413：70％）、威士忌酒（414：80％）、杜松燒酒（415：80％）、糖酒（416 甲、乙：80％）、甜酒（417：70％）、安哥施徒那苦酒（419 甲：80％）	43
第七類	菸葉（423：10％）、菸梗（425 甲：15％）	2
第八類	石炭酸（429：15％）、變性酒精（434 乙：35％）、硫酸鋁（436：10％）、氯化銨（439：10％）、碳酸鋇（442：10％）、硼砂（445：10％）、甘油（451 甲：12.5％）、殺蟲及消毒（452 甲乙丙戊：22.5％）、氯酸鉀（459：5％）、工業用糖酒（462：15％）、重酪酸鈉（467：10％）、低亞硫酸納（472：12.5％）、硝酸納（473：7.5％）、矽酸鈉（475：20％）、鐳（480 辛-1：15％）、醋硫酸粉（481 甲-1：25％）、盤尼西林（481 乙：20％）、膠殼魚肝油丸（481 戊：20％）、製藥用化學產品（481 己：25％）、專賣藥（481 辛：25％）、磺胺類藥物（481 癸：25％）、未列名藥品（481 子：25％）、未列名安尼林染料及其他煤膏染料（482：35％）、栲皮（483：10％）、銅金粉（487：15％）、炭精（488 甲：15％）、氧化鈷（491：15％）、人造碇（498：35％）、天然乾碇（499：35％）、天然水碇（500：35％）、各種墨類（501：20％）、荊樹皮膏（511 甲：12.5％）、胺樹鞣膏（511 乙：15％）、佛頭青或雲青（513：15％）、鋅鋇白（517 甲：15％）、荊樹皮（517 乙：12.5％）、磁漆（518 甲：20％）、油漆（518 乙：20％）、擦光料（518 丙：20％）、凡立水（518 丁：20％）、噴漆（518 戊：20％）	44

第九類	礦質或半礦質滑物油（521：10%）、阿拉伯膠（522：10%）、松香（526：15%）、洋乾漆（527：15%）、滑物油（534 甲：12.5%）、黃臘（538：10%）、石臘（539：12.5%）、天然油臘（541 甲-1：15%）、硬化鯨魚油（541 己-1：15%）、牲油（541 己-3：15%）	11
第十類	書籍（542：free）、報紙雜誌（544 甲、乙：7.5%）、文件紙（549 丙：25%）、薄紗紙（555 甲：25%）、印書紙（556 甲：25%）、化學木漿（559 甲：5%）、銀錢登記器用紙（561 甲：30%）、紙夾（561 乙：30%）、濾紙（561 丙：30%）、捲筒衛生紙（561 丁：30%）、火柴盒用以外之標籤（561 戊：30%）	12
十一類	水牛或黃牛生皮（562 甲：7.5%）、各類生皮（562 乙：7.5%）、皮帶用皮（563：12.5%）、各類熟皮（565 甲：20%）、金漆皮（565 乙：20%）、未硝皮貨（567 甲-1：10%）、未硝黃狼尾（567 甲-2：10%）、其他未硝皮貨（567 甲-3：10%）、已硝或染色皮貨（567 乙：20%）	9
十二類	斬方木材（582 甲：12.5%）、重木（583 甲：20%）、輕木（584：20%）、已刨平輕木（586 甲-1：20%）、已刨平商品用輕木（586 乙-1：20%）、鐵路枕木（588：10%）、舖地用桃花心木塊（590 甲：20%）、棕片與棕線（593 甲-2：10%）、棕地蓆（593 丁：20%）、麥稈（599 甲-1：12.5%）、巴拿馬草金絲草（599 甲-2：12.5%）、其他麥稈（599 甲-3：12.5%）、檀香（600 戊：20%）、糖槭（600 辛：20%）、夾木（601 丁：20%）、檀香木（601 戊：20%）、製火柴用木片（601 庚：15%）、製桶箱木條（601 辛：15%）、製火柴用木梗（601 壬：15%）	19
十三類	地瀝青（605 乙：10%）	1
十四類	搪磁鐵器（609 乙：20%）、刻花或磨光水晶器或半水晶器（615 甲：22.5%）、空玻璃瓶（615 乙：25%）	3
十五類	金剛砂（620 甲：5%）、玻璃粉（620 乙：5%）、火泥製火磚（621 甲-1：10%）、各類火磚（621 甲-2：10%）、工業用及衛生用瓦器陶器（626 甲-1：20%）、石墨（626 乙-1：12.5%）	6
十六類	爲改良畜牧之活動物（628 甲：7.5%）、其他各種活動物（628 乙：7.5%）、以織造包襯石綿及製品（629 丙：15%）、以壓造包襯石綿及製品（629 丁：15%）、以塗料包襯石綿及製品（629 己：15%）、醫學外科用儀器及零件（630 甲：10%）、未列名建築用材料（631：20%）、金屬紐扣（632 甲：25%）、全部無線電收音機（641 甲：30%）、無線電收音機配件（641 丙-1：30%）、汽車橡皮輪胎（644 丁-1：20%）、其他各類輪胎（644 丁-3：25%）、假熟皮及油布（647 甲：25%）、假熟皮及油布製品（647 乙：30%）、油布及其他未列名地衣品（648：30%）、機器帶（649 甲：15%）、含酒精之香水（655 乙：35%）、照相用器材（656 甲：25%）、未攝	23

製電影軟片（656 乙-2：25%）、其他電影軟片（656 乙-3：25%）、假貴重寶石及半假貴重寶石（658 乙-1：30%）、人造松香（664 乙：20%）、金屬軟木瓶蓋內嵌入軟木者（672 丙：20%）	
總　計	276

資料來源：海關總稅務司統計科，《中華民國海關進口稅則（民國 37 年 8 月）》。

附錄五：民國 44～47 年 7 月增列爲
進口管制商品內容

管制進口	暫停進口	改列准許進口
第一類：棉紡商品		
管制進口	暫停進口	改列准許進口
1. 紗包橡膠絲		
合計：1 項		
第二類：麻紡商品		
管制進口	暫停進口	改列准許進口
	1. 麻製鞋線（101）	
合計：1 項		
第三類：毛紡商品		
管進口	暫停進口	改列准許進口
		1. 製造打印台用氈塊（123）
合計：1 項		
第四類：絲類商品		
管制進口	暫停進口	改列准許進口
1. 強力人絹汽車輪胎簾布（145）		
合計：1 項		

第五類		
管制進口	暫停進口	改列准許進口
1. 三角膠帶（252 子-5）	1. 抽水機（252 甲）	1. 拉鍊用扁黃銅絲（163）
2. 水錶（268 乙）		2. 機器三輪貨車（256 乙 -1）
3. 後煞車、三輪車零件、各種車輛用鍊條、自行車車鈴、自行車用鎖、手拉車車圈、自行車車圈、腳踏車前後花鼓、腳踏車接頭零件、腳踏車鋼絲零件（258、252）		3. 純度 99.9％以上鋁箔（147 部分）
4. 錫箔（239）		
5. 自行車用大齒輪盤及腿、鍊條（258）		
6. 手拉車及腳踏車用輪圈、腳踏車車圈、機器腳踏車及腳踏車引擎零件（256 丙-1）		
7. 各種車輛用鍊條（252 子 -5）		
8. 急扣、大頭針（241 與 243）		
9. 撞釘、大頭針（241 與 243）		
10. 鋼鏟（247）		
11. 工業用冷凍機（252 壬）		
12. 三英吋以下三角鐵 183、214）		
13. 鋁箔（147、148）		
14. 手電筒（264 丙）		
15. 鍍鋅鐵絲（205）		
16. 各種引擎及其零件，但火星塞、化油器、曲軸、滾珠軸、汽門、汽門彈簧、磁電機、高壓傳動線等除外（248）		
17. 四角鐵絲網、塗漆鐵絲網、六角鐵絲網（273）		
18. 鋼軌（188 部分）		
合計：22 項		3 項

第六類：食品飲料草藥類

管制進口	暫停進口	改列准許進口
1. 蘿蔔種子、花椰荣種子（391 丙） 2. 鮮蓮藕（394 甲） 3. 蝦皮（298 甲） 4. 維生素、益生素（359） 5. 乾鱉魚（281） 6. 乾魷魚、墨魚（282） 7. 乾魚、煙燻魚（283） 8. 鹹青鱗魚（285） 9. 鹹薩魚（287） 10. 未列名鹹魚（288）	1. 石柱參（362） 2. 洋荣（366） 3 罐裝或他種裝魚介海產品（298 乙-2） 4. 蘿蔔乾（394） 5. 鳳尾草、淮山、薄荷…等（373 戊） 6. 人造奶油（320） 7. 崗梅根、崗芝麻（中藥：373 戊）	1. 乾酵母（334 戊）
合計：17 項		1 項

第八類

管制進口	暫停進口	改列准許進口
1. 鋅氧粉（516） 2. 各種墨水（501） 3. Butyl ium Parovxy Benzocium（480 丑） 4. 抗菌藥物（481 乙） 5. 農藥（452 部分） 6. 地板臘、汽車臘（518 部分） 7. 未列名藥品（481 部分）	1. 涼茶（481 甲）	
合計：8 項		

第十類

管制進口	暫停進口	改列准許進口
1. 複寫紙（561 乙）		
合計：1 項		

第十一類

管制進口	暫停進口	改列准許進口
	1. 各種標籤止（561 戊） 2. 山甲片（571）	1. 狸毛、赤猴毛（573 丁） 2. 馬毛（573 甲）

合計：2 項	2 項

第十二類

管制進口	暫停進口	改列准許進口
1. 乾茅草、鮮茅草（599 甲 -3）	1. 月桃草（599 甲-3） 2. 柏木香柴（600 己） 3. 檀香木（600 戊）	

合計：4 項		

第十四類

管制進口	暫停進口	改列准許進口
1. 口徑 24" 以內之日常用搪磁器（609）	1. 平板玻璃（612 甲、613）	

合計：2 項		

第十五類

管制進口	暫停進口	改列准許進口
1. 黑色鉛筆蕊（626 甲-3）		

合計：1 項		

第十六類

管制進口	暫停進口	改列准許進口
1. 郵封紙（555 甲） 2. 打字紙（555 乙） 1. 毛邊紙（556 甲） 2. 打字蠟紙（561 紙） 3. 釘書針、繪圖用鉛筆、彩色鉛心筆、迴形針（654 乙） 4. 傘骨、傘布（670 己） 5. 聚慮乙烯類塑膠粉及粒（664 乙） 6. 天秤（630 部分） 7. 保溫劑及保溫管（629 部分）		

合計：7 項		

全部總計：管制與暫停進口商品：68；改列准許進口：7 項

資料來源：

1. 台南關令，政字第 1104 號（民國 44 年 9 月 6 日）。
2. 台南關令，政字第 1106 號（民國 44 年 9 月 16 日）。
3. 台南關令，政字第 1112 號（民國 44 年 10 月 9 日）。
4. 台南關令，政字第 1122 號（民國 44 年 11 月 24 日）。
5. 台南關令，政字第 1129 號（民國 45 年 1 月 11 日）。
6. 台南關令，政字第 1135 號（民國 45 年 3 月 14 日）。
7. 台南關令，政字第 1144 號（民國 45 年 5 月 17 日）。
8. 台南關令，政字第 1152 號（民國 45 年 7 月 20 日）。
9. 台南關令，政字第 1157 號（民國 45 年 9 月 7 日）。
10. 台南關令，政字第 1171 號（民國 45 年 11 月 17 日）。
11. 台南關令，政字第 1176 號（民國 46 年 1 月 21 日）。
12. 台南關令，政字第 1186 號（民國 46 年 3 月 15 日）。
13. 台南關令，政字第 1191 號（民國 46 年 3 月 28 日）。
14. 台南關令，政字第 1197 號（民國 46 年 5 月 14 日）。
15. 台南關令，政字第 1201 號（民國 46 年 6 月 15 日）。
16. 台南關令，政字第 1203 號（民國 46 年 7 月 12 日）。
17. 台南關令，政字第 1215 號（民國 46 年 9 月 21 日）。
18. 台南關令，政字第 1228 號（民國 46 年 11 月 27 日）。
19. 台南關令，政字第 1233 號（民國 46 年 12 月 17 日）。
20. 台南關令，政字第 1235 號（民國 47 年 1 月 28 日）。
21. 台南關令，政字第 1241 號（民國 47 年 2 月 17 日）。
22. 台南關令，政字第 1249 號（民國 47 年 4 月 4 日）。
23. 台南關令，政字第 1256 號（民國 47 年 5 月 15 日）。
24. 台南關令，政字第 1258 號（民國 47 年 5 月 28 日）。
25. 台南關令，政字第 1260 號（民國 47 年 6 月 14 日）。
26. 台南關令，政字第 1262 號（民國 47 年 6 月 19 日）。
27. 台南關令，政字第 1265 號（民國 47 年 7 月 9 日）。

附錄六：民國 41 與 44 年棉類 商品管制對照表

民國 41 年		
管制進口	暫停進口	禁止進口
1. 棉紗（75）---39 年 9 月修正 2. 起毛針織衛生衣類（83） 3. 未起毛針織汗衫褲類（84） 4. 針織短襪、長襪（85） 5. 圈絨毛巾（89）	1. 漂白或染色細洋紗、軟洋紗、華爾紗、雅根地紗(18～20、23) 2. 漂白或染色龍條布、燈蕊布、水浪布（35） 3. 印花細洋紗、軟洋紗、華爾紗、雅根地紗、洋羅絲光洋紗（41-45） 4. 斜紋葵通布、緞紋葵通布（53） 5. 染紗織細洋紗、軟洋紗（59） 6. 染紗織龍條布等（65） 7. 棉繩索（78） 8. 燭蕊（79） 9. 蚊帳紗（81） 10. 針織棉布（82甲、乙-1、2） 11. 腿帶（87） 12. 燈蕊（88） 13. 棉毯及毯布（90） 14. 手帕（91） 15. 新布袋（92） 16. 未列名衣服及衣著零件（93）	1. 棉質假金銀線（77） 2. 花邊、衣飾、繡貨、其他裝飾用品（80）

5 項	24 項	2 項
合計：31 項，占第一類商品之 28.7%		

民國 44 年

管制進口	暫停進口	禁止進口
1. 本色棉布品全部共 14 項 2. 漂白或染色棉布品共 19 項。 3. 印花棉布品共 12 項 4. 雜類棉布品共 12 項 5. 棉紗（75） 6. 起毛針織衛生衣類（83） 7. 未起毛針織衛生衣類（84） 8. 針織短襪、長褲（85） 9. 棉質寬緊帶（86） 10. 圈絨毛巾（89）	1. 漂白或染色細洋紗、軟洋紗、華爾紗、雅根地紗(18～20、23)共三項。 2. 漂白或染色龍條布、燈蕊布、水浪布（35）。 3. 印花細洋紗、軟洋紗、華爾紗、雅根地紗、洋羅絲光洋紗（41～45）共 5 項。 4 斜紋葵通布、緞紋葵通布（53） 5 染紗織細洋紗、軟洋紗（59） 6. 染紗織龍條布等（65） 7. 棉胎（73） 8. 棉棉繩索（78） 9. 燭芯（79） 10. 蚊帳紗（81） 11. 針織棉布（82 甲、乙-1、2） 12. 腿帶（87） 13. 燈蕊（88） 14. 棉毯及毯布（90） 15. 手帕（91） 16. 新布袋（92） 17. 未列名衣服及衣著零件（93）	1. 棉質假金銀線（77） 2. 花邊、衣飾、繡貨、其他裝飾用品（80）
63 項	27	2
合計：89 項，占第一類商品之 85%		

資料來源：

1.《1952 准許進口貨品表及海關稅則》，頁 1～5。

2.《1955 中華民國海關進口稅稅則表及進口貨品管制表》，頁 1～5。

附錄七：民國 41 與 44 年麻類 商品管制對照表

民國 41 年		
管制進口	暫停進口	禁止進口
1. 新麻袋（108）	1. 亂麻頭（99） 2. 麻紗（100） 3. 漂白亞麻布（104甲、乙） 4. 未列名亞麻布（105） 5. 新火麻袋、洋線袋（107） 6. 未列名衣服及零件（110） 7. 未列名麻製品（111甲、乙）	1. 花邊、衣飾、繡貨、其他裝飾用品（102）
1 項	9 項	1 項
合計：11 項，占第二類商品之 55％		
民國 44 年		
管制進口	暫停進口	禁止進口
1. 火麻（97） 2. 新麻袋（108） 3. 洋線布袋（106）	1. 苧麻（96） 2. 亂麻頭（99） 3. 麻紗（100） 4. 漂白亞麻布（104甲、乙） 5. 未列名亞麻布（105） 6. 新火麻袋、洋線袋（107） 7. 未列名衣服及零件（110） 8. 未列名麻製品（111甲、乙）	1. 花邊、衣飾、繡貨、其他裝飾用品（102）
3 項	10 項	1 項
合計：11 項，占第二類商品之 70％		

資料來源：

1.《1952 准許進口貨品表及海關稅則》，頁 6。

2.《1955 中華民國海關進口稅稅則表及進口貨品管制表》，頁 6。

附錄八：民國 41 與 44 年毛類商品管制對照表

民國 41 年		
管制進口	暫停進口	禁止進口
1. 毯呢或毯套（123）	1. 純毛或雜毛針織呢絨（116） 2. 旗紗布（117） 3. 羽毛布（118） 4. 純毛或雜毛剪絨、回絨（120） 5. 純毛或雜毛橡皮雨衣布（121） 6. 未列名純毛或雜毛呢絨（122） 7. 純毛或雜毛毛毯（124） 9. 未列名衣服及零件（127） 10. 未列名毛貨（128）	1. 花邊、衣飾、繡貨、其他裝飾用品（115） 2. 純毛或雜毛地毯及其他地衣類（125）
1 項	9 項	2 項
合計：12 項，占第二類商品之 44.4%		
民國 41 年		
管制進口	暫停進口	禁止進口
1. 綿羊毛、山羊毛、駱駝毛（112） 2. 廢羊毛、廢山羊毛、廢駱駝毛（113） 3. 純毛或雜毛之紗、線（114）	1. 純毛或雜毛針織呢絨（116） 2. 旗紗布（117） 3. 羽毛布（118） 4. 純毛或雜毛剪絨、回絨（120） 5. 純毛或雜毛橡皮雨衣布（121） 6. 未列名純毛或雜毛呢絨（122）	1. 花邊、衣飾、繡貨、其他裝飾用品（115） 2. 純毛或雜毛地毯及其他地衣類（125）

4. 毯呢或毯套（123）	7. 純毛或雜毛毛毯（124） 8. 未列名衣服及零件（127） 9. 未列名毛貨（128）	
5 項	9 項	2 項
合計：16 項，占第二類商品之 59%		

資料來源：

    1.《1952 准許進口貨品表及海關稅則》，頁 7。

    2.《1955 中華民國海關進口稅稅則表及進口貨品管制表》，頁 7。

附錄九：民國 41 與 44 年絲類商品管制對照表

民國 41		
管制進口	暫停進口	禁止進口
	1. 蠶絲（129） 2. 廢蠶絲（131） 3. 廢人造蠶絲（132） 4. 絹紡蠶絲（133） 5. 絹紡人造蠶絲（134 甲、乙、丙） 6. 純絲或雜絲橡皮雨衣布（141） 7. 純絲或雜絲寬緊帶（143）	1. 純絲或雜絲假金銀線（136） 2. 純絲或雜絲花邊、衣飾、繡貨、其他裝飾用品（137） 3. 純絲或雜絲針織綢緞（138） 4. 純絲或雜絲針織剪絨、回絨（140 甲、乙） 5. 未列名純絲或雜絲針綢緞（142 全部 8 項） 6. 未列名衣服及零件（144）
0 項	9 項	14 項
合計：23 項，占第四類商品之 79.3%		
民國 44 年		
管制進口	暫停進口	禁止進口
1. 蠶絲（129） 3. 人造細絲、粗絲（130 甲、乙、丙） 4. 廢蠶絲（131）	1. 廢人造蠶絲（132） 2. 絹紡蠶絲（133） 3. 絹紡人造蠶絲（134 甲、乙、丙）	1. 純絲或雜絲假金銀線（136） 2. 純絲或雜絲花邊、衣飾、繡貨、其他裝飾用品（137）

	8. 純絲或雜絲橡皮雨衣布(141) 9. 純絲或雜絲寬緊帶（143）	3. 純絲或雜絲針織綢緞（138） 4. 純絲或雜絲針織剪絨、回絨（140甲、乙） 5. 未列名純絲或雜絲針綢緞（142 全部 8 項） 6. 未列名衣服及零件（144）
3 項	7 項	14 項
合計：24 項，占第四類商品之 82%		

資料來源：

1. 《1952 准許進口貨品表及海關稅則》，頁 8。
2. 《1955 中華民國海關進口稅稅則表及進口貨品管制表》，頁 8。

附錄十：外銷品退還原料進口稅辦法

外銷品退還原料進口稅辦法：

一、出口外銷之國內製品（以下簡稱外銷品），其製造廠商申請退還加工所需
原料進口關稅時，依本辦法之規定辦理。

二、具備左列條件之外銷品得申請退還其原料進口稅

1. 品質及包裝符合國際市場共同認定之商品標準者。

2. 現係大宗外銷之遠景者。

3. 國內無經濟適用之原料供應，必須進口者。

4. 進口原料為該外銷品之主要成本因素，所繳進口稅額佔其生產成本總
額 2.5% 及以上者。

三、外銷品原料退稅應分別限定實施期間，視其業務成績之優劣予以延長或
停止之。

四、外銷品原料進口稅，應按成品實際所需該項原料核算退還（製造過程中
之損耗除外），其計算標準逐案核定，並照應退稅額提取 5% 作為辦理退
稅業務費用。

五、經核准退稅之外銷品，其外銷期限應自原料進口提貨日起計算，按製造
成品實際所需時間逐案核定。

六、外銷品製造廠商申請退還原料進口稅時，應檢具左列各項書表證件備文
呈請財政部關務署核辦：

1. 應將機器設備、員工人數、產品名稱、全年產量、外銷量、外銷地區、
外銷售價（美金）、過去曾否外銷等詳細列表並附說明。

2. 生產成本表。

3. 該項原料來自何地、外銷部分所需數量及外匯（美金）數額。

4. 原料與成品計算標準及其損耗率與製造成品所需時間。

七、經核准退稅之外銷品，其原料進口及成品出口，應按左列規定手續辦理：

1. 原料進口應照章繳稅，應退數額於成品出口時退還。

2. 外銷品運銷國外時，製造廠商應於報運出口前，備具申請書三份連同裝載出口運輸工具之正式代表人簽發之裝貨單，及該批成品按規定計算標準已用及損耗原料數量暨應退稅額清表，呈報海關。

   進口原料如非製造廠商直接採購進口者，其原報運進口人轉售於製造廠商之證明文件應一併呈驗，申請書應填明左列事項：

   甲、製造廠商之名稱、住址。

   乙、該外銷品之原料種類、牌名來源或產地、進口日期、數量暨進口運輸工具之名稱。

   丙、外銷品名稱、商標、數量、出口日期、運輸工具名稱、裝貨地點。

八、依第五條規定之外銷期限出口之外銷品，由關照第四條之規定核算退還其應退稅額暨提取業務費用。

九、外銷品逾限外銷者，不予退稅。

已報運出口外銷品不合第二條第一款之規定，運返國內者，不予退稅，已退稅者追繳其稅款。

十、本辦法呈請行政院核准施行。〔註1〕

〔註 1〕海關總稅務司署訓令，第 1157 號（民國 43 年 7 月 16 日）。台南關訓令，政字第 1046 號（民國 43 年 7 月 21 日），抄件。

附錄十一：外銷品退還稅捐辦法及歷年修改條文

外銷品退還稅捐辦法（民國 44 年 7 月 27 日）

第一條　政府為鼓勵工業品外銷特參照現行有關稅法之規定訂定本辦法。

第二條　製造外銷品之廠商，其貨品品質符合國際市場之需求者，得申請退還其所用原料應繳之稅捐。

第三條　外銷品退還稅捐以貨品業已外銷，並將所得外匯遵照政府規定結售指定之銀行者為限。

第四條　外銷品退還稅捐以下列三種稅捐為限：

甲、進口關稅

乙、進口結匯防衛捐

丙、貨物稅

第五條　製造外銷品之廠商申請退還進口原料之進口關稅者，除具備本辦法第二條之規定外，應具備左列條件：

甲、產製所用之原料必須由國外輸入者

乙、進口原料應繳進口關稅占其生產成本總額之 2.5% 以上者

第六條　製造外銷品之廠商申請退還原料進口結匯防衛捐，應憑核准退稅原料進口關稅之證明書辦理之。

第七條　製造外銷品之廠商申請退還貨物稅，除具備本辦法第二條之規定外，並應按左列規定辦理：

甲、外銷貨品為應繳貨物稅之貨品時，依照貨物稅條例之免稅規定辦理

乙、外銷貨品所用每種直接原料，應繳貨物稅占外銷品生產成本 2 ％以上者。

第八條　外銷品退還稅捐由主管機關商同生產主管機關，按各類外銷品產製正常情況所需原料數量核定標準計算之。

第九條　合於本辦法規定得申請退還稅捐之外銷品製造廠商，應提出憑證以證明其外銷品所用原料係向國外輸入，或在國內購買而應繳貨物稅者，並依照主管機關規定之表格先行申請登記，於外銷品輸往國外時申請退還稅捐，遇有特殊情形不及先行申請者，得於貨品輸出後兩個月內，按照主管機關規定補辦申請手續，貨品輸出兩個月後，仍不補辦申請手續者，不得再行申請退還稅捐。

第十條　申請退還稅捐之外銷品應於核定期限之內外銷，不能依限外銷者，不予退稅，但確有正當理由致不能依限外銷者，得申請主管機關核准展限，外銷其展限期間最多不得超過其原核定之外銷期限二分之一，外銷品輸出期限由主管機關分別外銷品種類核定之。

第十一條　製造外銷品之廠商對於使用原料，除進口結匯防衛捐，應予繳現外，其應繳之之進口關稅及貨物稅得商請中央信託局或台灣省物資局或銀行提供擔保，經主管機關核准後，准予先行記帳至其外銷品依本辦法第十條規定之期限輸往國外，並將外匯結清時為止，其逾限不能外銷者，除向擔保人追繳其應繳稅款外，並自記帳日起至稅款繳清之前一日止，照記帳稅額按日加收滯納費千分之一，該項滯納費應併由稅款保證人繳納。

第十二條　經辦機關得按核准退還外銷品稅捐之數額收取千分之十五業務費。

第十三條　本辦法所定退還稅捐之施行細則，應由主管機關分別就進口關稅進口結匯防衛捐及貨物稅各項另行訂定公告之。

第十四條　本辦法所稱主管機關為財政部。

第十五條　本辦法自行政院核准公布之日施行〔註1〕。

修正外銷品退還稅捐辦法（47 年 12 月 26 日修正公布實施）

第一條　政府為鼓勵工業品外銷特參照現行有關稅法之規定訂定本辦法。

〔註 1〕海關總稅務司署通令，台字第 142 號（國 44 年 9 月 26 日），附件。

第二條　本辦法所稱主管機關爲財政部，所稱經辦機關爲該管海關或稅捐機關。

第三條　外銷品退還稅捐以貨品業已外銷，並將所得外匯遵照政府規定結售指定之銀行者爲限。

第四條　外銷品退還原料稅捐以下列四種爲限：

甲、進口關稅

乙、隨進口關稅稅額帶徵之防衛捐

丙、港工捐

丁、貨物稅

第五條　退還進口關稅帶徵之防衛捐及港工捐，應隨退還關稅辦理之。

第六條　外銷品退還稅捐，由主管機關商同生產主管機關按各類外銷品產製正常情況所需原料數量，核定標準計算之。

第七條　外銷品製造廠商（以下簡稱外銷廠商）依本辦法規定申請退還原料稅捐時，應自成品報運出口（以出口申報單上所載之海關放行日期爲準，以下同）之日起九十天內，造具「製造成品使用原料數量計算表」，並檢討原料繳稅憑證及結售外匯證件等，備文向主管機關申請，經主管機關依第六條規定核定退稅標準後，轉令經辦機關退稅，其已經主管機關核定退稅標準者，得免送製造成品使用原料數量表，逕向經辦機關申請退稅。

使用原料如非外銷廠商直接採購者，應將原採購入轉售於該外銷廠商之證明文件，一併呈驗。

第八條　依第七條規定申請退還稅捐之原料，以在成品出口前一年內進口（以進口申報單上所載之海關放行日期爲準，以下同）或出廠者爲限。

第九條　外銷廠商對於使用原料應繳之進口關稅暨隨稅帶徵之防衛捐及貨物稅、港工捐，得商請授信機構（包括台灣省物資局在內）提供擔保，逕向經辦機關申請准予先行記帳，並以申請書副本送主管機關備查。

前項外銷品逾限不能外銷者，除向保證人追繳其應納稅捐外，並自記帳日起至稅捐繳清之前一日止，照記帳稅捐額按日加收滯納費千分之一，該項滯納費應併由稅捐保證人繳納。

第十一條　凡經核准稅捐記帳之原料，外銷廠商應自成品報運出口之日起一
　　　　　百二十天內，檢附稅款記帳保證書及結售外匯等有關證件，逐向
　　　　　經辦機關申請沖銷記帳稅捐額，解除授信機構保證責任，限追回
　　　　　其應繳稅捐。

第十二條　不能呈驗繳稅憑證之外銷品，其使用之原料，得由外銷廠商申請
　　　　　主管機關核准退稅，但其原料如屬應繳關稅者，以確為國內不能
　　　　　生產者必須由國外輸入者為限。

　　　　　該項原料之種類及用料數量，除照第六條規定之退稅標準計算
　　　　　外，並照左列規定辦理：

　　　　　甲、照成品出口前六個月內同一種外銷品之退稅額百分之七十作
　　　　　　　為應退稅額。

　　　　　乙、不能依前款規定計退時，照成品出口前六個月內同一種原料
　　　　　　　之平均完稅價格百分之七十核計應退稅額。

　　　　　丙、不能依前兩款規定計退時，由經辦機關逐行估定完稅價格，
　　　　　　　照百分之七十核計應退稅額。

　　　　　外銷品可以採用數種同一目的用途之原料，或使用原始原料加工
　　　　　後製造者，均以其稅率最低者為計算標準。

第十三條　經辦機關得按核准退還外銷品稅捐之數額收取千分之十五的業務
　　　　　費。

第十四條　本辦法施行細則，由主管機關另訂之。

第十五條　本辦法自行政院核准公布之日施行。〔註2〕

修正外銷品退還稅捐辦法（50、7、26，行政院台50財字第4463號令公布）

　　第一條　政府為鼓勵工業品外銷，特參照現行有關稅法之規定，訂定本辦
　　　　　　法。

　　第二條　本辦法所稱經辦機關為海關、稅捐稽徵機關、鹽務總局。

　　第三條　外銷品退還稅捐，以貨品業已外銷，並將所得外匯遵照政府規定
　　　　　　結售指定之銀行者為限。

〔註2〕台南關稅務司署令，政字第1303號（民國48年1月21日）

第四條　外銷品退還原料稅捐，以下列五種為限：

甲、進口關稅

乙、隨進口關稅額帶徵之防衛捐

丙、港工捐

丁、貨物稅

戊、鹽稅

第五條　退還進口關稅帶徵之防衛捐及港工捐，應隨退還關稅辦理之。

第六條　略

第七條　外銷廠商依本辦法規定申請退還原料稅捐時，應自成品報運出口（以出口申報單上所載之海關放行日期為準）之翌日起六個月內，檢附原料繳稅憑證及經出口地海關簽章證明之出口證件，備文申請財政部轉令經辦機關退稅，其已經財政部核定退稅標準者，得逕向經辦機關申請退稅。使用原料如非外銷廠商直接採購者，應將原採購人轉售於該外銷廠商之證明文件，一併呈驗。

第八條　外銷廠商對於使用原料應繳之進口關稅暨隨稅帶徵之防衛捐及貨物稅、鹽稅、港工捐得向經辦機關申請記帳，並按左列規定之一，辦理保證手續：

甲、由授信機構（包括台灣省物資局在內）擔保。前項授信機構為外銷廠商單保稅捐記帳時，得要求外銷廠商按記帳金額及指定付款日期出具本票，經殷實廠商兩家以上之背書後，交付該授信機構。

乙、向經辦機關提供一年以內到期還本之公債擔保。

第九條　成品外銷期限，依左列規定計算：

甲、依第七條規定申請退還稅捐之原料，以在成品出口前一年內進口（以進口申報單上所在之海關放行日期為準，以下同）或出廠者為限。

乙、依第八條規定申請稅捐記帳之原料，應自進口或出廠之日起一年內製造成品外銷。

第十條　稅捐記帳或繳現之外銷品原料，其成品不能外銷或逾限外銷者，依左列規定辦理：

甲、稅捐記帳之原料，其成品不能外銷者，除向保證人追繳應納

　　　　　稅捐外，並自記帳之翌日起，至稅捐繳清之日止，照記帳稅捐
　　　　　額按日加收滯納費萬分之五，該項滯納費應併由稅捐保證人繳
　　　　　納。

　　乙、稅捐記帳之原料，其成品自外銷期限一年屆滿之翌日起逾限
　　　　　在六個月內外銷者，准予免徵滯納費，按應繳稅捐額 70%核
　　　　　退。

　　丙、原料稅捐繳現之外銷品，自外銷期限一年屆滿之翌日起六個
　　　　　月內外銷者，按應繳稅捐額 80%核退。

　　丁、外銷品原料所列損耗數量內有利用價值部份應徵稅捐者，准
　　　　　予免繳滯納費。

第十一條　外銷品原料因故復運出口，及改為內銷者，依左列規定辦理：

　　甲、依第八條規定申請稅捐記帳進口之外銷品原料，在外銷期限
　　　　　內，經財政部核准復運出口者，免徵進口稅捐（包括貨物稅在
　　　　　內）。

　　乙、稅捐記帳之原料，在外銷期限內申請改為內銷者，應先向經
　　　　　辦機關將記帳稅捐如數繳清，取具繳稅憑證一併申請財政部核
　　　　　辦，經財政部核准改作內銷者，免徵＿＿＿＿＿＿滯納費，但以
　　　　　其成品不能外銷之責任非屬本國廠商者為限。

第十二條　已報運出口之外銷品，因故退貨復運出口者，免徵成品進口稅捐，
　　　　　但出口時已退之原料稅捐，應仍按原額補徵。

第十三條　凡稅捐繳現或記帳之原料，外銷廠商應自成品報運出口之翌日起
　　　　　六個月內，檢附有關證件，逕向經辦機關申請退稅或沖銷記帳稅
　　　　　捐額，解除授信機構保證責任。其逾限申請補辦退稅手續者，自
　　　　　申請退稅期限屆滿之翌日起至申請補辦退稅手續之日止，應按退
　　　　　稅額每日加收滯報費萬分之五。

第十四條　不能呈驗繳稅憑證之外銷品，其使用原料，得由外銷廠商申請財
　　　　　政部核准退稅，但其原料如屬應繳關稅者，以確為國內不能生產
　　　　　必須由國外輸入者為限，該項原料之種類及用料數量，除照第六
　　　　　條規定之退稅標準計算外，並照左列規定辦理：

　　甲、照成品出口前六個月內，同一種外銷品之退稅額 70%作為應
　　　　　退稅額。

　　　乙、不能依前款規定計退時，照成品出口前六個月內，同一種原
　　　　料之平均完稅價格 70% 核計應退稅額。

　　　丙、不能依前兩款規定計退時，由經辦機關逕行估定完稅價格照
　　　　70% 核計應退稅額。

　　　丁、外銷品可以採用數種同一目的用途之原料，或使用原始原料
　　　　加工後製造者，均以其稅率最低者為計算標準。

第十五條　授信機構得由財政部核定設立保稅倉庫或工廠，依本辦法之規定
　　　　辦理外銷品退稅事宜，其實施辦法另訂之。

第十六條　核准退稅物品應按退還外銷品稅捐之數額繳納千分之十業務費，
　　　　由經辦機關徵收之，但外銷品應退稅捐額，其原料稅率在 51% 以
　　　　上者，該項業務費之收取，改按 50% 稅率計算。

第十七條　本辦法施行細則，由財政部另訂之。

第十八條：本辦法自行政院核准公布之日施行。〔註3〕

修正外銷品退還稅捐辦法（50、9、19，行政院台 50 財字第 5665 號令）

第一條　政府為鼓勵工業品外銷，特參照現行有關稅法之規定，訂定本辦
　　　　法。

第二條　未修

第三條　未修

第四條　未修

第五條　未修

第六條　外銷品退還稅捐所用原料，分主料、副料，按各種外銷品產製正
　　　　常情況所需原料數量，由外銷品退還稅捐審議小組訂定退稅標
　　　　準，憑以退還稅捐。

　　　甲、主料於成品出口時，依所需原料數量計算應退稅款。

　　　乙、副料於成品出口時，按出口價格核定退稅標準，並依國地稅
　　　　所佔比率分別計算應退稅款。

　　　前項退稅標準，應幽由外銷品製造廠商（以下簡稱外銷廠商），造
　　　具「製造成品使用原料數量計算表」送請經濟部核轉財政部審定

〔註3〕海關總稅務司署通令，台字第 273 號（民國 50 年 8 月 9 日）。

之，退稅標準已經財政部核定者免辦。

第七條　外銷廠商依本辦法申請退還原料稅捐時，應自成品報運出口（以出口申報單上所載之海關放行日期爲準）之翌日起六個月內，檢附原料繳稅憑證（副料部分免附）及經出口地海關簽章證明之出口證件，備文申請財政部轉令經辦機關退稅，其已經財政部核定退稅標準者，得逕向經辦機關申請退稅。

使用原料如非外銷廠商直接採購者，應將原採購人轉售於該外銷廠商之證明文件一併呈驗。

第八條　授信機構得申請財政部核定設立保稅倉庫或工廠，依本辦法之規定辦理外銷品退稅事宜，其實施辦法另定之。

第九條　外銷廠商對於使用原料應繳之進口關稅暨隨稅帶徵之防衛捐及貨物稅、鹽稅、港工捐，得向經辦機關申請記帳，並按左列規定之一，辦理保證手續：

甲、向經辦機關提供一年以內到期還本之公債擔保。

乙、授信機構設立之保稅倉庫或工廠，由授信機構統籌辦理擔保

第十條　成品外銷期限，依左列規定計算：

甲、第七條規定申請退還稅捐之原料，以在成品出口前一年內進口（以進口申報單上所在之海關放行日期爲準，以下同）或出廠者爲限。

乙、依第九條規定申請稅捐記帳之原料，應自進口或出廠之日起一年內製造成品外銷。

丙、授信機構設立之保稅倉庫或工廠，其保稅原料自進口至外銷沖帳，最長不得超過二年。

第十一條　即原第十條，內容未變。

第十二條　外銷品原料因故復運出口，及改爲內銷者，依左列規定辦理：

甲、依第九條規定申請稅捐記帳進口之外銷品原料，在外銷期限內，經財政部核准復運出口者，免徵進口稅捐（包括貨物稅在內）。

乙、稅捐記帳之原料，在外銷期限內申請改爲內銷者，應先向經辦機關將記帳稅捐如數繳清，取具繳稅憑證一併申請財政部核辦，經財政部核准改作內銷者，免徵滯納費，但以其成品不能

外銷之責任非屬本國廠商者爲限。

丙、授信機構設立保稅倉庫，其進口原料存倉期間未超過一年，於出倉前經財政部及外匯貿易審議委員會核准內銷或復運出口者，免徵滯納費。

第十三條　原第十二條，未修

第十四條　原第十三條，未修

第十五條　原第十四條，未修

第十六條　核准退稅物品，應按退還外銷品稅捐之數額繳納千分之五業務費，由經辦機關徵收之。

第十七、十八條未修〔註4〕。

〔註4〕海關總稅務司署通令，台字第276號（民國50年10月17日）。

附錄十二：加工出口區設置管理條例

(民國 54 年 1 月 30 日總統公布)

第一條　為促進投資，發展外銷，增加產品及勞務輸出，行政院得依本條例之規定，選擇適當地區，劃定範圍，設置加工出口區。

第二條　加工出口區之設置及管理，依本條例之規定，本條例未規定者，適用其他有關法律之規定。

第三條　本條例所稱外銷事業，係指經核准在加工出口區內製造、加工或裝配外銷產品之事業，及為區內上述事業在產銷過程中，必需之倉儲、運輸、裝卸、包裝、修配等事業。

第四條　外銷事業以具備左列條件者為限：

一、新投資之事業。

二、不影響國內原有外銷工業之事業。

三、其原料、半製品或成品便於稽查管理者。

四、其產製過程中，不危害區內公共安全或衛生者。

外銷事業之種類，由經濟部、財政部及外匯貿易主管機關，視該種類事業之外銷情況，及工出口區之位置、面積等情形，會同擬訂。並應視其原料及產品易於稽查管理程度，擬訂優先次序，一併報請行政院核定公布之。

第五條　外銷事業之產品，不得內銷。但國內課稅區內不能生產，而有進口需要，經外匯貿易主管機關核准者，不在此限。

依前項但書核准內銷之產品，於進口時應依法課稅。

第六條　外銷事業之廢品，下腳處理辦法由經濟部定之。

第七條　加工出口區，應設置加工出口區管理處，隸屬經濟部，其組織另

以法律定之。

第八條　加工出口區管理處掌理該區內之左列事項：

一、關於加工出口業務之行政管理事項。

二、關於區內必須設施之籌建管理事項。

三、關於公有財產之收益管理事項。

四、關於工商登記及建築之核准發證事項。

五、關於工廠設置及勞動條件之檢查事項。

六、關於產品檢驗發證事項。

七、關於物資進出口簽證事項。

八、關於外匯貿易管理事項。

九、關於防止走私措施及巡邏檢查事項。

十、關於對區內工業提供服務事項。

管理處業務管理規程，由經濟部會商有關機關訂定之。

第九條　加工出口區之左列事項，由各該目的事業主管機關設立分支單位，受管理處指揮監督辦理之：

一、稅務之稽徵事項。

二、物資進出口之驗關及運輸途中之監督、稽查事項。

三、郵電業務事項。

四、有關授信機構之業務事項。

前項分支單位以集中管理處內辦公為原則。

第十條　外銷事業之創設登記，應填具申請書檢附有關資料，向加工出口區管理處申請核轉經濟部審核之。

第十一條　加工出口區內之土地應為公有，其原屬私有者，依土地法第 209 條之規定予以徵收；並按市價補償之。外銷事業得依其需用情形租用之，除依土地法給付租金外，並應負擔公共設施建設費用。

加工出口區內之廠房，得由各外銷事業請准自行興建，或由管理處自行或准許他人投資興建出租之。

第十二條　加工出口區私有建築物之轉讓，以供外銷事業之使用為限。

前項建築物有左列情形之一者，管理處得依市價徵購之。

一、不供外銷事業使用者。

二、使用情形不當者。

三、高抬轉讓索價者。

第十三條　外銷事業由國外輸入之自用機器設備、原料及半製品，免徵進口
　　　　　稅捐。但不得以任何方式輸入國內課稅區域。

　　　　　外銷事業在工出口區生產之成品及使用之原料或半製品，免徵貨
　　　　　物稅。

第十四條　由國內課稅區域輸往加工出口區內，外銷事業自用之機器設備、
　　　　　原料及半製品，視同外銷物資；但機器設備已課稅進口者不予退
　　　　　稅。

第十五條　加工出口區外銷事業輸出入物資之＿＿＿＿＿＿＿外匯管理辦法，由
　　　　　外匯貿易主管機關訂定之。

第十六條　外銷事業得將其自用原料、半製品、成品，在工出口區內，作有
　　　　　關外銷之儲存、陳列、改裝、加工製造或他項處理。

　　　　　惟應具備帳冊，分別詳細記載物資出入數量、金額，以供管理處
　　　　　及海關隨時稽核。

　　　　　前項原料、半製品及成品，得在加工出口區內無限期儲存。

　　　　　如有缺損，應即申述理由報請管理處會同海關，驗明屬實；並確
　　　　　具正當理由者，准在帳冊內剔除。

第十七條　外銷事業物資出入加工出口區時，應先向管理處申請核准，報經
　　　　　駐區海關查驗，加封放行，並辦理運輸途中監督稽查事項。

第十八條　加工出口區內除必要之管理人員、警衛人員及外銷事業之值勤員
　　　　　工外，不得在區內居住。

　　　　　外銷事業應將所屬員工名冊、照片，報請管理處核發出入許可證。

　　　　　人員、車輛進出加工出口區，應循管理處指定之地點出入，並須
　　　　　接受海關及警衛人員所為必要之檢查。

第十九條　凡違反出口區管理處業務管理規程者，得處五百元以下之罰鍰。
　　　　　其情節重大者，並得勒令遷出加工出口區。

第二十條　有左列行為之一者，處一千元以下之罰鍰：

　　　　　一、違反第十八條第一項規定者。

　　　　　二、違反第十八條第三項規定者。

第二十一條　違反第十六條之規定，不具備帳冊或為虛偽不實之記載，或拒
　　　　　　絕管理處及海關之檢查者，處五千元以下之罰鍰。

第二十二條　　違反第十三條、第十七條之規定，將物資運入或運出加工出口
　　　　　　　區者，以私運貨物進出口論，分別依海關緝私條例有關規定從
　　　　　　　重處罰。

第二十三條　　違反第五條之規定，將加工出口區產品內銷者，處五年以下有
　　　　　　　期徒刑、拘役，得併科一萬元以下之罰金。
　　　　　　　違反第五條規定，而有懲治走私條例第三條、第四條＿＿＿＿＿
　　　　　　　所定情形之一者\\，分別依該條例之規定處罰之。

第二十四條　　稽徵關員或其他依法令負責檢查之人員，明知有將物資私運進
　　　　　　　出加工出口區而放行，或為之銷售或藏匿者，處七年以上有期
　　　　　　　徒刑。

第二十五條　　外銷事業有第二十條至第二十四條之情事，除按各該條處罰
　　　　　　　外，管理處得勒令該外銷事業限期遷出加工出口區。

第二十六條　　本條例施行細則由行政院定之。

第二十七條本條例自公布日施行。〔註1〕

〔註1〕台南關稅務司令，政字第1851號（民國54年3月4日）。